"十三五"江苏省重点出版物出版规划项目

走向深蓝·海上执法系列

蔚蓝的秩序

——西非渔事咨询案评析

裴兆斌　朱晓丹　朱　晖　等著

海洋法律与政策东北亚研究中心（教育部备案GQ17091）资助
大连海洋大学社会科学界联合会资助
辽宁省社会科学界联合会：《辽宁海洋发展法律与政策研究基地》项目资助
中国太平洋学会海洋维权与执法研究分会资助
辽宁省法学会海洋法学研究会资助
大连市社会科学界联合会、大连市国际法学会资助
北京龙图教育/龙图法律研究院资助

东南大学出版社
SOUTHEAST UNIVERSITY PRESS
·南京·

图书在版编目(CIP)数据

蔚蓝的秩序：西非渔事咨询案评析 / 裴兆斌等著.
—南京：东南大学出版社，2018.6
(走向深蓝 / 姚杰，裴兆斌主编. 海上执法系列)
ISBN 978-7-5641-7796-6

Ⅰ. ①蔚… Ⅱ. ①裴… Ⅲ. ①国际法-渔业法-
案例-分析西非 Ⅳ. ①D993.5

中国版本图书馆 CIP 数据核字(2018)第 121061 号

蔚蓝的秩序——西非渔事咨询案评析

出版发行	东南大学出版社	
出版人	江建中	
社 址	南京市四牌楼 2 号(邮编：210096)	
网 址	http://www.seupress.com	
责任编辑	孙松茜(E-mail：ssq19972002@aliyun.com)	
经 销	全国各地新华书店	
印 刷	虎彩印艺股份有限公司	
开 本	700mm×1000mm 1/16	
印 张	12	
字 数	242 千字	
版 次	2018 年 6 月第 1 版	
印 次	2018 年 6 月第 1 次印刷	
书 号	ISBN 978-7-5641-7796-6	
定 价	49.80 元	

(本社图书若有印装质量问题，请直接与营销部联系。电话：025-83791830)

走向深蓝·海上执法系列编委会名单

主　任：姚　杰
副主任：张国琛　胡玉才　宋林生　赵乐天
　　　　裴兆斌

编　委（按姓氏笔画排序）：
　　　　王　君　王太海　田春艳　刘海廷
　　　　刘新山　刘　鹰　朱　晖　郭云峰
　　　　高雪梅　常亚青　彭绪梅　蔡　静
　　　　戴　瑛

总　序

人类社会发展史上,海权与世界强国伴生,互为倚重。无海权,便无真正的世界强国;而无强大的国力,则无法形成和维持强大的海权。海洋权益是海洋权利和海洋利益的总称。按照《联合国海洋法公约》规定,国家的海洋权利包括:沿海国在国家自己管辖海域(领海、毗连区、专属经济区和大陆架)享有的主权、主权权利和管辖权;在国家自己管辖之外海域(公海、国际海底区域、他国管辖海域)依法享有航行自由和捕鱼、深海底资源勘探开发等权利。国家海洋利益主要是指维护国家主权和领土完整的政治利益,以及开发利用领海、专属经济区、大陆架、公海、国际海底等所获得的收益。

伴随着《联合国海洋法公约》的生效,世界沿海各国不断加强对国家管辖海域的管理,随着世界各国对海洋问题的重视程度不断加深,沿海国家相继调整海洋战略,制定相对完善的海洋法律体系,强化海洋综合管理与执法,以维护本国在海洋上的利益。纵观世界各国,随着管理内容的变化,世界各国逐渐形成了各自独特的海洋管理与执法体制,主要有以下发展模式:

第一,"管理部门集中—执法权集中"模式。"管理部门集中—执法权集中"模式是指一个行政机关或法定组织通过一定的法律程序,集中行使几个行政机关的行政检查权和行政处罚权的一种行政执法体制。[①]具体而言,就是指由一个部门统一管理全国的各项涉海事务,同时也由一个部门集中行使执法权。其具有以下特点:一是有覆盖海洋管理各个方面的专门国家海洋管理机构;二是有健全、完善的海洋管理体系;三是有较为系统和完善的国家海洋法律法规及海洋政策;四是有统一的海上执法队伍。美国是"管理部门集中—执法权集中"模式的典型代表。

第二,"管理部门分散—执法权集中"模式。"管理部门分散—执法权集中"模式是指虽然没有一个能够完全管理国家海洋事务的机关,但是它却有一个能管理大部分或绝大部分海洋事务的组织,在发展趋势上,是不断向"管理部门集中—执法权集中"模式发展的。其具有以下特点:一是全国没有统一的海洋管理职能部

---

① 刘磊,仇超.行政综合执法问题略论[J].泰安教育学院学报岱宗学刊,2004(1).

门；二是建有海洋工作的协调机构，负责协调解决涉海部门间的各种矛盾；三是已经建立了统一的海上执法队伍。日本是"管理部门分散—执法权集中"模式的典型代表。

第三，"管理部门分散—执法权分散"模式。"管理部门分散—执法权分散"模式是指海洋管理工作分散在政府的各个部门，中央政府没有负责管理海洋事务的统一职能部门，也没有形成统一的执法体系。其具有以下特点：一是全国没有统一的海洋管理职能部门，海洋管理分散在较多的部门；二是没有统一的法规、规划、政策等；三是没有统一的海上执法队伍。此种模式在世界上相对来说是非常少的。加拿大是"管理部门分散—执法权分散"模式的典型代表。

这三种不同管理与执法体制模式虽然呈现出不同的特点，但是目前仍然属于"管理部门分散—执法权分散"模式的国家少之又少，并且"管理部门分散—执法权集中"模式也在向着"管理部门集中—执法权集中"模式转变，因而"管理部门集中—执法权集中"模式是国际大趋势。

我国现行的海上行政执法体制是在我国社会主义建设初期的行政管理框架下形成的，其根源可推至我国计划经济时期形成的以行业执法和管理为主的模式，是陆地各行业部门管理职能向海洋领域的延伸。① 自新中国成立以来，我国海洋管理体制大概经历了四个阶段：

第一阶段大致为新中国成立至 20 世纪 60 年代中期，分散管理阶段。对海洋管理体制实行分散管理，主要是由于新中国刚刚成立对于机构设置、人员结构的调整还处于摸索和探索时期，其主要效仿苏联的管理模式，导致海洋政策并不明确，海上执法建设相对落后，又随着海洋事务的增多，海洋管理规模的扩大，部门与部门之间、区域与区域之间出现了职责交叉重叠、力量分散、管理真空的现象。②

第二阶段是海军统管阶段。从 1964 年到 1978 年，我国海洋管理工作由海军统一管理，并且成立国务院直属的对整个海洋事业进行管理的国家海洋局，集中全国海洋管理力量，统一组织管理全国海洋工作。此时的海洋管理体制仍是局部统一管理基础上的分散管理体制。

第三阶段是海洋行政管理形成阶段。这一阶段的突出特点是地方海洋管理机构开始建立。至 1992 年年底，地（市）县（市）级海洋机构已达 42 个，分级海洋

---

① 刘凯军.关于海洋综合执法的探讨[J].南方经济,2004(2).

② 宋国勇.我国海上行政执法体制研究[D].上海:复旦大学硕士学位论文,2008.

管理局面初步形成。海上行政执法管理与涉海行业或产业管理权力混淆在一起，中央及地方海洋行政主管部门、中央及地方各涉海行业部门各自为政、多头执法、管理分散。

第四阶段是综合管理酝酿阶段。国家制定实施战略"政策""规划""区划"协调机制以及行政监督检查等行为时，开始注重以海洋整体利益和海洋的可持续发展为目标，但海洋执法机构仍呈现条块结合、权力过于分散的复杂局面。① 这一阶段仍然无法改变现实中多头执法、职能交叉、权力划分不清等状况。

2013 年 3 月 10 日《国务院机构改革和职能转变方案》公布，为进一步提高我国海上执法成效，国务院将国家海洋局的中国海监、公安部边防海警、农业部中国渔政、海关总署海上缉私警察的职责整合，重新组建国家海洋局，由国土资源部管理，国家海洋局以中国海警局的名义开展海上维权执法，接受公安部的业务指导。② 重组后的海警具备了原有海监、渔政、边防海警的多项职能。从《国务院机构改革和职能转变方案》以及实践来看，中国海警局是海上执法的执法主体之一。在这一轮的改革中，虽然整合了原有的海监、渔政等力量形成海警局，但目前在海洋执法方面还是平行地存在两个执法机构，即海警局和海事局。同时，在整个海洋执法体系中也存在一定的地方政府海洋执法力量。

总之，为了建设强大的海洋国家，实现中华民族的伟大复兴，更好地维护我国海洋权益和保障我国海上安全，有效地遏制有关国家在海上对我国的侵扰和公然挑衅，尽快完善我国海洋管理与执法体系显得尤为必要，也是现阶段的紧迫要求和时代赋予我们的神圣使命。

为使我国海洋执法有一个基本的指导与理论依据，大连海洋大学法学院、海警学院组织部分教师对海上执法工作进行研究，形成了以下成果：

1.《海上安全与执法》

2.《海上治安案件查处》

3.《海上行政案件查处》

4.《海上犯罪侦查实务》

5.《海洋行政处罚通论》

6.《海洋行政案件证据规范指南》

7.《海上治安执法实务若干问题研究》

---

① 仲雯雯.我国海洋管理体制的演进分析(1949—2009)[J].理论月刊,2013(2).
② 李军.中国告别五龙治海[J].海洋世界,2013(3).

8.《蔚蓝的秩序——西非渔事咨询案评析》

9.《海上渔事纠纷与治安案件调处》

10.《最新海洋执法实务实用手册》

丛书编委会主任由姚杰担任；张国琛、胡玉才、宋林生、赵乐天、裴兆斌担任丛书编委会副主任。王君、王太海、田春艳、刘海廷、刘新山、刘鹰、朱晖、郭云峰、高雪梅、常亚青、彭绪梅、蔡静、戴瑛担任编委。

丛书主要作者裴兆斌系大连海洋大学法学院院长、海警学院院长，长期从事海上安全与执法、海上维权与综合执法、海洋行政法、海洋法教学与科研工作，理论基础雄厚。其余作者均系大连海洋大学法学院、海警学院等部门教师、研究生及其他院校教师、研究生，且均从事海上安全与执法、海上维权与综合执法、海洋行政法、海洋法教学与科研工作，经验十分丰富。

本丛书的最大特点：准确体现海上执法内涵；体系完整，涵盖海上执法所有内容；理论联系实际，理论指导实际，具有操作性。既可以作为海警和其他海上执法部门执法办案的必备工具书，又可作为海警和其他海上执法部门的培训用书；既可以作为海洋大学法学专业本科生、研究生的教学参考书，又可作为海洋大学法学专业本科生、研究生的专业方向课的教材。

希望该丛书的出版，对完善和提高我国海上执法水平与能力提供一些有益的帮助和智力支持，更希望海洋管理法治化迈上新台阶。

大连海洋大学校长、教授

二〇一五年十月于大连

前　言①

　　2015 年 4 月 2 日,国际海洋法法庭全体 21 位法官通过了西非渔事咨询案的最终咨询意见。从本案涉及的当事方来看,它似乎并不是一起有重大国际影响的案件;但是从本案涉及的法律问题来看,一些老问题有了新的说法,一些新问题横空出世。更为重要的是,这些老问题和新问题引起了海洋国家的广泛关注。中国、美国、英国、法国、德国、澳大利亚、日本等 23 个国家和 7 个国际组织对本案发表了书面意见。这些咨询意见作为国际海洋法发展过程中宝贵的研究资料,可遇而不可求。

　　工欲善其事,必先利其器。中国欲成为海洋强国,必先利法之天下公器。海洋强国战略的实施需要中国政府积极参与构建国际海洋法律秩序,需要中国学者敏锐捕捉国际海洋法发展中的前沿问题。本书的出版恰好抓住了本案的研究时机,可以说本书是关于西非渔事咨询案比较全面的中文研究成果。从内容上看,一方面,本书对西非渔事咨询案做了比较深入的法理分析,对本案涉及的诸如国际海洋法法庭的咨询管辖权问题、船旗国对 IUU 捕鱼行为应尽何种义务等问题均做了比较深入的研究;另一方面,本书较为准确地翻译了主要国家对本案的书面意见以及法庭最终的咨询意见,这对扩大本案在国内的影响范围是极有助益的。

　　中国在国际舞台上已经逐渐从一个规则的接受者变成了规则的共同缔造者。包括中国政府和中国学者在内的中国之声也越来越受到国际社会的关注。多年之后,本案很可能成为国际海洋法法庭的经典案例,不断地被引用、被讨论。本案提出的一些原则也很可能被一些国家认可和实践。本书作为较早研究西非渔事咨询案的中文成果将启发中国学者进一步关注国际海洋法律秩序、关注《联合国海洋法公约》。正如《联合国海洋法公约》序言中说的那样:"需要通过本公约,在

　　① 基金项目:1. 2017 年大连海洋大学研究生教育教学改革与创新工程 02B-优秀案例项目《国际海洋法法庭西非渔事咨询案》(02B100902);2. 教育部备案 2017 年度国别与区域研究中心项目"海洋法律与政策东北亚研究中心"(GQ17091);3. 2017 年度辽宁经济社会发展立项课题(2018LSLKTYB-015);4. 辽宁省高等学校创新人才项目(WR2016015)。

妥为顾及所有国家主权的情形下,为海洋建立一种法律秩序,以便利国际交通和促进海洋的和平用途,海洋资源的公平而有效的利用,海洋生物资源的养护以及研究、保护和保全海洋环境。"

参加本书撰写工作的人员及具体分工情况如下:(1)裴兆斌,大连海洋大学法学院教授,负责撰写本书第一章,并负责全书审稿、统稿;(2)朱晓丹,大连海洋大学法学院副教授,负责撰写本书第二章第三、五节,第三章第一、二、四节,第四章,翻译第五章第一、二节,负责全书审稿、统稿;(3)朱晖,大连海洋大学法学院副教授,负责翻译本书第六章;(4)王黎黎,大连海洋大学法学院教师,负责翻译本书第五章第五、六、七节;(5)李任远,中山大学法学院博士后,负责翻译本书第五章第三、四、八节;(6)李莹莹,上海海事大学法学院教师,翻译本书第二章第四节,第三章第三节;(7)石鑫,大连海洋大学2016级法律硕士研究生,负责撰写本书第二章第一、二节。

目　录

缩 略 语

中文全称	英文全称	中文简称	英文简称
《联合国海洋法公约》	United Nations Convention on the Law of the Sea	《公约》	The Convention
《分区域渔业委员会成员国管辖下海域海洋资源准入与开发最低条件确定公约》	The Convention on the Determination of the Minimal Conditions for Access and Exploitation of Marine Resources within the Maritime Areas under Jurisdiction of the Member States of the Sub-Regional Fisheries Commission	《MCA 公约》	the MCA Convention
《国际海洋法法庭规则》	Rules of the International Tribunal for the Law of the Sea (ITLOS/8)	《法庭规则》	The Rules
《国际海洋法法庭规约》	Statute of the International Tribunal for the Law of the Sea	《法庭规约》	The Statute
非法、未报告以及无管束的捕鱼行为	Illegal, Unreported and Unregulated Fishing Activities	IUU 捕鱼行为	IUU Fishing Activities
分区域渔业委员会	Sub-Regional Fisheries Commission	无	SRFC
《预防、阻止与消除非法、未报告以及无管束捕捞的国际行动计划》	International Plan of Action to Prevent, Deter and Eliminate Illegal, Unreported and Unregulated Fishing	无	IPOA-IUU
区域渔业管理组织	Regional Fisheries Management Organization	无	RFMO

续表

中文全称	英文全称	中文简称	英文简称
国际海洋法法庭	International Tribunal for the Law of the Sea	法庭	ITLOS
联合国粮食及农业组织	Food and Agriculture Organization of the United Nations	粮农组织	FAO
区域渔业管理组织	Regional Fisheries Management Organization	无	RFMO
经济合作与发展组织	Organization for Economic Cooperation and Development	经合组织	OECD
大西洋金枪鱼养护国际委员会	International Commission for the Conservation of Atlantic Tunas	无	ICCAT
船舶监控管理系统	Vessel Monitoring and Management System	无	VMMS
渔船管理与控制系统	Fishing Vessel Management and Control System	无	MCS
《关于分区域渔业委员会成员国的海岸带渔业资源准入和开发定义的公约》	The Convention of on the Definition of the Conditions of Access and Exploitation of Fisheries Resources off the Coastal Zones of SRFC Member States	《MAC 公约》	the MAC Convention

引　言

分区域渔业委员会(Sub-Regional Fisheries Commission，SRFC)是1985年成立的政府间国际组织,其七个成员国全部位于西非地区。它们分别是:佛得角共和国、冈比亚共和国、几内亚共和国、几内亚比绍共和国、毛里塔尼亚伊斯兰共和国、塞内加尔共和国和塞拉利昂共和国。非法、未报告以及无管束(Illegal, Unreported and Unregulated，IUU)的捕鱼行为给SRFC成员国造成严重的损害。西非是IUU捕鱼行为的国际"重灾区"。根据《2014年非洲发展报告》(Africa Progress Report 2014)显示,IUU捕鱼行为给全球经济造成的损失每年约为100亿至230亿美元,给西非经济造成的损失每年约为13亿美元,其中仅塞内加尔一个国家在2012年就遭受近3亿美元的损失,相当于该国GDP的2%。①

这些数字仅指直接经济损失,尚未包括IUU捕鱼行为给西非带来的社会、环境等损失。在西非,近1/4的工作岗位与渔业相关。此外,西非沿海国居民通过饮食摄取的动物蛋白近2/3来自鱼类。因此,IUU捕鱼行为不仅降低了西非地区的经济收入,过渡捕捞也将减少鱼种,危害海洋环境,给西非国家居民的就业、粮食和营养安全带来风险。②

为了打击其专属经济区内的IUU捕鱼行为,SRFC成员国着手修订相关法律。2012年,SRFC修订了由七个成员国于1993年缔结的《分区域渔业委员会成员国管辖下海域海洋资源准入与开发最低条件确定公约》(以下简称《MCA公约》)。《MCA公约》规定了SRFC成员国水域的渔业准入标准,并统一了成员国与第三国缔结渔业协定的谈判口径。2012年修订后的《MCA公约》吸收了20世纪90年代以来国际渔业法律和政策针对IUU捕鱼行为的最新成果。比如,1995年《联合国鱼类种群协定》、2001年《预防、阻止与消除非法、未报告以及无管束捕捞的国际行动计划》(IPOA-IUU)和2009年《港口国措施协定》。这些针对IUU捕鱼行为的国际规范均规定了船旗国要对悬挂其国旗的船舶从事的IUU捕鱼行为承担一定的义务和责任。鉴于《联合国海洋法公约》(以下简称《公约》)广泛的

---

① Grain Fish Money：Africa Progress Report 2014，p. 89. http://www.africaprogresspanel.org/wp-content/uploads/2014/05/APP_APR2014_24june.pdf (2017年8月30日访问)

② Grain Fish Money：Africa Progress Report 2014，p. 89. http://www.africaprogresspanel.org/wp-content/uploads/2014/05/APP_APR2014_24june.pdf (2017年8月30日访问)

影响力，SRFC 希望通过国际海洋法法庭(International Tribunal for the Law of the Sea，ITLOS)的咨询意见明确船旗国在《公约》的框架下是否应当对悬挂其国旗的船舶在第三国专属经济区从事的 IUU 捕鱼行为承担一定的义务和责任。

2013 年 3 月 28 日，SRFC 向国际海洋法法庭提交申请，请求法庭就以下四个问题发表咨询意见：

1. 当非法、未报告以及无管束的捕鱼行为发生在第三国的专属经济区内时，船旗国应承担何种义务？

2. 当船舶悬挂一国旗帜进行非法、未报告以及无管束的捕鱼行为时，船旗国应在何种范围内承担责任？

3. 当船旗国或国际机构在国际协议的框架下，向船舶签发捕鱼许可，船旗国或国际机构是否应对捕鱼船舶违反沿岸国法律的行为承担责任？

4. 沿岸国在保证共有种群以及有共同利益的种群，特别是小型远洋鱼类及金枪鱼类的可持续管理方面，享有何种权利，承担何种义务？

国际海洋法法庭受理本案后即组织《公约》缔约国和相关各方就本案发表意见。截至 2014 年 8 月 28 日，法庭收到来自 23 个国家和 7 个国际组织的共 30 份正式书面意见。[①] 本案作为国际海洋法法庭成立以来第一次以全庭出席(Full Tribunal)方式发表咨询意见的案件，受到了国际社会的广泛关注。法庭在经过审讯等程序之后，于 2015 年 4 月 2 日公开发表了对本案的咨询意见。

本案自 2013 年国际海洋法法庭受理之日起即受到国际社会的广泛关注。原因是本案涉及的程序问题(国际海洋法法庭的咨询管辖权)和实体问题(IUU 捕鱼行为的国际法义务与责任)均是国际海洋法当前的热点问题，且本案作为国际海洋法法庭成立之后的第一个全庭出席咨询意见案，对中国积极参与国际海洋秩序的治理有着重要的实践意义。

本书第一章"西非渔事咨询案的背景概述"主要对西非渔事咨询案的背景做梳理，探讨 IUU 捕鱼的一般性问题以及西非 IUU 捕鱼的特殊性问题，为本案程序问题和实体问题的研究做铺垫。

本书第二章"西非渔事咨询案的管辖权之争"主要以本案涉及的程序问题为例，研究国际海洋法法庭的咨询管辖权问题。

本书第三章"IUU 捕鱼行为的国际法责任之争"主要以本案涉及的实体问题为例，研究 IUU 捕鱼行为的国际法渊源与国家责任。

---

① 这 23 个国家包括 22 个《公约》的缔约国(沙特阿拉伯、德国、新西兰、中国、索马里、爱尔兰、密克罗尼西亚、澳大利亚、日本、葡萄牙、智利、阿根廷、英国、泰国、荷兰、欧盟、古巴、法国、西班牙、黑山共和国、瑞士、斯里兰卡)和 1 个 1995 年《跨界鱼类种群协定》的缔约国(美国)。7 个国际组织包括联合国、联合国粮农组织、分区域渔业委员会、中美洲渔业和水产业组织、渔业局论坛、养护自然和自然资源国际联盟、加勒比区域渔业机制。

本书第四章"西非渔事咨询案对中国的启示"主要从国际法和国内法两个层面研究本案对中国相关法律问题的借鉴和启示意义。

本书第五章"国际海洋法法庭的咨询意见"全文翻译法庭对本案发表的英文原文咨询意见。

本书第六章"中国书面意见"全文翻译中国对本案发表的英文原文意见。

第 一 章

西非渔事咨询案的背景概述

本章主要探析 IUU 捕鱼的概念、诱因及影响，进而着重分析西非 IUU 捕鱼的现状及历史背景，从而全面梳理西非渔事咨询案的历史、社会和经济背景。

第一节　IUU 捕鱼的概念及诱因

一、IUU 捕鱼的概念

IUU 捕鱼即非法捕鱼（Illegal Fishing）、未经报告的捕鱼（Unreported Fishing）以及无管束的捕鱼（Unregulated Fishing）三种行为的简称。[①] IUU 捕捞伴随渔业捕捞而生，是指违反保护水产资源法规，或在未获得授权的情况下，在禁渔区、禁渔期或者他国专属经济区使用禁用工具、方法捕捞水产品的行为。[②] 目前，世界范围内的 IUU 捕鱼问题严重，影响捕捞业的鱼类种群养护和捕捞业的正常管理和规范活动，对粮食安全和环境保护也产生不利影响。

（一）IUU 捕鱼概念的形成历史

渔业资源作为一种海上资源为人们带来了巨大的好处，供人们食用，或者对海产品进行加工做成综合利用产品。但近年来，随着各国对渔业资源进行大规模的开采，使得各国近海的渔业资源枯竭，跨越国境的 IUU 捕鱼行为越来越多。1997 年，南极海洋生物资源保护委员会第一次正式提出 IUU 捕捞的概念。继1999 年 2 月间联合国粮食与农业组织（FAO）通过渔捞能力管理、鲨鱼养护与管理以及降低金枪鱼延绳钓渔业兼捕海鸟三个国际行动计划后，澳大利亚政府在FAO 第 23 次渔业委员会会议上提议采取全球一致行动，以防止、遏阻及消灭IUU 捕捞活动。2000 年 5 月 15 日至 19 日，澳大利亚政府与 FAO 在澳大利亚悉

---

① MRAG. Illegal, Unreported and Unregulated Fishing[R]. London: DFID, 2009.

② David J. Agnew, John Pearce, et al. Estimating the Worldwide Extent of Illegal Fishing[J]. PLOS(Public Library of Science) Published, February 25, 2009. https://doi.org/10.1371/journal.pone.0004570（2015 年 5 月 31 日访问）

尼主办了 IUU 捕捞专家磋商会议,制定了一项国际行动计划初步草案。2000 年 10 月 2 日至 6 日,在 FAO 总部举行了 FAO IUU 捕捞技术磋商会议,讨论了草拟的行动计划,决定于 2001 年第 24 次渔业委员会提出 IUU 捕捞国际行动计划草案供部长会议采纳。2001 年 3 月 2 日,FAO 宣布超过 110 个国家参与的第 24 次渔业委员会会议正式通过《预防、阻止与消除非法、未报告以及无管束的捕捞的国际行动计划》(IPOA-IUU),该份国际行动计划针对 IUU 捕鱼行为作了全面的界定。①

2002 年 5 月,欧盟以"欧盟共同渔业政策为基础"②,借鉴 FAO 于 2001 年 3 月发布的 IPOA-IUU 制订了根除 IUU 捕捞的"行动计划"(Community Plan of Action for the Eradication of IUU Fishing)。该计划在共同体、区域渔业管理组织(Regional Fisheries Management Organization,RFMO)、国际社会以及发展中国家贸易伙伴四个层面制定了 15 项行动,其中包括捕捞证明和文件要求、IUU 渔船的识别和监测、对国民(从事或支持 IUU 捕捞)的管制等,并建议制定一项条例来实施这些措施。2007 年 10 月,欧盟委员会协商通过了一项提案,即《预防、遏止及消除 IUU 捕捞的策略》。"15 项行动计划"重在确保船旗国的有效执行,而"策略"致力于控制来自第三国并将进入欧盟市场的 IUU 捕捞产品,其中所包括的涉及 9 个领域的行动,成为次年发布的 IUU 条例的核心内容。2008 年 9 月 29 日,IUU 条例在欧盟理事会正式通过,并于 2010 年 1 月 1 日生效。

(二)欧盟 IUU 条例的主要内容

1. IUU 捕捞释义

条例所指的 IUU 捕捞行为具体包括:

(1)非法捕捞行为(3 种):指未经许可进入一国管制水域内的捕捞;船旗国为某区域渔业管理组织(RFMO),但违反渔业资源养护规定的捕捞;违反国家或国际义务的捕捞。

(2)未报告捕捞行为(2 种):指未向有关国家当局报告或误报告,违反国家法规的捕捞;在相关区域捕捞,却未向区域渔业管理组织报告或误报告的捕捞。

---

① AOUN. Committee on Fisheries. International Plan of Action to Prevent, Deter and Eliminate Illegal, Unreported and Unregulated Fishing[M]. Food & Agriculture Org, 2001.

② IUU 条例的制定是基于欧盟的共同渔业政策(the Common Fisheries Policy,简称 CFP)。1983 年,欧盟部长理事会制定法规,以资源保护为根本目标,全面实施共同渔业政策。1992 年,欧盟对共同渔业政策做了修改(Regulation (EEC) No 3760/92),着重处理渔船数量和可捕资源量之间严重不平衡问题,并把水产养殖纳入共同渔业政策的调整范围。2002 年,欧盟对共同渔业政策进行第二次重大调整,建立了长期的渔业资源管理办法,强化管制和执法,保证各利益方更好地参与渔业政策的制定。根据条例(Regulation (EC) No 2371/2002)规定,共同渔业政策在水生资源的养护、管理和开发,捕捞对环境影响,渔业市场的共同管理等领域规定协调一致的措施和办法。

（3）无管束捕捞行为（2 种）：指无国籍渔船或非区域渔业管理组织成员国渔船在相关区域的捕捞；未履行养护资源义务、不符合国家义务的捕捞。

2. 在欧盟港口对第三国渔船的检查

第三国渔船船长必须比渔船预计抵达时间提前 3 个工作日通知欧盟成员国主管部门。否则，将被拒绝进入该港口和使用陆地设施。第三国渔船船长或其代理人应当在指定港口靠港和使用转运设施前向成员国主管当局报告。如有可能，应当在船舶靠港和转运作业前，通过电子方式事先申报。申报内容必须显示上岸或转运的每种水产品的数量，以及每一种水产品的捕捞日期和地点。船长及其代理人应当为申报的准确性负责。

3. 水产品捕捞证明

与欧盟贸易的所有加工和未加工的海捕水产品必须随附有效的捕捞证明（ANNEX Ⅱ），确认捕获是依据法律法规和国际渔业资源保护管理措施进行的。捕捞证明由船旗国渔业主管部门出具。如果产品的原料来自加工厂外的第三国或是来源于多艘渔船，则水产品出口国须出具证明（ANNEX Ⅳ）。有如下行为，成员国主管部门可直接拒绝相关水产品进入欧盟市场：

（1）无法提交捕捞证明；

（2）产品与所附捕捞证明不相符；

（3）捕捞证明未经船旗国主管部门确认生效；

（4）捕捞证明显示信息不全；

（5）进口商无法证明产品符合条例第 14 款相关要求；

（6）产品原料来自于被欧盟或 RFMO 列入 IUU 渔船名单的渔船；

（7）捕捞证明来自于欧盟不合作第三国名单中的国家。

4. 对涉及 IUU 捕捞的渔船和国家的措施

（1）对于列入欧盟渔船名单的船只，将被禁止：在欧盟海域内捕鱼；进入欧盟港口（除不可抗力外）；在成员国内进口或卸下其产品；加工产品，出口或再出口其产品。

（2）对违反条例的渔船：可最高给予所得渔获物 5 倍价值罚款的制裁；5 年内屡次违反的，处以渔获物价值 8 倍的惩罚，甚至追究法律责任。

（3）对不合作第三国，欧盟将禁止进口该第三国渔船所捕捞的水产品，不接受该国出具的捕捞证明。

IUU 条例还包括下列内容：欧盟预警系统、IUU 捕捞渔船的认定、关于不合作第三国、关于国民、强制措施和处罚、某些区域性渔业管理组织关于目击渔船措施的执行、相互协助、最终条款等。[1]

---

① 蔡春平，朱晓南，林勇辉，等. 欧盟 IUU 条例及其对我国水产品出口的影响分析[J]. 中国水产，2009(8)：76.

二、IUU 捕鱼的诱因

IUU 捕捞的出现以及渔业本身的不确定性和现实中跨学科科研的局限性，导致政府和专家、学者难以掌握渔业的真实状况，也就难以制定和实施与之相适应的政策措施，进而导致难以顺利实现既定的渔业管理目标和渔业的可持续性。对渔业开展资源评估时，必然依据渔民报告或政府记录的渔获量及捕捞努力量数据，因为非法渔获量并不包括在这些数据内，所以据此数据评估所得的可持续渔获量必然被扭曲，不符合实际可持续渔获量。历史经验表明，实际可持续产量一般低于评估所得的数据，在实际操作中，往往会因此而导致渔业的衰退甚至崩溃。例如，错误的渔获量数据是导致智利鲈鱼（Patagonian tooth fish）种群衰退的部分原因。[1] 据经济合作与发展组织（OECD）估计，国际贸易中水产品数量占全球渔获量 45％，而通过 IUU 捕捞手段获取的水产品数量占全球总捕捞量的 30％。野生渔业资源的 75％已经被过度开发或者已经资源枯竭，严重影响枯竭渔业资源重建工作。正因如此，IUU 捕捞问题日益引起了专家学者、渔业管理者、政府组织、区域性或全球性政府间组织、非政府组织及渔业行业自身的关注。例如，2001 年粮农组织（FAO）制定的 IPOA - IUU，号召各国采取相应措施以杜绝 IUU 捕捞的出现。[2] 2004 年，亚太经合组织工作组制定了各国在区域性组织管理的公海渔业中可捕获的渔获量水平，以此作为控制公海渔业渔获量的一条潜在途径。[3]

导致 IUU 捕捞出现的原因很多，自贝克创立第一个针对犯罪行为的经济学规范化模型以来，经济学文献已经揭示了人们从事非法行为的多种动因。贝克和紧随其后的一些经济学文章认为，罪犯的行为和正常人的行为没有根本区别，都是在约束条件下追求效用的最大满足。这种经济分析对犯罪行为做出了有力解释，体现在著名的威慑模型中。根据这一模型，任何个人如果从犯罪行为中取得的效益或者效用大于其从事合法行为，他就会选择犯罪。犯罪行为遭到制裁的概率和严厉程度也是其守法与否的关键性因素。最新的一些文献认为，道德和社会因素在是否从事非法行为的决策中也起着至关重要的作用。[4]

---

① Miller DGM, Sabourenkov EN, Slicer N. Unregulated Fishing—the Toothfish Experience[Z]. Hobart：Commission for the Conservation of Antarctic Marine Living Resources，2003.

② International Plan of Action to Prevent，Deter and Eliminate Illegal，Unreported and Unregulated Fishing[Z]. Food and Agriculture Organization of the United Nations，Rome，2 March 2001.

③ High Seas Task Force. Consolidated List of Legal，Science，Economics and Trade，and Enforcement Issues for Initial Consideration by the High Seas Task Force[Z]. Paris：Organization for Cooperation and Development，2004.

④ 张晓泉. IUU 捕捞问题之经济学透视[J]. 中国渔业经济，2009(4)：58.

（一）经济原因

首先，IUU 捕捞能使渔民获得巨大的利益。由于市场对于鱼类产品的需求增加，产业规范更加严格，非法捕捞有了更大的诱惑力。正常渔业活动的限制越来越多，包括配额设定、船具限制、资源存量管理，从而导致非法捕捞有了更大的驱动力。

其次，是 IUU 捕捞预期的成本。IUU 捕捞预期的成本受到以下因素的影响。其一，被觉察的概率因素。IUU 捕捞被发现的概率越高，违规者承担的风险加大，从而进行欺诈的驱动力越低，反之亦反。这一因素可以进一步分解为以下因素：(1) 强制措施的有效性和效率；(2) 社会对于欺诈行为的容忍程度；(3) 对规则的认知度；(4) 非政府组织和民间组织在发现侵权行为方面的参与程度。其二，规避的因素。当存在一定强制措施的情况下，理性的渔民将会仔细权衡，以降低 IUU 捕捞被发现的可能性。渔民有许多方式借以逃避规则制约而从事非法捕捞活动。渔民可以很容易地瞒报捕捞量，抛弃许多低价值鱼类。渔船可以在海上相互转运货物，很难被察觉。在某些情况下，渔船还用一种鱼类代替另一种鱼类申报捕捞量，以逃避配额制约。有些非法捕捞发生在公海上，由于海域广阔，很难实现监督检查。

（二）制度原因

国际社会长期缺乏全面管制 IUU 捕鱼行为的统一规范，且被查出的 IUU 捕鱼行为受处罚程度不够严格。行为人在是否采用欺诈手段方面，被发现之后的处罚力度同样是一个重要因素。处罚越严厉，欺诈的可能性越低，反之亦反。这一因素与被觉察的概率相联系。如果没有强制措施，严厉处罚将变得毫无意义。比如在佛罗里达，使用渔网捕鱼是被禁止的，而违规最多的县恰恰就是豁免了大部分案例、并给予最低经济处罚的县。处罚包括以下类型：(1) 一定数量的罚金；(2) 没收船只；(3) 没收产品；(4) 从捕鱼产业中驱逐；(5) 屡犯合并处罚。比如在塞内加尔，对于多次违规的外国渔船处以双倍罚金。在澳大利亚的维多利亚州，对初犯者给予处罚性侵权警告（PIN），但对于再犯者的处罚可能包括没收产品和渔船、监禁、其他合并处罚。

目前发现的大部分非法捕捞案例发生在一些国家的专属经济区，特别是在设立了严密的搜索措施的国家。然而，由于以下两个方面的原因，这些资料不一定真实反映了非法捕捞的整体状况。第一，在公海上，区域性的渔业组织仅通过了很少的规则以控制资源获取。ICCAT 所管理的北大西洋及其邻近水域属于一个例外。在这里，建立了配额和区域性、国家性的强制措施以鼓励成员国之间的协调。然而，如果非成员国在公海上违背了非 ICCAT 成员国在大西洋上捕捞金枪鱼的规则，按这一机制实施处罚将受到制约。第二，在公海上的附带捕捞和非目标鱼类的捕捞一般没有包括在区域性规则和捕获量申报中,从而在许多数据库中都没有反映。

面临着这些重大挑战,许多区域的渔业监督、控制、管理仍然非常薄弱。从1979年到1993年,观测点和航空监测仅仅覆盖了公海面积的5%,不足以发现所有非法行为。同时,渔船一旦被发现,经营者将罚金视为经营费用,简单地购买另一条渔船,重新开始。由于从每一条渔船得到的回报超过渔船价格,一旦渔船被扣押,抛弃这条渔船对于大部分经营者来说不是什么大问题。许多渔船冒充其他公司的船只,以便在被抓获时逃避罚金。渔船的真实证件从来没有被查获,公司的名称多次变更。公海上的监管和强制措施代价高昂,使监控系统很难正常运转,尤其是发展中国家。

(三) 社会原因

总的来说,渔民的社会地位较低,且社会对 IUU 捕鱼行为的社会容忍度较高。许多学者认为,单独采用威慑模型不能适当解释人们从事 IUU 捕捞行为的原因,道德和社会因素也发挥着重要作用。依据这一观点,渔民群体可以划分为一贯性的违规者、有节制的违规者、从不违规者三种类型。一贯性的违规者和从不违规者仅占渔民群体的很小比例。前者在任何情况下都有从事 IUU 捕捞的动机,而从不违规者在任何情况下都不会从事 IUU 捕捞。而对于有节制的违规者来说,在处罚力度和被发现的概率既定的情况下,只是在潜在经济利益足以抵偿被发现时可能面临的惩罚时,他们才会违规。渔业管理组织规则的合法性和渔民的行为方式,包括一般行为方式和个人道德准则,是影响有节制违规者是否从事 IUU 捕捞的另一个因素。高文和比恩曾经估计,在捕捞马萨诸塞龙虾和罗德岛蛤蜊的渔民中,大约有 10% 一贯违背规则,而另外 90% 的渔民通常都会遵守规则。费里德曼对很多案例进行了估计,结果非常相似。[①]

IUU 捕鱼是导致全球渔业捕捞资源枯竭的重要原因,并已严重影响渔业资源的可持续利用和已枯竭种群的重建,造成全球短期和长期社会经济发展机会的减少,并对粮食安全和环境保护带来负面影响。IUU 捕鱼破坏渔业可持续养护和鱼类种群良性管理方式,阻碍渔业的发展,由于其影响力、破坏力大,已经在国际上达成了共识。

---

① 刘红梅.IUU 捕捞成因及防范[J].中国渔业经济,2007(5):48-49.

第二节　IUU 捕鱼的影响

非法捕捞是一个全球性问题,不仅会造成直接的或者间接的经济损失,还会对生态环境以及社会经济等方面产生很大的影响。绝大部分国家或地区对非法捕捞不够重视,也没有采取有效控制措施。全球一半以上的捕鱼国家在运用 FAO,2001 年,由于 IUU 渔捕行为已经成为公海渔业管理所面临最严峻的挑战之一,使得许多依赖海洋维生的国家,特别是小岛发展中国家(Small Island Developing States, SIDS)的经济发展面临前所未有的威胁,人民的生计也受到严重的影响。为解决这一问题,国际社会在 FAO 的倡导下,自 21 世纪起持续地通过国际法律文件对抗 IUU 渔捕行为,第一份就是 2001 年 3 月 2 日由 FAO 所通过的 IPOA - IUU。澳洲政府与 FAO 合作,于 2005 年 5 月在雪梨举行"IUU 渔捕行为专家谘商会议"(Expert Consultation on IUU Fishing),随后其他国家相继加入。但是,由于 IPOA - IUU 具有一定的缺陷——在本质上是一个不具有法律约束力的"软法",这使其对 IUU 捕捞行为的遏制没有达到应有的效果,同样与渔业相关的法律法规执法过程中也并未取得很大成效。据悉,仅有 1/4 的国家或地区勉强合格。此外,在基于保护生态系统的前提下实现对非法捕捞的控制,同样有超过半数的国家未能达到标准。[1]

一、IUU 捕鱼对经济的影响

全球非法捕捞量高达 2 600 万吨,经济损失超过 230 亿美元,尤其是在发展中国家,非法捕捞问题十分严峻。非法捕捞问题最为突出的地区是西非,该地区非法捕捞占总捕捞量的 40%,在一些国家,如几内亚,非法捕捞船只远多于合法捕捞船只。[2] IUU 捕捞获得的巨大利益驱使渔民从事 IUU 捕捞活动。从某种程度上讲,正常渔业活动取得的效益越高,IUU 捕捞的可能性就越低。换言之,如果一个渔民经济状况良好,能够从正常渔业生产中获得可观的收益,那么他采用不诚实行为的概率就会很低。反之,如果渔民处于亏损境地,就存在着潜在的动机从非法行为中获利,采用欺诈行为的概率相应上升。另外,贪婪是一个重要因素。

下面一系列因素对于确定 IUU 捕捞的潜在经济效益至关重要:其一,捕获量。非法捕获的数量越高,从事 IUU 捕捞的可能性就越大,反之亦然。其二,单

---

① Pitcher T J, Kalikoski D, Short K, et al. An Evaluation of Progress in Implement in Ecosystem-Based Management of Fisheries in 33 Countries[J]. Marine Policy, 2009,33(2):223－232.

② Metuzals K, Baird R, Pitcher T, et al. One Fish, Two Fish, IUU and No fish: Unreported Fishing Worldwide[M]. In: Handbook of Marine Fisheries Conservation and Management. Oxford: Oxford University Press, 2010:165－181.

位时间的捕获量。在渔场上搜寻鱼群花费的时间越长,成本越高,被发现的概率越高。其三,价格。高昂的价格导致非法捕捞日益猖獗,而价格低时,在多数情况下不会产生欺诈。当食品安全成为驱动因素时,这一逻辑将被打破。其四,捕捞成本。捕捞成本包括劳动力成本、资金投入、燃料、许可证成本、特许权成本。与合法性捕捞相比较,IUU 捕捞行为愈发频繁,这将会给合法性捕捞带来损失。

作为一种经济活动,非法捕捞直接导致国民生产总值的降低,渔业相关税收减少,MRAG 组织估计全球每年非法捕捞量相当于 11 百万吨~26 百万吨渔获量,占全世界渔业产量的 10%~22%,危及 2.6 亿个与海洋渔业相关的就业岗位。[1] 合法捕捞者也面临严重的捕捞减产问题,严重影响其收入水平,威胁到西非地区的食物安全与居民生计。在依赖捕鱼来满足国内鱼类消费需求以及渔产品对外出口占国民经济比重大的西非国家,这一问题表现得更为突出。在西非水域盗捕问题严重。根据环境正义基金会(Environmental Justice Foundation,EJF)的一份报告,在 2010 年 1 月至 2012 年 7 月 31 日间,EJF 在塞拉利昂共和国推动的海区监控计划共截获 252 宗商业渔船在近海水域从事盗捕。EJF 在当地的工作人员拍摄 10 艘不同渔船从事非法作业证据,并将该证据提交塞拉利昂共和国欧洲当局。结果证实,其中 9 艘渔船将非法捕捞渔获物出口到欧洲。这一行为严重导致西非的直接经济损失。据统计,2010 年因非法捕捞造成西非渔业委员会(CSRP)成员国直接经济损失达 8 200 万美元。如毛里塔尼亚水域发现 704 艘非法捕捞渔船,捕获量高达 1.3 万吨,价值 1 400 万美元,致使合法捕捞者损失达 140 万美元。[2]

非法捕捞并非单一个案,几乎在每个国家的每项渔业都有其踪影。根据绿色和平组织调查,太平洋地区每年因为非法捕捞造成的损失高达 20 亿澳币,该区捕捞活动的三分之一不是非法就是不规范。根据英属哥伦比亚大学渔业中心主任的说法,非法捕捞横行再加上管理不善,导致非洲地区每年损失 100 万吨渔获物,约占全球渔获物总量的 10%。

IUU 捕捞对西非国家经济也产生间接影响。间接经济损失主要包括渔业收入的减少、失业人员增多以及一些其他产业链的供需脱节等问题。一方面,渔网、船只、相关设备需求量将会减少;另一方面,与渔业相关的产业如水产品加工、市场运输等产业也将失去活力。

在这里以大西洋蓝鳍金枪鱼为例。大西洋蓝鳍金枪鱼,即北方蓝鳍金枪鱼

① MRAG. Illegal, Unreported and Unregulated Fishing[R]. London:DFID,2009. 对 MRAG 这一非政府组织的介绍可访问其官网获得:http://www.mrag.co.uk/about-us(2017 年 8 月 30 日访问)。

② David J. Agnew,John Pearce,et al. Estimating the Worldwide Extent of Illegal Fishing[J]. PLOS(Public Library of Science) Published,February 25,2009. https://doi.org/10.1371/journal.pone.0004570(2015 年 5 月 31 日访问)

（Thunnus thynnus），主要分布于北大西洋及地中海海域，寿命可达 30 年，体长约为 2 米，体重约为 400 千克，最大体长可达 4 米、体重 726 千克，是最大的金枪鱼种类。由于蓝鳍金枪鱼在市场上的需求持高不下，所以对蓝鳍金枪鱼的捕捞甚为严重，诱捕是传统捕捞蓝鳍金枪鱼的主要方法，但如今大多数商业捕捞采用延绳钓和围网，该鱼种有集群的习性，围网捕捞如今最为普遍。

根据 2010 年 ICCAT 关于大西洋蓝鳍金枪鱼渔获产量统计，从 1950 年到 1960 年，蓝鳍金枪鱼产量主要来自东北大西洋和地中海区域；到 20 世纪 60 年代中期，由于在西大西洋发现新的资源区域，东北大西洋蓝鳍金枪鱼渔业急剧下降；自 60 年代中期到 70 年代中期，蓝鳍金枪鱼平均年产量约为 6 000～9 000 吨；而从 1982 年起，西大西洋蓝鳍金枪鱼年产量限制在每年 2 500 吨左右，东大西洋仍是 9 000 吨；从 80 年代早期到 90 年代中期，地中海区域渔获年产量有了稳定增长，从大约 10 000 吨增长到了 40 000 吨。①

大西洋蓝鳍金枪鱼资源急剧下降，处于严重衰退的状态，造成这种情况的最主要的原因就是非法、未报告以及无管束的捕捞行为（IUU 捕鱼）。这仅仅是其中的一个例子，在西非海域，因无证捕捞和非法捕捞（主要包括捕捞未成年的鱼苗、从禁止捕捞区捕鱼、通过工业船只拖网等）造成了鱼类总量的锐减，且非法捕捞幼鱼现象普遍存在。虽然很难准确计算出非法捕捞所造成的间接经济损失，但是越来越多的报道和政府文件指出，非法捕捞在西非地区造成的间接经济损失越来越大，产生的社会负面效应不断增多。

二、IUU 捕捞对环境和社会的影响

非法捕捞对海洋生态系统、生态环境都造成了很大的破坏，非法捕捞致使海洋鱼类数量骤减。非法捕捞者为了获取高额利润，毫不节制地对鱼类进行捕捞。对于在市场上需求持高不下的大西洋蓝鳍金枪鱼，为了钱财即便明知违法仍大肆进行捕捞，使得大西洋蓝鳍金枪鱼的数量急剧减少；再比如在著名的智利鲈鱼渔业中，由于该鱼在非法市场上的价格接近 24 美元/kg，且市场需求旺盛，同时合法捕捞该鱼的努力量受到限制，所以从事 IUU 捕捞的动机非常高，正因如此，智利鲈鱼的渔获量显著下降，目前捕捞资源已处于濒危枯竭状态；还有在中国南海，因其丰富的海洋资源，也成为非法捕捞者关注的焦点以及频频捕捞的地点。在 2007 年对中大西洋东部 53 种底栖物种的 32 种进行评估，高达 60% 的鱼类被非法捕捞，而同期欧盟地区的该项数据为 30%，全球其他地区的捕捞水平相对来说

---

① MRAG. Estimation of the Cost of Illegal Fishing in West Africa Final Report[R]. London: West Africa Regional Fisheries Project，2010.

也低很多。①

非法捕捞看似只是在海上进行非法捕捞的一种行为,实则是对整个生物圈进行猎杀的一种恶劣的行为。生物圈因为物种的多样性而变得精彩绝伦,然而非法捕捞造成海洋鱼类数量的骤减,严重威胁到生物的多样性。只是因为市场上对某种鱼类的需求度高,海洋里就会有某种鱼类濒临灭绝。2009年世界自然保护联盟的报告指出,世界上多达1147种鱼类面临种属灭绝的威胁,这显示了世界水资源所承受的压力之大。据新加坡《联合早报》报道,世界自然保护联盟记录了世界上47000多种生物的生息状况,该联盟的科学家今年研究了3120种淡水鱼的状况,比去年多510种。他们发现,其中的1147种濒临灭绝的境地。2016年世界自然基金会发布消息称,智利有将近十种鱼类正在濒临绝种困境或被过度捕捞。其中无须鳕(Merluza)已越来越少,而这种鱼在智利人家庭的餐桌上又一直占据着重要位置。从上述数据来看,非法捕捞行为对生物的多样性造成了很大的影响。

非法捕捞对其他海洋哺乳动物和海鸟等野生物种以及水域生态系统造成不利影响。万事万物都是相互联系相互影响的,非法捕捞造成的海洋鱼类数量的减少,导致以鱼类为食的其他哺乳动物和海鸟找不到充足的食物。使用禁用的捕鱼工具或在保护区捕捞造成鱼类栖息环境的破坏,将对一些濒危的物种如海龟、鲨鱼、信天翁、海洋哺乳动物等造成威胁。食物链以一种循环的方式维持着各类各样的生物。其中一条食物链的断裂,有可能使其他食物链相继破坏,危及其他生物,所谓"城门失火殃及池鱼"就是这个道理。如果不加以遏制,最终人类将会自取灭亡。总的来说,水体生产力、生物多样性以及生态系统的自我修复能力都将降低,进而导致整个海洋生态环境遭受破坏。

非法捕捞对社会也造成了很大的影响。非法捕捞带来的环境影响以及生产水平的下降导致渔业捕获量的降低,居民生活水平下降,严重影响地区粮食安全。这对西非沿海地区依赖捕鱼为生的小型捕捞者或捕捞团体来说是致命的打击,当地渔民和非法捕捞团体之间的直接冲突非常常见。冲突导致渔民死伤,紧随而来的是经济落后、社会动荡,如几内亚、塞拉利昂和利比里亚在20世纪90年代因非法捕捞问题造成严重的流血冲突,进入21世纪,因非法捕捞造成的区域冲突常有发生。据计算,非法捕捞船只取代合法捕捞船只后,每只船的捕鱼量将减少3吨,价值3256美元。虽然这在绝对量上不算大,但占到合法捕捞者收入的15%,对小型捕捞者来说意义非凡。②

---

① ICCAT. Report of the 2008 Atlantic Bluefin Tuna Stock Assessment Session[R]. ATL. BFT-Stock Assessment Session,Madrid,2008:8.

② High Seas Task Force. Consolidated List of Legal, Science, Economics and Trade, and Enforcement Issues for Initial Consideration by the High Seas Task Force[Z]. Paris:Organization for Cooperation and Development,2004.

第三节 西非 IUU 捕鱼的现状及历史背景

一、西非 IUU 捕鱼的现状

西非是指非洲西部地区,东至乍得湖,西濒大西洋,南濒几内亚湾,北为撒哈拉沙漠,通常包括西撒哈拉、毛里塔尼亚、塞内加尔、冈比亚、马里、布基纳法索、几内亚、几内亚比绍、佛得角、塞拉利昂、利比里亚、科特迪瓦、加纳、多哥、贝宁、尼日尔、尼日利亚 17 个国家。该区海洋渔业资源丰富,海洋渔业是众多西非国家国民经济的重要组成部分。

据欧盟委员会估算,世界上 19% 的发展中国家蛋白质的摄取来源于鱼类。这一比例在最不发达国家超过了 25%,在一些内陆地区(依靠捕捞淡水鱼类)的比例甚至高达 100%。许多西非国家,咸、发酵、晒干的渔业产品多为传统食物的蛋白质来源。西非地区(几内亚比绍除外)人均鱼类消费远高于非洲平均水平[7 千克/(人·年)],一些国家如塞内加尔远远超过全球平均水平[16 千克/(人·年)]。西非地区对动物蛋白的摄取高度依赖海产品,塞内加尔为 42%,冈比亚为 54%,塞拉利昂高达 63%(见表 1-1)。联合国粮农组织指出,西非地区的渔场为该地区的国内市场提供了高达 80% 的鱼类产品。西非地区众多国家渔业产值对国民经济的贡献都很大,据 MRAG 统计,塞内加尔 2010 年渔业产出值占国民生产总值(GNP)高达 9.4%,其他西非海岸国家(毛里塔尼亚、几内亚、几内亚比绍等)渔业对 GNP 贡献为 4% 左右。

表 1-1 西非主要国家年平均人均食用鱼及鱼类营养贡献

国 家	鱼类消费[千克/(人·年)]	动物蛋白质摄入量鱼类比重(%)
塞拉利昂	14	63
冈比亚	24	54
塞内加尔	27	42
毛里塔尼亚	13	9
尼日利亚	10	21
几内亚比绍	1	6
几内亚	11	38
佛得角	18.8	15
西非	15	26
全球平均值	16	14

数据来源:联合国粮农组织网上统计数据库。鱼类比重=食用鱼消费/动物蛋白消费。

　　西非地区 40％以上的捕捞属于非法捕捞,其非法捕捞水平为全球最高,非法捕捞严重危及沿海地区的粮食安全及居民生计。[①] 从表 1-2 可以看出,就全球而言,1990 年以来,10 个地区非法捕捞水平下降,另外 5 个地区增长,研究估算损失总量占计算区域渔业捕获总量的 13％～31％,平均水平为 18％,价值 5～11 百万美元。[②] 中大西洋东部地区非法捕捞所占渔业捕捞比重大,且呈现稳定增长趋势,该地区国家众多,渔业管理常年处于混乱无序状态,如几内亚、塞拉利昂和利比里亚在 20 世纪 90 年代因非法捕捞问题造成严重的流血冲突。以上国家非法捕捞问题近年来并没有得到改善。根据 2005 年英国海洋资源评估组保守估算,非洲每年鱼类非法捕捞量超过 10 亿美元。西非沿海地区的非法捕捞问题最为严重。以塞内加尔为例,该国海洋专属经济区国外渔船捕捞量占国内捕捞量的一半还多,其沿海地区每年非法捕捞量高达 30 万吨～56 万吨,致使塞内加尔每年经济损失达 300 万美元[③]。由表 1-3 可以看出,西非地区非法捕捞水平普遍较高,其中几内亚高达 102％,几内亚比绍和塞拉利昂的非法捕捞水平分别为 41％和 35％。

表 1-2　1985—2010 年全球分区域非法捕捞水平

区　域	1985—1989	1990—1994	1995—1999	2000—2005	2006—2010
大西洋西北部	19％	39％	15％	9％	6％
大西洋东北部	10％	12％	11％	9％	10％
中大西洋西部	14％	14％	11％	10％	9％
中大西洋东部	38％	40％	34％	37％	36％
大西洋西南部	18％	24％	34％	32％	30％
大西洋东南部	25％	12％	10％	7％	6％
印度洋西部	24％	27％	25％	18％	16％
印度洋东部	29％	30％	33％	32％	24％
太平洋西北部	15％	23％	27％	33％	32％
太平洋东北部	39％	7％	3％	3％	3％
中太平洋西部	37％	37％	36％	34％	35％

---

　　① MRAG. Review of Impacts of Illegal, Unreported and Unregulated Fishing on Developing Countries[R]. London:DFID,2005.

　　② David J. Agnew, John Pearce, et al. Estimating the Worldwide Extent of Illegal Fishing[J]. PLOS(Public Library of Science) Published,February 25,2009. https://doi.org/10.1371/journal.pone.0004570 (2015 年 5 月 31 日访问)

　　③ Belhabib D,Koutob V,Sall A,et al. Fisheries Catch Misreporting and Its Implications:The Case of Senegal[J]. Fisheries Research,2014(151):1-11.

续表 1 - 2

区　　域	1985—1989	1990—1994	1995—1999	2000—2005	2006—2010
中太平洋东部	17％	13％	14％	15％	15％
太平洋西南部	9％	7％	7％	4％	5％
太平洋东南部	21％	24％	23％	19％	22％
南极地区	0％	2％	15％	7％	2％
全球平均值	21％	21％	20％	18％	17％

数据来源：联合国粮农组织网上统计数据库。

表 1 - 3　西非地区主要国家非法捕捞水平

国家	非法捕捞量占当前合法捕捞量的百分比	估算方法
几内亚比绍	41％	直接估算
塞内加尔	8％	推测
佛得角	2％	推测
尼日利亚	5％	直接估算
毛里塔尼亚	9％	推测
冈比亚	12％	推测
几内亚	102％	直接估算
塞拉利昂	35％	直接估算

数据来源：MRAG(2010)。

二、西非 IUU 捕鱼的历史背景

(一)欧盟对非洲渔业的过度捕捞

国外船只在西非海域的捕捞由来已久,西非是西方尤其是欧盟国家传统的海洋渔业捕捞区,欧洲的船只占据了主要份额。[①] 西方学者曾撰文指出西非海域是欧盟的"鱼篮子"。[②] 欧盟在非洲也进行着大量的非法和过度捕捞行为。当前,欧盟境内食用鱼类 60％为进口,欧盟地区 80％以上的渔业资源被过度捕捞,远高于全球 28％的平均水平。过剩的渔业捕捞能力使得欧盟将视线转向其他海域,其

---

① Kaczynski V M, Fluharty D L. European Policies in West Africa: Who Benefits From Fisheries Agreements? [J]. Marine Policy, 2002,26(2):75-93.

② Alder J, Sumaila U R. Western Africa: A Fish Basket of Europe Past and Present[J]. The Journal of Environment & Development, 2004,13(2):156-177.

船队每年从欧盟以外水域捕捞大约 120 万吨,占其捕捞总量的 1/4。持有欧盟执照的渔船每年从毛里塔尼亚附近水域中捕捞约 23.5 万吨鱼产品,在塞拉利昂、加纳、几内亚比绍等水域的捕鱼量也在几十万吨以上。

(二)中国在西非的远洋捕捞量被"高估"

1963 年,邵增彬在《国外水产》发表篇幅达 11 页的编译文献《非洲渔业简况》,系统专门介绍非洲渔业,指出发达国家在西非的捕捞长期以来占据了当地渔业的主导地位。[①] 中国的远洋捕捞开始比较晚,1985 年中国水产总公司 13 条渔船赴西非开展远洋捕捞,揭开了中国远洋捕捞的序幕,但长期以来中国远洋捕捞船动力小、捕捞技术落后、捕获量远远低于西方发达国家。在西非远洋捕捞的亚洲国家中,20 世纪 50 至 60 年代日本在该海域捕捞,70 年代韩国占主导地位在西非海域捕捞;而西非海域是欧洲国家传统的重要捕捞区。中国远洋捕捞起步晚、发展缓慢,远洋捕捞装备和技术与发达国家有较大差距。虽然进入 21 世纪,中国在非洲的渔业捕捞规模和捕获量有明显的增加,但据农业部渔业局统计,2012 年远洋渔业捕获总量为 122.3 万吨,市值 2.7 亿美元。[②] 而西方学者估算的中国在西非地区捕捞量竟高达 290 万吨,总额为 71.5 亿美元是与事实不符的。此外,中国与西非地区(如毛里塔尼亚、几内亚比绍、塞拉利昂等)的渔业合作不同于欧盟地区的渔业协议(欧盟国家提供一定的资金,与西非国家签订具有捕捞年限的协议来获取捕捞许可),主要采取的是投资合作方式,这有利于西非地区的发展,可以解决部分就业、提高基础设施建设,从而促进当地渔业水平的提高。[③]

基于西非非法捕捞的现状,西非地区应该着力对周边渔业进行管理,西非非法捕捞是一个长期的历史性问题,该地区丰富的海洋渔业资源和落后的渔业管理水平以及外来非法捕捞者的长期存在,致使非法捕捞在短期内难以得到根除。非法捕捞对整个西非地区的经济发展、生态环境、社会稳定等都造成了深远的影响。西非非法捕捞问题的解决需要依靠各方的积极参与,非洲各国还有很长的路要走。除了要建立能维护海洋安全的海军和海岸警卫队、投资训练执法人员、建立相关调查程序和机构以及依据其渔业政策和国际条约制定各种规则等具体措施外,还应该注重国家交流与国际合作,尤其是与欧盟各国之间的谈判,并充分发挥国际(区域)组织的作用,根除西非地区非法捕捞问题,实现西非地区的可持续发展。

① 邵增彬.非洲渔业简况[J].国外水产,1963(1):32-42.
② 农业部渔业局.中国渔业统计年鉴:2013[M].北京:中国农业出版社,2013.
③ 符跃鑫,张振克,任则沛,等.西非海洋渔业资源非法捕捞现状和对策[J].世界地理研究,2014(12):17-19.

第 二 章

西非渔事咨询案的管辖权之争

在理解 IUU 捕鱼行为的现状及其给西非经济、社会带来的影响之后,本章将探讨西非渔事咨询案的程序问题,即国际海洋法法庭是否对本案具有咨询管辖权。本章将从国际海洋法法庭咨询管辖权的理论与实践入手,结合法庭及各个国家对本案的意见,分析国际海洋法法庭的咨询管辖权。

第一节 国际海洋法法庭的背景概述

一、国际海洋法法庭成立的背景

几个世纪以来,随着海洋技术的不断发展,各国在海洋权益上的法律争端日趋增多,为了维护海洋法律秩序,建立一个统一的争端解决机制无疑变得十分重要。二战以后,全球海洋权益的斗争正达到一个巅峰,其重要背景是,二战结束后,超级大国凭借其全球行动能力,在各大洋划定势力范围。为了维持海洋秩序的稳定,1958 年第一次联合国海洋法会议召开了。[①] 尽管在这次会议中制定出了一些关于海洋利用方面的规则,并最终形成了日内瓦海洋法四公约,[②]但是,在日内瓦海洋法四公约中,仅仅将争端解决机制规定在附属议定书中,而非公约中。

国际海洋法法庭是依据 1982 年通过并于 1994 年生效的《联合国海洋法公约》设立的常设性国际司法机构。目前,《联合国海洋法公约》缔约方已达 135 个(包括一个国际组织),其中有 26 个国家就争端的解决方式作了选择。我国 1996年 5 月批准了《联合国海洋法公约》,并在国际海洋法法庭拥有本国的法官。法庭自 1996 年 8 月 1 日选出第一任 21 名法官后正式开始执行其职责。此后,国际海洋法法庭于 1997 年 10 月 28 日通过了《国际海洋法法庭规则》。1997 年 12 月 18日,联合国秘书长和国际海洋法法庭庭长签署了《联合国和国际海洋法法庭关系

---

① Natalie Klein. Dispute Settlement in The UN Convention on the Law of Sea[M]. Cambridge: Cambridge University Press, 2005:12.

② See: Natalie Klein. Dispute Settlement in The UN Convention on the Law of Sea[M]. Cambridge: Cambridge University Press, 2005:257 - 282.

协定》,该协定于 1998 年 9 月 8 日生效。1997 年 5 月,《联合国海洋法公约》缔约国会议通过了《国际海洋法法庭特权与豁免协定》,1997 年 7 月 1 日起在联合国总部开放供各国签署。

在第三次联合国海洋法会议 1976 年第四期全体会议上,各国代表团对《联合国海洋法公约》的争端解决问题进行了官方的正式辩论。在 6 天的辩论中,来自 72 个国家的代表纷纷发言,阐述了各自的观点和立场。对于是否需要设立国际海洋法法庭,有反对、赞同和折中三种不同的意见。最后通过了《联合国海洋法公约》,并以附件的形式通过了《国际海洋法法庭规约》。总结世界各国在第三次联合国海洋法会议上的不同意见以及国际法院的司法实践可知,设立国际海洋法法庭是国际关系和国际法发展的必然结果。这种必然性体现在以下几个方面:

(1)《联合国海洋法公约》本身的妥协性质需要设立一个专门法庭来解决因解释或适用《联合国海洋法公约》而引起的争端。

(2)海洋活动本身的特殊性及国际法院当事方的局限性决定了在国际法院之外需要设立国际海洋法法庭。

(3)广大发展中国家对国际法院的不满意,对国际海洋法法庭的设立起了重要作用。

国际海洋法法庭的产生,是完善国际海洋法律制度的需要,是和平解决国际争端制度的发展和创举,更是国际社会结构变化而产生的必然结果。

法庭由 21 名法官组成。每一缔约国可以提名不超过 2 名法庭法官候选人。在全体缔约国会议上,缔约国用无记名投票的方式选举法官,获得最多票者当选。但所获票数至少为出席并参加表决的缔约国 2/3 的多数票。法官任期为 9 年,可连选连任。在第一次选举出的法官中,7 人任期为 3 年,7 人任期为 6 年,7 人任期为 9 年。法官的任期由联合国秘书长以抽签方式决定。以后每 3 年改选法庭法官的 1/3。

法官应享有公平和正直的最高声誉,并在海洋法领域内具有公认资格。法庭作为一个整体应能代表世界各主要法系和按地区公平分配名额。每个地理区域应有法官至少 3 人。法庭法官中不得有二人为同一国的国民。

法庭法官不得担任任何政治或行政职务,不得同与海洋资源和其他商业用途有关的任何企业的业务有积极的联系或有财政利益。法庭法官不得担任任何案件的代理人、律师或辩护人。

构成法庭的法定人数为 11 名法官,但所有可以出庭的法庭法官都应出席。法庭可以设立分庭,由法官 3 人或是 3 人以上组成,以处理特定种类的争端。为了迅速处理事务,法庭每年需设立以 5 名法官组成的分庭,用简易程序审理和裁决争端。此外,由 11 人组成的海底争端分庭是依据《国际海洋法法庭规约》直接设立的。这 11 名法官是由国际海洋法法庭全庭法官以过半数从法庭选任法官中选出的。

二、国际海洋法法庭法官的组成

国际海洋法法庭由独立法官 21 人组成,不得有 2 人为同一国家的国民。[①] 法官应享有公平和正直的最高声誉,在海洋法领域内具有公认资格。法庭作为一个整体,应确保其能代表世界各主要法系和公平地区分配。[②] 联合国大会所确定的每一个地理区域集团应有法官至少 3 人。法官任期分别为 3 年、6 年、9 年,可连选连任。选举每 3 年进行一次,每次改选 7 名法官。在法官当选接替任期未满的法官的情况下,其应任职至其前任法官任期届满时为止。如果法庭的其他法官一致认为某一法官已不再适合必需的条件,则可以解除该名法官的职务。[③] 法官不得执行任何政治或行政职务,或对任何与勘探和开发海洋或海底资源或与海洋或海底的其他商业用途有关的任何企业的任何业务有积极联系或有财务利益,不得充任任何案件的代理人、律师或辩护人。[④] 另一方面,法官于执行法庭职务时享有外交特权和豁免,其薪资、津贴和酬金免除一切捐税。

每一缔约国可提名不超过 2 名候选人。他们既可以是本国国民,也可以是其他缔约国国民,甚至是非缔约国国民。[⑤] 法庭法官的选举应以无记名投票方式进行。第一次选举由联合国秘书长召开缔约国会议举行,以后的选举应按各缔约国协议的程序举行。在该会议上,缔约国的 2/3 应构成法定人数。得票最多并获得出席并参加表决的缔约国 2/3 多数票的候选人应当选为法庭法官,但这项多数须超过缔约国的半数。因此,如果按照目前的 166 个缔约国计算,则至少 111 个缔约国出席,得票 83 张以上始得当选。

按照《法庭规约》的规定,第一次选举应于公约生效之日起六个月内举行,如此,选举应于 1995 年 5 月 16 日前举行。但为了使法庭法官的组成具有广泛性,并使法庭获得足够的财政支持,1994 年召开的公约缔约国第一次会议决定将选举推迟到 1996 年进行。这样,第一次选举于 1996 年 8 月 1 日始得举行。

(一)选任法官

审理案件时,所有可以出庭的法官均应出庭,但须有选任法官 11 人才构成法庭的法定人数。[⑥] 属于争端一方国籍的法官应保有其作为法官参与权利。但任何过去曾作为某一案件当事人一方的代理人、律师或辩护人,或曾作为国内或国

---

① 参见《法庭规约》第 2 条第 1 款和第 3 条第 3 款。

② 参见《法庭规约》第 2 条。

③ 参见《法庭规约》第 9 条。

④ 参见《法庭规约》第 7 条第 1 款和第 2 款。

⑤ 吴慧.国际海洋法法庭研究[M].北京:海洋出版社,2002:50.

⑥ 参见《法庭规约》第 13 条第 1 款。

际法院或法庭的法官,或以任何其他资格参加该案件的法官不得参与该案件的裁判。

(二)专案法官

和国际法院类似,法庭全庭或分庭在审理案件时,如果法庭上有属于当事一方国籍的法官,争端他方可选派一人为法官参与审理。如果法庭上没有属于当事各方国籍的法官,每一当事方均可选派一人为法官参与审理。[①] 专案法官可以是选派他的当事方以外的国家的国民,但是需要满足《法庭规约》第2条、第8条和第11条规定的选任法官的条件。当事一方可对他方选派的专案法官提出反对意见,由法庭加以裁定。考虑到分庭有限的且通常比较小的成员规模,适用于法庭全庭审理案件时选派专案法官的规则在适用于分庭时就需要加以调整。此时,法庭庭长应与当时各方协商后,要求组成分庭的法官中必要数目的法官将席位让给属于有关当事各方国籍的法官,从而回避了选派专案法官的必要性。然而,如果法庭中没有当事方国籍的法官或这些法官不能出庭,则让给当事各方特别选派的法官。[②] 总之,专案法官不会增加分庭成员的数量,而是替代其中的某些法官。

就非国家实体而言,他们只是在下列情况中才可选派专案法官:当事其他各方中由一方是国家且法庭上有属于该国国籍的法官,或该国已选派了一名专案法官,或他方是国际组织且法庭上有属于该国国际组织成员国国籍的法官;或法庭上有属于其他各方中一方的担保国国籍的法官。然而,如果法庭中有属于一国际组织成员国国籍的法官或者有属于一自然人或法人或国有企业担保国国籍的法官,则该国际组织或自然人或法人或国有企业无权选派专案法官。如果法庭中有两个或以上成员是相关国际组织的成员国或当事一方的担保国的国民,庭长在与当事方协商后可要求一个或一个以上这样的成员退出。

自从法庭成立以来,截至目前至少已经有13名专案法官参加了10个案件的审理。专案法官应在与选任法官完全平等的条件下参与裁判,[③]但不计入法定人数。专案法官制度同指派仲裁员的做法"一脉相承",因此有时被批评为难以同"法官是中立和独立的而非其本国政府的代表"这一原则相协调。[④] 然而,这一制度"是完全必要的,因为它可使当事者相信,法庭对他们的意见不会漠然置之。本国法官的出庭,对于接受法庭管辖的国家可能是一个鼓励"。

三、国际海洋法法庭组织工作的启动

1996年10月1日,全体法官在新设立的国际海洋法法庭所在地德国汉堡举

---

① 参见《法庭规约》第17条第2款和第3款。
② 参见《法庭规约》第17条第4款。
③ 参见《法庭规约》第17条第6款。
④ 参见赵理海:《海洋法的新发展》,北京大学出版社1984年版,第195-196页。

行了会议。这是专门讨论组织事宜的第一期会议的开始。

联合国副秘书长兼法律顾问 Hans Corell 代表联合国秘书长加利出席了这次会议。应法官们的要求，在法庭庭长选出前，由 Corell 先生主持会议。

会议首先要解决的一件事是选举庭长和副庭长。这两位首长任期 3 年，可连选连任(《法庭规约》第 12 条 1 款)。庭长主持法庭所有会议，并以主席地位对提交法庭的案件进行审理。遇有赞成和反对的票数相等时，庭长可投决定性一票。庭长常驻汉堡处理法庭工作。庭长不能行使其职务时，由副庭长代理。最先出面竞选法庭庭长的是加纳的 Thomas A. Mensah。他凭借其在海洋法、海商法方面的数十年丰富经验，加以曾任"总督"这一高官厚位，于 1995 年 8 月 1 日当选法庭法官后，立即走访各国到处拉票，竞选法庭庭长一职。

然而，竞选并非完全一帆风顺。在 1996 年 10 月举行的法庭第一期会议上，除 Mensah 外，被提名为庭长候选人的还有两位强手：保加利亚的 Yankov 和英国的 Anderson。前者历任保加利亚外交部副部长、常驻联合国代表、驻英大使、第三次联合国海洋法会议第 3 委员会主席、联合国国际法委员会主席等职。后者曾任英国外交部法律顾问达 30 年之久，是英国在国际法院、欧洲法院几起案件的代理人，而且海洋法著作等身，是一位杰出的海洋法专家。主持会议的 Corell 先生，几经协商，以求达成一致，但未能奏效。会议最终决定，按照《法庭规约》第 12 条(2)款的规定举行秘密投票。根据 Corell 先生的建议，先举行非正式投票，结果 Mensah，Anderson，Yankov 得票最多。于是 Corell 先生召集这 3 人进行磋商，Anderson 和 Yankov 退出竞选。经正式秘密投票，Mensah 终于以 19 票绝对多数当选庭长。随即由 Mensah 取代 Corell 主持会议。依照同一程序，德国的 Wolfrum 以 17 票绝对多数当选副庭长。这样，庭长和副庭长的选举便告一段落。[①]

Mensah，美国耶鲁大学法学博士，20 多年来一直担任国际海事组织(IMO)的法律部主任和副秘书长。退休后，曾任夏威夷大学海洋法研究所所长及荷兰莱顿大 Cleveringa 讲座教授。1995 年起任加纳驻南非共和国总督。

Wolfrum 是德国 Maing，Kiel，Heidelberg 等大学国际法教授。1993 年被选为 Kiel 大学副校长。同时出任驰名世界的 Max Planck 比较法与国际法研究所所长，还曾任 Lunebourg 及 Schleswig 行政上诉法院法官。

继而，1996 年 10 月 21 日，法庭举行了书记官长的选举。经秘密投票后，斯里兰卡的 Gritakumar E. Chitty 以 19 票绝对多数当选为法庭首届书记官长。1 人缺席，1 人弃权。Chitty 在联合国秘书处有 20 多年的工作经验。从一开始他就同建立国际海洋法法庭有着联系。1975 年起他出任主管海洋事务的联合国副

---

① ITLOS/Press/1,5 October 1996.

秘书长 Zulela 的特别助理,在他的联合国长期生涯中,他从那时起一直负责海洋法争端解决问题,当时第三次联合国海洋法会议才刚开始讨论这一问题。

1995 年 5 月联合国秘书长任命 Chitty 为负责筹建国际海洋法法庭的官员,接着 1996 年 8 月又任命他为掌管法庭书记处的主任(Director in Charge)。法庭书记官长任期 7 年。在此期间他主管法庭书记处——法庭的行政机构。书记官长负责书记处所属各部门。全体职员都受他管辖,他可对书记处工作发号施令。书记官长属助理秘书长级。[①]

Chitty 对庭长和法官们对他的信任表示感谢,并保证他将继续为法庭和各位法官奉献一切。他说,他的目的本是协助法庭的建立,他很感谢能够继续为法庭效劳。

副书记官长一职不容忽视。在法庭的首次选举中,被提名为副书记官长候选人者达 4 人之多,出现的问题也较多。早在法庭第一期会议前,比利时政府就通过外交途径为 Philppe Gautier 到处拉票。Mrs. Gertrude Blake 也颇具实力。自 1982 年起她就担任联合国海洋法官员。1983—1994 年,任海底筹委会第四特别委员会副主任秘书兼"77 国集团"——非洲集团秘书。1994 起任《海洋法公约》缔约国会议副主任秘书,为创建国际海洋法庭做实际安排的副官员。支持 Gautier 的主要是西欧、拉美和讲法语的法官,亚非法官大都支持 Mrs. Blake。此外候选人还有:俄罗斯外交部法律司副司长、常驻联合国代表团参赞 S. Karev 及法国的一位大使 Brouille。经非正式投票后,候选人只剩 Mrs. Blake 和 Gautier 两人。最后,在 1996 年 10 月 24 日的秘密投票中,Gautier 以 12 票微弱多数当选为法庭副秘书长。预计希望较大的 Mrs. Blake 仅获 8 票,落选。Gautier,比利时鲁文大学法学博士,曾任比利时外交部条约司司长、鲁文大学教授。

有些非洲法官对 Mrs. Blake 落选耿耿于怀,而对 Gautier 当选颇为不满。Gautier 当选后,Mensah 当即召见他,要求全体法官同他见面。这对在场的 Mrs. Blake 来说,似乎有点不体面。孰料为了这样一件微不足道的小事,竟演出了一场闹剧,会场上顿时出现紧张局面。喀麦隆法官 Engo 建议,只许 Gautier 在 coffee break(会议休息时)同大家见面。坦桑尼亚法官 Warioba 当即提出,Gautier 只有宣誓就职,才可同法官们见面。而支持 Gautier 的意大利法官 Treres 却认为,Gautier 既已当选,庭长有权召见他。俄罗斯法官 Koldkin 当即出面为庭长打抱不平。他尖锐地指出,在这一问题上,不应让庭长感到为难。这时,Engo 表示让步,准许 Gautier 来会场跟大家见面。Gautier 很不自然地被请进了会场,这场风波方告结束。为了团结一致,同心协力搞好法庭工作,希望今后不再发生类似事件。

---

① ITLOS/Press/3,23 October,1996.

四、国际海洋法法庭分庭的成立

（一）海底争端分庭（Seabed Disputes Chamber）

为了审理因国际海底区域的勘探和开发而引起的争端,《公约》规定,在国际海洋法庭内设立的海底争端分庭。海底争端分庭虽然属于国际海洋法法庭的一个部分,但是它具有较大的独立性,并且在法庭组成和管辖权方面和海洋法法庭有所不同。海底争端分庭是根据《公约》第 181 条和《法庭规约》第 14 条而成立的法庭结构内的一个独特的司法机构。该分庭在《公约》和《法庭规约》的框架内享有特殊地位,有它自身的特别管辖权。概括而言,法庭对国家管辖范围外海床洋底及其底土资源的勘探和开发而引起的争端有专属管辖权。《公约》将"区域"内的资源称之为"人类的共同继承财产"。全法庭的管辖权包括海洋法所调整的一切领域,而海底争端分庭则是国际海底管理局有效行使职能的一个方面。

《法庭规约》第 35 条第 1 款规定,分庭由海洋法法庭法官以过半数从法庭选任法官中选择法官 11 人组成。选派分庭法官应确保能代表世界各主要法系和公平地区分配。分庭法官每三年改选一次,可连选连任。

值得注意的一点是,"专案分庭的法官必须不属于争端任何一方的工作人员,或其国民",这是一条硬性规定。

依据《法庭规约》第 37 条,海底争端分庭的当事方除《公约》缔约方(包括主权国家、自治共和国或自治领土、政府间国际组织)外,还有国际海底管理局和企业部、国有企业、自然人或法人。后者一般被称之为"缔约国以外的实体"。《公约》允许缔约国以外的"实体"作为国际法庭诉讼当事方是对传统国际法的重大发展和突破。法庭也成为继欧洲人权法院、美洲人权法院、欧共体法院等区域性司法机构之后又一个授予私人国际法庭诉讼权的国际性司法机构。

国际海洋法法庭除法官全体审理案件外,还可以设立特别分庭处理争端。依据《法庭规约》第 15 条的规定,有三种类型的特别分庭:特定种类争端分庭、处理特定争端分庭和简易程序分庭。

1. 特别分庭的法官

（1）特定种类争端分庭的法官

国际海洋法法庭可设立其认为必要的分庭,由选任三名或三名以上的法官组成,以处理特定种类的争端。这类特别分庭由法庭本身决定是否需要而设立,处理的是特定种类的争端。

国际海洋法法庭于 1997 年 2 月 20 日成立了两个特定种类争端的分庭:渔业争端分庭和海洋环境争端分庭。渔业争端分庭处理争端各方同意提交给它的有关海洋生物资源养护和管理的任何争端。它的管辖范围主要是《公约》有关养护和管理海洋生物资源的规定的解释和适用的争端,以及任何其他协定有关授予国际海洋法法庭管辖权的养护和管理海洋生物资源的任何规定的解释和适用的争端。它可以处理争端当事各方提交给它的有关公约或协定的任何规定的解释或适用的争端。

（2）处理特定争端分庭的法官

《法庭规约》第15条第2款规定："法庭如经当事各方请求，应设立分庭，处理提交法庭的某一个特定争端。这种分庭的组成，应由法庭在征得当事方同意后决定。"依据此款成立的分庭是处理特定争端的分庭。此类法庭的特点是：第一，此类分庭是经当事各方请求由法庭来设立的；第二，此类分庭处理的是当事各方提交的某一特定案件，案件审理结束，该法庭也就撤销；第三，此类分庭的组成，包括法官人数和法官本人，都要征得当事方的同意。

在国际海洋法法庭的三类特别分庭中，只有对处理特定争端分庭的法官组成，争端当事方可以发表自己的意见。关于此类分庭的组成是否考虑地域代表性的问题，《法庭规约》没有规定。

（3）简易程序分庭的法官

为了迅速处理事务，法庭每年应设立以选任法官5人组成的分庭，该分庭应以简易程序审理和裁判争端。法庭应选出两名候补法官，以接替不能参与某一特定案件的法官，此类分庭的特点是：

第一，设立此类分庭的目的是为了迅速处理事务。实际上，所有分庭设立的目的之一都是为了简化程序，提高办案效率，减少当事方的费用。

第二，基于此次设立的目的，此类分庭用简易程序审理和裁判争端。

第三，此类分庭由法庭每年定时设立。

第四，此类分庭由5名法官组成，法庭的庭长、副庭长为自然成员。此外，法庭应选出两名法官作为此类分庭的候补法官。

特别分庭应选出庭长主持工作。在任何其他情况下，分庭应以无记名投票方式，并以分庭法官的过半数票选出分庭庭长。设立分庭时主持分庭的法官，只要其继续担任该分庭的法官，应继续主持该分庭。

2. 特别分庭的诉讼程序

依据《法庭规则》第107条，特别分庭的诉讼程序在不违背《公约》《法庭规约》和《法庭规则》关于特别分庭的规定的条件下，应按法庭规则适用于法庭审理争端的规定办理。所以，特别法庭的诉讼顺序基本上执行国际海洋法法庭的诉讼程序，只是在以下两方面有所变通：

第一，当事人在起诉时应提出希望案件由分庭审理的请求。如果当事方希望案件由处理特定争端的分庭审理，该项请求应在提起诉讼的文件中提出，或随同该项文件提出。如果当事方意见一致，该项请求将予实施。根据《法庭规约》第17条，当事方对处理特定争端的分庭的组成可以参与意见，所以，庭长在得到当事方各方的同意后才决定其组成。

第二,特别分庭的书面程序和口述程序可以简化。在书面程序方面,分庭审理案件的书面程序应由当事各方提出的单一诉讼书状构成。只有在当事各方同意,或者法庭主动或应当事一方要求下裁定有进一步提出其他诉讼书状的必要时,其他诉讼书状才能被提出。在口述程序方面,如果当事各方和分庭都同意取消口述程序,则分庭不用再开庭审理。但即使不进行口述程序,分庭仍可要求当事各方提供口头信息或作出口头解释。

第二节　国际海洋法法庭的管辖权概述

一、国际海洋法法庭管辖权的类型

广义来说,国际法院或法庭的管辖权是指国际性法院或法庭有权对当事方提交的争端进行审理并对案件作出有拘束力的决定或发表咨询意见的权限。联合国行政法庭[①]曾对管辖权下过定义,即"考虑当事方的争议,鉴定它们提出的证据,确定事实并宣布适用于它们的法律的权利"。国内法院的管辖权仅指受理当事方诉讼申请的权利,不存在不同类型的管辖权分类。与国内法院不同,国际法院或法庭往往享有两种不同类型的管辖权,即诉讼管辖权和咨询管辖权,以此来解决国际社会的各种争端。[②]根据《公约》的规定,国际海洋法法庭的管辖权也存在不同的分类,具体而言是以下两种:

一是诉讼管辖权。国际海洋法法庭的诉讼管辖权与国内法院的受理案件并作出判决的权力及国际其他司法机构享有的权能类似,是指以判决的形式处理相关的法律争端。《法庭规约》第 20 条规定,"法庭应对各缔约国及满足一定条件的缔约国以外的实体开放"。这在属人管辖上和国际法院等其他常设司法机构存在很大的不同。除了缔约国以外,依据《公约》187 条的规定,"缔约国、管理局或企业部、国有企业、自然人和法人"也能成为当事方。从属事管辖的角度,依据《公约》第 288 条规定,对与公约解释或适用相关的任何争端,法庭都享有管辖权。缔约国还可以根据《公约》287 条的规定,以特别声明的方式,接受国际海洋法法庭的强制管辖。依据《公约》设立的国际海洋法法庭和海底争端分庭都享有诉讼管辖权。

二是咨询管辖权。《国际法院规约》第 40 条将咨询管辖权界定为法庭对相关法律问题"发表咨询意见的权力"。《公约》中规定的咨询管辖权权能与此类似,但

---

① 联合国行政法庭是依据《联合国行政规约》成立的司法机构,由于联合国采用了新的内部司法制度,最后由联合国上诉法庭取代联合国行政法庭。

② 王献枢.国际法[M].北京:中国政法大学出版社,1994:439.

在咨询管辖权享有主体的规定上却存在很大的不同。《联合国宪章》第 96 条第 2 款和《国际法院规约》第 65 条第 1 款明确地将咨询管辖权赋予了国际法院,但是《公约》第 191 条和《法庭规约》第 40 条第 2 款只是赋予了海底争端分庭享有咨询管辖权,并未将这一权利明确地赋予国际海洋法法庭。这也是法庭第 21 号案(西非渔事咨询案)的关键所在。[1]

二、法庭咨询管辖权与诉讼管辖权的比较

(一)属人管辖权方面的比较

就诉讼主体来说,国际法院的范围要窄于法庭的范围。国际法院的诉讼主体仅限于国家。

对于法庭诉讼主体而言,《法庭规约》第 20 条的属人管辖权与《国际法院规约》第 34 条内容存在很大差别。前者内容涉及法庭的诉讼主体包含缔约国及其以外的实体;而后者则明确表示法院的诉讼主体仅有国家。笔者对上述内容的理解是,这里的"缔约国"和"缔约国以外的实体"不仅包含国家这一实体,还包括《公约》第 305 条所列明的实体。

(二)对事管辖权方面的比较

对事管辖即法院管辖之客体问题。《国际法院规约》第 36 条第 1 款内容涉及,对当事方向其给予提交之任何争端、纠纷、案件以及《联合国宪章》或者有效的条约、公约中所特别包括的任何事项,法院都具有管辖权。

法庭对事管辖重点体现在《公约》第 21 条。[2] 其管辖范围包括:(1)依照《公约》向其提交的争端;(2)其他协定中的申请。

从管辖权范围来讲,国际法院的管辖权范围非常宽泛。从《法庭规约》第 21 条 2 款规定来看,法庭的管辖权范围同样也是广泛的。波义尔持有"法庭管辖权宽泛,不止在海洋方面"的观点。笔者认为,法庭管辖权应限定在海洋法及与其相关的纠纷。理由在于:1982 年《公约》设立的国际海洋法法庭,包含"相互妥协"的因素,然而,从法庭的设立以来,其解决的案争端都是海洋法或与海洋法相关的争端。

总之,国际法院对事管辖权的范围既可以说比国际海洋法法庭的宽,也可以说比它的窄。宽是因为国际法院的管辖权几乎包括当事国之间关于国际法领域内的任何争端,而国际海洋法法庭的管辖权局限在海洋法领域内。窄是因为在具体实践当中,对于某一类特定案件,当事方只能将其提交国际海洋法法庭。例如,

---

[1] 孙成成.国际海洋法法庭咨询管辖权合法性研究[D].北京:外交学院,2015:8-9.
[2] 《联合国海洋法公约》第 21 条规定:"法庭的管辖权包括按照本公约向其提交的一切争端和申请,和将管辖权授予法庭的任何其他国际协定中具体规定的一切申请。"

关于区域内活动的争端,国际海洋法法庭对这类争端的管辖几乎是专属性的。①

三、国际海洋法法庭咨询管辖权的类型

与国际法院不同,法庭的咨询管辖权不仅可以由法庭自身行使,其海底争端分庭也有权行使。因此,法庭的咨询管辖权可分为以下两类:

(一)法庭的咨询管辖权

依据《国际海洋法法庭规则》(以下简称《法庭规则》)中的规定,当有关国际协定与《公约》的目的相关,其所授权的任一实体可在该国际协定对这一咨询请求做出专门规定的情况下,就某一法律问题提请法庭发表咨询意见。②

(二)海底争端分庭的咨询管辖权

依据《公约》《法庭规则》和《国际海洋法法庭规约》(以下简称《法庭规约》)之中的相关规定,经由国际海底管理局大会或者理事会的请求,海底争端分庭应就它们所提交的其活动范围内的法律问题发表咨询意见。③ 国际海底管理局四分之一及以上的成员,在对大会所审议的任何事项的提案与《公约》的规定符合与否存在疑问时,可以书面形式要求大会主席提请海底争端分庭进行咨询管辖,这一请求应由大会提出,而该提案在海底争端分庭发表咨询意见之前,应暂不进行表决。而当咨询意见在该期会议的最后一个星期前还未发出时,大会便应确定该提案的表决时间。④ 海底争端分庭应考虑咨询意见请求是否与当事的双方或多方之间悬而未决的法律问题有关。当海底争端分庭确定有关时,《法庭规约》第17条以及本规则有关适用该条的规则的规定应适用。⑤

(三)两类咨询管辖权的区别

其一,案件受理范围不同。有关国际协定与《公约》目的相关,由其授权的任一实体在该国际协定对某一咨询请求做了专门规定的前提下,就所涉法律问题提请咨询管辖的这类案件由法庭自身受理。而海底争端分庭受理的则是经由其大会和理事会的请求,对它们活动范围内的法律问题发表咨询意见的案件。其二,发表意见方面不同。《法庭规则》对法庭发表咨询意见的规定中的表述是"可以",而《公约》中所表述的规定则是海底争端分庭"应当"提出咨询意见。

由于法庭的咨询管辖权有两种不同的类型,其主体自然也分为两类。

---

① 金真真.国际法院与国际海洋法法庭管辖权冲突浅析[D].北京:清华大学,2015.
② 参见《国际海洋法法庭规则》第138条。
③ 参见《联合国海洋法公约》第191条。
④ 参见《联合国海洋法公约》第159条第10款。
⑤ 参见《国际海洋法法庭规则》第130条第2款。

1. 提请法庭管辖的主体

这一主体是为弥补海底争端分庭咨询管辖权的不足之处而设定的。当某一实体在依据《法庭规则》的有关规定而获得咨询请求权时,该实体即属于这一类主体。这类主体可以是由与《公约》目的有关的国际协定条款本身,或者该协定缔约国同意授权的任何实体。这一实体可以是国际组织,也可以是国家,却不能是个人,因为个人不属于国际法上的实体。

2. 提请海底争端分庭管辖的主体

这一主体所指向的是国际海底管理局大会或者理事会。国际海底管理局是《公约》缔约国为组织和控制各国管辖范围以外的国际海底区域内活动,特别是管理"区域"内资源而成立的政府间机构。大会是其最高权力机关,理事会是其执行机关。有且仅有大会和理事会有权向海底争端分庭提出咨询请求,而缔约国的相关咨询请求则必须通过大会和理事会提请海底争端分庭,由大会和理事会讨论后决定是否提出请求。

四、国际海洋法法庭与国际法院在咨询管辖权上的区别

咨询管辖权作为诉讼管辖权的补充,在通过司法途径和平解决国际争端方面发挥着重要作用。尽管在一般情况下,法庭和国际法院发表的咨询意见只是对相关的法律问题做出权威性的、建议性的解答,对于提出咨询的请求者并没有严格的法律拘束力,并不能实际地、直接地解决争端。但是,由于咨询意见具有较高的权威性和广泛的影响力,往往会引起国际社会的重视,在若干国际法律问题及争端的处理上,都发挥了积极的作用。

国际法院和国际海洋法法庭在咨询管辖职能方面还是有所区别的。

(一)法庭和国际法院两者的咨询意见的请求者有所区别

《联合国宪章》第96条规定,联合国大会或安理会对于任何法律问题可以请求国际法院发表咨询意见;经大会授权的联合国其他机关及各种专门机构其工作范围内之任何法律问题亦可请求国际法院发表咨询意见。目前,经大会授权可以向国际法院提出咨询意见请求的联合国机关包括:经社理事会、托管理事会、联大临时委员会。经大会授权可以提出这种请求的联合国专门机构包括:国际劳工组织、联合国粮农组织、联合国教科文组织、世界卫生组织、国际复兴开发银行、国际金融公司、国际开发协会、国际货币基金组织、国际民用航空组织、国际电信联盟、世界气象组织、国际海事组织、世界知识产权组织、国际农业发展基金、联合国工业发展组织、国际原子能机构。《国际法院规约》第65条规定,法院对于任何法律问题如经任何团体由联合国宪章授权而请求或依照联合国宪章而请求时,得发表咨询意见。因此,我们可以把国际法院咨询意见的请求者分为两类:第一类是大

会和安理会,它们的咨询请求权直接来源于《联合国宪章》的明确规定,无须其他机关的授权,是"特权的"请求者;第二类是联合国其他机关和各种专门机构,它们的咨询请求权只能通过大会的授权来获得,因而是"有限的"请求者。[①]

依据《公约》第191条,海底争端分庭经大会或理事会请求,应对它们活动范围内发生的法律问题提出咨询意见。这种咨询意见应作为紧急事项提出。依据《法庭规则》第138条的规定,如果与公约目的有关的国际协定专门规定了向法庭提交发表咨询意见的请求,则法庭可以就某一法律问题发表咨询意见;咨询意见的请求应由经授权的任何实体送交法庭,或根据协定向法庭提出请求。可见,法庭的咨询意见请求者也可分为两类:第一类是国际海底管理局大会或理事会,依据《公约》的设定,它们仅仅有权向海底争端分庭请求发表咨询意见,是"分庭的"请求者;第二类是与《公约》目的有关的国际协定授权的任何实体,如果与公约目的有关的国际协定专门规定了向法庭提交发表咨询意见的请求,则该国际协定授权的任何实体便具有了咨询请求权,被授权的实体是"法庭的"请求者。

(二) 咨询意见的发表者不同

只有国际法院本身有权发表咨询意见,其分庭并无此项权力。同时,国际法院也有权拒绝发表咨询意见。与国际法院的情况不同,国际海洋法法庭不但自身有权发表咨询意见,其海底争端分庭也享有发表咨询意见的权力。法庭有权拒绝发表咨询意见,但其海底争端分庭原则上是不能拒绝发表咨询意见的。因为,对海底争端分庭来说,发表咨询意见既是权利,又是其必须履行的义务。

(三) 可提请咨询的内容方面不同

咨询意见的请求者不同,相应的可提请咨询的内容也不同。国际法院的第一类请求者可以就"任何法律问题"提出请求,如国际法问题、有关某种历史状况的法律评价问题、国际组织的程序问题,或者关于某一国际组织行政法庭的判决的问题等等;第二类请求者仅可以就"其活动范围内所涉及的任何法律问题"提出请求,主要是关于这些组织机构的文件或其他涉及其权利、义务的国际公约的有关部分的解释问题。可见"特权的"请求者可咨询内容的范围要比"有限的"请求者可咨询内容的范围大得多。法庭的第一类请求者只能对自己活动范围内发生的法律问题提出请求,即只能在《公约》第十一部分(包括《协定》)及其有关附件规定的范围内提出请求;第二类请求者可以请求咨询意见的事项是该国际协定范围内的法律问题,该国际协定需满足以下两个条件:一是与《公约》目的有关,二是其本身就向法庭请求发表咨询意见作了专门规定。因此,"法庭的"请求者可提请咨询事项的范围要大于"分庭的"请求者可提请咨询事项的范围。

---

① 曾令良.国际法院的咨询管辖与现代国际法的发展[J].法学评论,1998(1):1-10.

（四）咨询管辖的目的不同

因为国际法院是联合国的六大机构之一，与联合国的其他政治机构并列，是联合国的主要司法机关。所以，原则上，国际法院行使咨询管辖权的目的主要在于对有关的法律问题提供权威性的参考意见，借以帮助联合国安理会和大会履行它们对于向其提交的争端从事调解和报告的义务，[①]以使联合国机关和专门机构能够更好地遵照《联合国宪章》的规定进行活动。这实际上是联合国体系内司法机构与其他机构的合作，发挥其自身的法律服务职能。[②] 而法庭是按照《公约》附件六设立的，是《公约》体制内的常设性专业机构。法庭咨询管辖的目的是《公约》及与《公约》的目的有关的国际协定的解释和适用等方面的相关法律问题发表指导性的意见，以起到法律服务的作用。

通过以上几方面的分析和比较，使我们对法庭和国际法院的咨询管辖职能有了更加清晰的认识。针对海洋争端发生时如果以直接谈判的方式解决不了的情况下，法庭和国际法院的咨询管辖无疑成为一种可供选择的途径。

第三节 国际海洋法法庭咨询管辖权的法律分析

一、国际海洋法法庭咨询管辖权的法律基础

依据《公约》及《法庭规则》的相关规定，国际海洋法法庭与其他国际常设司法机构相比，其咨询管辖权的特殊性体现在国际海洋法法庭存在两种类型的咨询管辖权。一是国际海洋法法庭"全庭（Full Court）"本身的咨询管辖权，一是海洋法法庭海底争端分庭享有的咨询管辖权。国际海洋法法庭咨询管辖权的分类不同，详述关于二者不同的规定实有必要。

（一）国际海洋法法庭海底争端分庭咨询管辖权的法律基础与实践

1. 国际海洋法法庭海底争端分庭咨询管辖权的法律基础

海底争端分庭既拥有诉讼管辖权，也拥有咨询管辖权。《公约》第191条明确规定了海底争端分庭享有咨询管辖权[③]，并将提请咨询申请的权力限定赋予了国际海底管理局大会和理事会，而排除了理事会辅助机关提请咨询请求的权力。因为依据当时的国际法院的咨询实践，联合国的机构中只有大会和安理会才有权力提出咨询申请，大会及安理会的辅助机关并不享有这一权力，为此《公约》最后只

---

① 劳特派特.奥本海国际法[M].北京:商务印书馆,1972.

② 吴慧.国际海洋法法庭研究[M].北京:海洋出版社,2002.

③ 《联合国海洋法公约》第191条规定:海底争端分庭经国际海底管理局大会或理事会请求,应对他们活动范围内发生的法律问题提出咨询意见。

赋予了海底管理局大会和理事会相关权力,辅助机关需通过大会和理事会提出申请。[①] 同时,《公约》及其附件对海底争端分庭咨询管辖权的行使也作了一定的限制。

首先是对提请咨询事项的限制。《公约》第十一部分将海底争端分庭的这一事项限制在与海底管理局职权相关的事项上,即咨询的相关法律问题需发生在管理局活动范围之类。

其次是对提请咨询的情况作出了限制。《公约》第 194 条规定咨询事项须为海底争端分庭认为是紧急的事项。

从上述分析中可以看到,海底争端分庭的咨询管辖权来自《公约》的授权,并在《法庭规约》及附件中对咨询管辖权的行使作出了详细规定。国际海洋法法庭海底争端分庭享有咨询管辖权的事实已不需要争议。只是需要明确分庭对咨询意见的发表具有较广的判断力,就提请申请的紧急情况而言,分庭需要对咨询申请的相对价值、重要性及困难都作出迅速的判断。[②]

2. 国际海洋法法庭海底争端分庭咨询管辖权的实践

2011 年 2 月,海底争端分庭对国际海洋法法庭第 17 号案发表了咨询意见。[③] 第 17 号案是国际海洋法法庭海底争端分庭受理的第一个咨询案件,意义重大。[④] 也是至今为止(2017 年 8 月)海底争端分庭发表的唯一一个咨询意见案。第 17 号案咨询意见的发表产生了良好的影响。分析这一案例的咨询程序和咨询意见对了解海底争端分庭咨询管辖权的行使意义重大。从这一咨询案的处理中可以发现以下问题。

第一,提请咨询申请的主体是国际海底资源管理局。咨询申请先由瑙鲁担保公司和汤加担保向管理局提出,管理局经过决议,依据《公约》191 条,申请海底争端分庭就提议中的 3 个问题发表咨询意见。[⑤]

第二,咨询申请的内容限于与《公约》的适用及海底资源管理局相关活动有关的法律问题。咨询申请中包括了三个法律问题。[⑥] 一是担保"区域"内的相关活动需要承担哪些法律责任和义务;二是如果相关缔约国没有履行相关义务,应当

---

① UN Doc. A/CONF. 62/C/1/L. 25,26 April and 23 May 1979, para. 7; reprinted in UNCLOS OR, at 109,110. See also id. , at 113.

② Tullio Treves.《联合国海洋法公约》中的咨询意见[C]//弗吉尼亚大学海洋法论文三十年精选集 1977—2007. 王瑞,译.

③ 2008 年 4 月 10 日,国际海底资源管理局收到两份来自瑙鲁海洋资源公司的咨询申请,请求国际海洋法法庭争端分庭就 3 个问题发表咨询意见。此案被联合国国际海洋法法庭列为第 17 号案。

④ 付玉. 国际海洋法法庭咨询意见与中国海底矿产资源可持续开发利用[C]//第十三届中国科协年会——绿色经济与沿海城市可持续发展战略研讨会,2011.

⑤ 联合国秘书处海法司. 2010 年国际海洋法法庭年度报告[R]. SPLOS/222,纽约:国际海洋法法庭,2011.

⑥ 国际海底管理局. 海底争端分庭关于担保个人和实体从事"区域"内活动的国家所负责任和义务的咨询意见. ISBA/17/C/6 - ISBA/17/LTC/5,牙买加:国际海底管理局,2011.

承担的赔偿责任如何;三是担保国为保证《公约》的履行,须采取何种适当措施。海底争端分庭明确了其咨询范围是在其活动范围内,与《公约》解释和适用相关的法律问题。最终认为这三个问题均属于其咨询管辖范围内的法律问题,并对这三个问题分别发表了咨询意见。

(二)国际海洋法法庭咨询管辖权的法律基础

1.《公约》及其附件对于国际海洋法法庭咨询管辖权的规定

其实细读《公约》会发现,约文中除了依据第191条等将咨询管辖权授予给海底争端分庭外,对国际海洋法法法庭咨询管辖权并未作出明确的规定。但《公约》第288条及其附件六第21条在理论上被认为是国际海洋法法庭享有咨询管辖权的依据。根据《公约》第288条的规定,法院或法庭对"与本公约解决或适用"相关的任何争端及"按照相关国际协定而提出了与协定的解释和适用"有关的任何争端均具有管辖权。① 附件六第21条也明确规定,法庭对"依公约而提交的一切争端和申请"及"依据将管辖权授予法庭的任何其他国际协定中规定的申请"享有管辖权。上述两条规定虽未明确地将咨询管辖权授予国际海洋法法庭,但争议点在于约文中提及的"管辖权"是否包括"咨询管辖权"。若包括,则《公约》第288条及其附件六第21条均是国际海洋法法庭享有咨询管辖权的依据。

2.《法庭规则》对于国际海洋法法庭咨询管辖权的规定

除《公约》及其附件中的规定之外,《法庭规则》也对国际海洋法法法庭咨询管辖权作出了规定。《法庭规则》第138条第1款明确地表示法庭可就依据协议而提出"相关法律问题"发表法律意见。② 《法庭规则》对国际海洋法法法庭咨询管辖权的行使也作出了与海底争端分庭咨询管辖权行使类似的规定。首先,将协定范围限于"与公约宗旨相关"。这和《公约》第288条中对"协定"的要求是一致的。③ 其次还要求了此种咨询意见必须"明确"地规定在订立的协定当中,排除了模糊性规定的授权。最后,《法庭规则》第138条第2款将提请咨询申请的权力授予了"有资格的任何实体或机构"④,与咨询管辖权的一贯实践相符,排除了任何国家和个人的申请权力。

---

① 《联合国海洋法公约》第287条规定:法院或法庭对于有关本公约的解释或适用的任何争端具有管辖权,同时法院或法庭对于按照本公约的目的有关的国际协定向其提出的有关协定的解释或适用的任何争端具有管辖权。

② 《法庭规则》第138条第1款规定:如果与《公约》目的有关的国际协定专门规定了向法庭提交发表咨询意见的请求,则法庭可以就某一法律问题发表咨询意见。

③ 《联合国海洋法公约》第288条规定:法庭对根据任何涉及与本公约宗旨相符的国际协定而提交的解释或适用的争议享有强制管辖权。

④ 《法庭规则》第138条第1款规定:咨询意见的请求应由经授权的任何实体送交法庭,或根据协定向法庭提出请求。

与《公约》相比,《法庭规则》第 138 条对海洋法法庭咨询管辖权作出了较明确的规定。但理论上对《法庭规则》的效力及《法庭规则》第 138 条是否与《公约》相容、是否产生了权利创设的结果等问题一直存在争议,所以这一规定是否构成国际海洋法法庭享有咨询管辖的法律基础,仍值得讨论。后文对此将详细分析。

二、国际海洋法法庭咨询管辖权的理论争议

(一)法庭咨询管辖的对人范围能否向国际组织以外的实体开放

所谓法庭咨询管辖的对人范围,指的是国际司法层面有哪些机构等实体可以向法庭请求咨询管辖。一般而言,这种对人管辖都是通过各自的规则提前规定好的,不需要事后的解释。但《国际海洋法法庭规则》(以下简称《法庭规则》)对于这个问题的规定却甚是模糊,不能使人们做出一个关于对人管辖的明确的判断。首先,让我们分析一下《法庭规则》中关于这一点的描述。《法庭规则》第 138 条第 2 款中叙述道:"咨询意见的请求应经由协议授权或依照协议的任何主体提交至法庭"。① 单单从字面分析,我们可以看出这个规定的争议性,没有明确举例出请求的主体,而是应用了"任何主体"这项措辞,请求的主体究竟是包含国家,还是说只能是由排除国家以外的国际组织,这点我们不得而知。

国际法院的法官对这个问题持有两种看法。首先,特里维斯大法官给出了他的看法,他认为咨询管辖意见的请求主体不能包括国家这种实体,一方面国际海洋法法庭分庭中明确规定了请求的主体不能是国家而只能是国际组织,故作为全庭的规定更不能超越分庭的规定;②另一方面在上文中我们也指出了早在常设国际法院历史中,咨询管辖的请求权是不能给予国家的;国际法院的咨询管辖请求权也是掌握在特定的国际组织中的,即联合国大会及安理会,故国际海洋法法庭应当继承并有效遵守其他司法机构关于咨询管辖的规定,更具有权威性和说服力。然而,杰西法官和沃尔夫鲁姆法官却不赞同以上观点,他们认为可以请求法庭发表咨询意见的主体可以是"任何主体",故当然包括国家,甚至是任何机构,只要是依据《法庭规则》中所提到的这个主体是由相关的国际协议赋予权利的即可,重点是落在了"国际协议"上,而不是纠结于主体的限制。

对于以上的争议,争议的焦点在于是否应遵循先前传统的国际法院等司法机构关于咨询管辖请求主体的要求。基于此,笔者认为我们应当从正反两个方面考虑这个问题。基于正面考虑,继承并发展传统司法机构的规则及习惯能有效维持国际社会良好的司法风气及权威性;基于反面考虑,在继承的基础上我们也应当进一步发展,发展的方向取决于机构的性质、权力设立的目的及意义,海洋法法庭

---

① 参见联合国大会文件 A/60/PV.55,第 27 页。

② 叶强. 咨询意见在国际海洋法法庭全庭的发表程序初探[J]. 中国海洋法评论,2014(1):88.

既然分设了海底争端分庭,全庭和分庭如果在咨询管辖权的规定上一致,那么就没有两个独立法庭行使这项权利的必要,既然这样设立,就是想通过全庭的规定来弥补分庭关于咨询管辖权的一些漏洞,使权利行使更加有效和便捷。

(二)法庭咨询管辖权的"法律问题"的认定

国际海洋法法庭全庭对咨询管辖的对事管辖范围非常宽泛,限制及争议的焦点则是对《法庭规则》中提到的"法律问题"如何认定。在国际司法实践中,对于"法律问题"的认定并没有做过明确的探讨。因为在诉讼过程中,一切争议性的问题都可以与法律问题有关,即使表面上看起来并没有实质性的联系,也可以通过解释与法律问题相关,这并不构成提交诉讼的困扰。之所以在这里讨论海洋法法庭对于"法律问题"认定的限制,是因为海洋法法庭本身的专业性和解决问题的特殊性,具体体现在以下几个方面:

(1)国际海洋法法庭解决的问题及争端是和"海洋"有关的,陆地和区域上空提交法庭的法律问题也不可能得到解决。

(2)国际海洋法法庭有全庭和分庭的区分,各自管辖的范围有所不同,关于海底区域只有分庭对此有管辖权,属于专属管辖,那么全庭就不能有所涉足。

(3)根据《法庭规则》第 138 条的规定,"法律问题"应当可以体现公约目的,包含两方面的限制,即所谓"法律问题"只能是与海洋法的制度有关,并且不能涉及专属领域的相关制度。

但有学者对此问题也发表了一些质疑的态度,比如说如果一项咨询请求虽涉及陆地领土主权问题或海底区域问题,但只请求法庭就某些其有权做出决定的事项发表意见时,法庭该如何处理?[①] 这是一个应当值得讨论的问题,按照传统的国际司法实践,遇到这种管辖问题,国际司法机构可以依据自身权能和事后解释,以最后解决争议为目的适当扩大自己的管辖权能。就像学者提出质疑的问题一样,很多问题看似性质是不同的,但是本质之间并不存在矛盾。国际司法机构完全有能力通过自身的能力予以解决,并不需要把问题抛给其他的机构,只要不违背自身机构的原则和能力范围。这种扩大自身管辖权范围的案件在国际社会中并不罕见,体现最多的是在维护国际社会安全问题上,比如说安理会是维护国际社会和平与安全的机构,这也是他的首要任务,但当争议提交给了国际法院,国际法院并不会为此而拒绝受理,反而是通过诉讼途径使问题从法律层面上得以顺利解决,给争议的解决增强权威性和"执行力"。鉴于此,国际海洋法法庭全庭也可以在运作中有所借鉴,当然前提是不涉足专业的专属领域,而是在自己的权利范围内适当扩张。因为毕竟在实践中很难对"法律问题"做出明确定义,更何况是在

---

① 潘晓琳.联合国海洋法公约体系下的国际海洋争端解决机制[J].兰州大学学报,2014(6):92.

发展并不完备的咨询管辖权的领域。所以，为更好地解决和海洋争端有关问题适当的扩大管辖权，最后的解释权归国际海洋法法庭自身所有。

（三）法庭享有的咨询管辖权是否满足国际习惯的要求

我们是否可以跳出规则本身，从宏观的角度做进一步的探讨，从法理角度而言，国际司法机构是否有某项职权除了依据法律规定，还可以依据某些习惯法来做出相应行为。约翰·奥斯丁就习惯法问题采取了一种颇为简单的观点，他认为，在立法机关或法官赋予某一习惯惯例以法律效力之前，它应当被认为是一种实在的道德准则。[①] 当法律存在不完全或模糊的情形时，是否可以通过国际习惯来解决问题？可以。因为国际习惯可以得到普遍的遵守，有效弥补了制度的不足，为国际司法机构掌握权力提供了有效并强大的理由。那么，法庭本身对咨询管辖权的享有是否满足国际习惯的两方面要求，即是否具备心理和物质两个层面的要素呢？

1. 物质要素不足

咨询管辖权往往是通过缔约国一致同意的条约形式授予特定的司法机构。若没有缔约国的统一授权，则不存在国际司法机构通过自身活动享有咨询管辖权的国际"惯行"，即不满足习惯形成的"物质要素"。当一项权能既没有条约明确授予，也没有国际习惯上的"惯行"，那么这项权能的合法性就会遭到质疑，因为找不到这项权能的法律基础。

2. 心理要素不足

法律确信是主观上的同意、默认或者无抗议，只有当国家明示或默示地同意了某项规则，该规则才对其产生约束力。有关法律确信的一些理论认为，部分法律规则在一系列双边或多边条约中被涉及或者重复出现能构成国际习惯的法律确信。条约是习惯形成的一个构成因素。条约的缔结意味着缔约方认为此种条约在需要规则调整的司法领域内是必须的[②]，这就意味着缔约国承认条约中相关规则的法律约束力。若缔约国家的达到一定数目，或此种承认在不同条约中得以重复体现，则此规则便有了"法律确信"的基础。换句话说，一些在双边和多边条约中被普遍认可的规则，可以产生对所有国家都有的法律约束力的习惯规则。[③]

那么，国际海洋法法庭的咨询管辖权是否满足法律确信的条件？对国际海洋法法庭的咨询管辖权，缔约国是否明示或默示地同意了这一权能？这项权能是否在双边和多边条约中被普遍认可？作为设立这一权能的《法庭规则》，它作为法庭

---

① [美]E.博登海默.法理学——法律哲学与法律方法[M].邓正来，译.北京：中国政法大学出版社，2004：493.

② Suy. Les actes unilateraux en droit international public(1962), at 242.

③ 安东尼·达马托.国际法中习惯的概念[M].姜世波，译.济南：山东文艺出版社，2012：83.

运行的内部规则,并不能代表缔约国的意志。尽管法庭是在缔约国一致同意的基础上设立的,并且赋予其与履行职能相关的一定权力甚至创设权力的权力。但笔者认为,这种创设也仅仅能创设与履行必要权能相关的辅助权力。显然,创设与诉讼管辖权等主要权能地位相当的咨询管辖权,已经突破创设辅助权能的权力范围。若认可此种创设,则易造成权力的滥用。因此《法庭规则》创设咨询管辖权这一权能实际违背了缔约国的意愿。

第四节　西非渔事咨询案各国对咨询管辖权的意见分析

西非渔事咨询案向法庭提交书面意见的国家共有 23 个,包括 22 个《公约》的缔约国,以及 1 个非缔约国(美国)。其中不赞成法庭全庭有咨询管辖权的国家包括中国、美国、英国、法国、爱尔兰、西班牙、澳大利亚、阿根廷,明确赞成法庭有咨询管辖权的国家包括德国、日本、新西兰等,不明确提及赞成还是反对的中间派,有荷兰、泰国。其他国家未明确表态。在本节,作者将列举几个代表性国家的书面意见进行分析。

一、新西兰的书面意见

新西兰 2013 年 11 月 27 日第一轮提交的意见包括七章,第一章是简介,第二章是管辖权和可受理性,第三章是船旗国义务,第四章是船旗国的责任,第五章是国际组织的责任,第六章是沿海国家在保证共有种群和有共同利益的鱼群长期可持续性管理问题上的权利和义务,第七章是结论。

(一)管辖权

鉴于此次是国际海洋法法庭第一次依据《法庭规则》的第 138 条第一款被请求给予咨询意见,新西兰认为有必要讨论国际海洋法法庭对此的管辖权和可受理性问题。

根据《公约》第 288 条第 4 款,"对于法院或法庭是否具有管辖权如果发生争端,这一问题应由该法院或法庭以裁定解决。"

新西兰最初就发现了公约没有规定法庭的咨询建议问题。《公约》的 159 条第 10 款和 191 条对海底争端分庭经大会或理事会要求提供咨询意见进行了规定。[①] 这意味着国际海洋法法庭没有普遍咨询意见管辖权存在。[②] 但是,新西兰

[①] 参看国际法院在 Nottebohm 案中的意见,1953 年 11 月 18 日判决,ICJ Reports 1953 p. 111, at pp. 119 – 120.

[②] 例如 Rao&Gautier(ed) The Rules of International Tribunal for the Law of the Sea: A Commentary(Martinus Nijhoff, The Hague,2006) at pp. 393 – 394.

认为《公约》也没有明确排除这种管辖权的存在。①

《法庭规约》第 21 条规定:法庭的管辖权包括按照本公约向其提交的一切争端和申请,和将管辖权授予法庭的任何其他国际协定中具体规定的一切申请。

新西兰认为,后半句"将管辖权授予法庭的任何其他国际协定中具体规定的一切申请"包括了明确授予法庭管辖权的协定中要求提供咨询意见的情形。

《法庭规则》第 138 条授予了法庭咨询意见管辖权,包括:(1)如果与公约目的有关的国际协定专门规定了向法庭提交发表咨询意见的请求,那么法庭全庭可以就某一法律问题发表咨询意见。(2)咨询意见的请求应经由协议授权或依照协议的任何主体提交至法庭。(3)法庭应当类比适用第 130 条至第 137 条之规定。

在当前的程序中,咨询意见的请求是依据《MCA 公约》的第 33 条由分区域渔业委员会的常任秘书长提交的。三个问题需要法庭考虑:

(1)请求中的问题是否为"法律问题"?

(2)《MCA 公约》是否是"与公约目的有关的国际协定"?

(3)这个请求是否"经由协议授权或依照协议的任何主体"提交的?

新西兰认为,上述三个问题的答案都是肯定的。

请求中的问题明显是"法律问题"。请求中讨论的是船旗国的"义务"、船旗国的"责任程度"、国家或国际组织的"责任"。这些问题本质上是法律问题,涉及的是国际法问题。② 尽管这些问题可能带有政治色彩,并有一定政治目的,但是这不能否认其法律性质。③ 除此之外,这些问题可能还包括了事实问题,但是并不能改变上述问题的法律性质。他们是能够用法律术语解答的法律问题。

而且,《MCA 公约》的主旨与《公约》是相关的。《MCA 公约》的核心目的与合理、有效地养护和管理海洋生物资源有关。在这点上,其与《公约》在序言中表达的目的是一致的:认识到有需要通过本公约,在妥为顾及所有国家主权的情形下,为海洋建立一种法律秩序,以便利国际交通和促进海洋的和平用途,海洋资源

---

① 该作者认为第 288 条第 2 款可以被解释为默示赋予了法庭咨询建议管辖权。相反意见参看 Gao, Jianjun, "The Legal Basis of the Advisory Function of the International Tribunal for the Law of the Sea as a Full Court: An Unresolved Issue", 4(1) KMI International Journal of Maritime Affairs and Fisheries (2012), pp. 83 – 106; and You, Ki-Jun, "Advisory opinions of the International Tribunal for the Law of the Sea: Article 138 of the Rules of the Tribunal, Revisited", 39(4) Ocean Development & International Law (2008), pp. 360 – 371.

② 参看国际海洋法庭海底争端委员会 2011 年 2 月 1 日的咨询建议评论, Responsibilities and Obligations of States Sponsoring Persons and Entities with Respect to Activities in the Area, ITLOS, Case No. 17 at paragraph 39.

③ 参看国际法庭 2010 年 7 月 22 日的咨询建议, Accordance with International Law of the Unilateral Declaration of Independence in Respect of Kosovo, Advisory Opinion, ICJ Reports, 2010, p. 403, at p. 415 (paragraph 27).

的公平而有效的利用,海洋生物资源的养护以及研究、保护和保全海洋环境。

最后,该请求是"经由协议授权或依照协议的任何主体"提交的。《MCA 公约》的第 33 条明确规定了提交法庭咨询意见的情形,在本案中,分区域渔业委员会部长会议已经通过第 14 届会议决定赋予常任秘书长提交咨询意见请求的权利,常任秘书长也已经于 2013 年 3 月 27 日提交了咨询意见请求。这个程序符合《MCA 公约》的规定。

(二)可受理性

法庭基于《法庭规则》第 138 条第 1 款对咨询意见的管辖权是自由裁量的:"法庭全庭可以就某一法律问题发表咨询意见……"(作者添加的突出显示)。国际法庭(International Court of Justice)在《国际法院规约》的第 36 条第 1 款也采纳了这种规定方式,使用了"可以"一词。① 即使法庭决定其对咨询意见问题享有管辖权,在某些情况下,如果法庭认为拒绝给出意见是合理做法之时将有可能拒绝给出意见。

在这方面,新西兰认为,需要遵守的基本原则是咨询意见不具有法律约束力,也没有正式的判例效果。② 然而,此类咨询意见在其涉及的问题上却具有重要的地位。③ 新西兰建议法庭在行使这种自由裁量权时应本着谨慎负责的态度,并充分考虑其行为的重要性。

尽管本案中涉及的问题具有高度凝练性,但是法庭不应该拒绝行使管辖权。至于其是否应该给出意见,应该考虑到此种行为带来的影响。④ 咨询意见的目的是为有需求的组织提供法律意见指导,以协助其更好地发挥作用。⑤ 提出的问题需要解释以使涉及的法律问题能够得到正确解答。在某些情况下,这可能需要将提出的问题限定在确切的范围,并考虑到请求提出的文字背景。

二、日本的书面意见

日本于 2013 年 11 月 29 日提交了报告,分别从管辖权和所提问题的实质内

---

① 例如 2004 年 7 月 9 日咨询意见,Legal Consequences of the Construction of a Wall in Occupied Palestinian Territory,Advisory Opinion,ICJ Reports 2004,p. 136,at p. 156(paragraph 44);2010 年 7 月 22 日咨询意见 Accordance with International Law of the Unilateral Declaration of Independence in Respect of Kosovo,Advisory Opinion,ICJ Reports 2010,p. 403 at p. 416(paragraph 29).

② 《国际法庭规约》第 59 条。

③ 例如,M Shahabuddeen Precedent in the World Court(Grotius,Cambridge,1996)at p. 171.

④ Status of Eastern Carelia,Advisory Opinion,1923,PCIJ Series B,No. 5,p. 29.

⑤ 2004 年 7 月 9 日咨询建议 Legal Consequences of the Construction of a Wall in Occupied Palestinian Territory,Advisory Opinion,ICJ Reports 2004,p. 136,at p. 162(paragraph 60);2010 年 7 月 22 日咨询建议 Accordance with International Law of the Unilateral Declaration of Independence in respect of Kosovo,Advisory Opinion,ICJ Reports 2010,p. 403 at p. 417(paragraph 34).

容两个方面表达了意见。日本认为《公约》第 191 条仅对海底争端问题赋予了法庭咨询建议权,1997 年的《法庭规则》的 138 条与《法庭规约》第 16 条相符,规定了法庭的咨询建议权。① 鉴于法庭在海洋争端中扮演的角色,日本认为应该支持法庭具有咨询建议管辖权。但应该注意两个方面:请求咨询建议的基础和请求咨询建议的事项。② 鉴于分区域渔业委员会有《MCA 公约》的明确授权,而《MCA公约》属于"与《公约》目的相关的国际协议",日本认为法庭对于分区域渔业委员会的请求具有管辖权。关于具体可以提供咨询的事项,日本认为不能针对所有提出的事项,应该限于提出请求组织的活动范围和国际协议规定的可以要求咨询建议的事项范围,即使该国际协议规定得较为广泛,应该解释为是与该协议目的紧密相关的事项。鉴于分区域渔业委员会的职能,日本认为法庭对于分区域渔业委员会提出的问题有管辖权。但是分区域渔业委员会和《MCA 公约》具有区域特色,主要处理海洋事务,日本建议法庭在回答分区域渔业委员会的问题时应该将其限制在与分区域渔业委员的职能和《MCA 公约》目的相符的范围内。同时,尽管依据《法庭规则》的 138 条法庭对于是否提供咨询建议有自由裁量权,日本认为在本案中法庭没有必要拒绝提供咨询建议。③

三、德国的书面意见

德国在 2013 年 11 月 18 日提交了报告,仅对于管辖权发表了意见,未论及四个问题的具体内容。德国认为《国际海洋法规约》的第 21 条④"所有事项"包括咨询意见,默示赋予了法庭管辖权。同时,应该宽泛解释《法庭规则》138 条,⑤SRFC提交的咨询请求符合 138 条的规定,⑥提交请求的国家并不一定必须是咨询国际协议项下的问题,即使对于咨询的内容有要求,德国认为,该案中的问题与《MCA公约》有关,法庭也应该有管辖权。⑦ 德国的结论是,法庭对于该案有管辖权,《法庭规则》138 条是法庭咨询意见管辖权的法律基础,138 条条文中各个要素的解释依赖于国际法院判例中的意见。

---

① 参看原文第 2 页(译者注)。

② 参看原文第 2 - 3 页(译者注)。

③ 参看原文第 3 - 6 页(译者注)。

④ 《国际海洋法规约》第 21 条:法庭的管辖权包括按照本公约向其提交的一切争端和申请,和将管辖权授予法庭的任何其他国际协定中具体规定的一切申请。

⑤ 《国际海洋法法庭规则》第 138 条:(1) 如果与公约目的有关的国际协定专门规定了向法庭提交发表咨询意见的请求,那么法庭全庭可以就某一法律问题发表咨询意见.(2) 咨询意见的请求应经由协议授权或依照协议的任何主体提交至法庭.(3) 法庭应当类比适用第 130 条至第 137 条之规定.

⑥ 参看原文第 10 - 12 段。

⑦ 参看原文第 5 - 11 页。

四、澳大利亚的书面意见

澳大利亚于 2013 年 11 月 28 日提交了报告,澳大利亚认为咨询建议可以被定义为:"国际法院或法庭在有权机构的请求下,对于某个法律问题的意见和观点。"[①]提供咨询建议的目标严格来说不是国际争端问题的和解程序。正如国际法庭的表述:"咨询意见的功能不是在国家之间和解,至少直接效果不是如此,只是为提交请求的机构或组织提供法律意见。"[②]

国际法院和法庭的咨询管辖权不是默示享有的,而是通过法源赋予的。1982年《公约》第 159 条[③]和 191 条[④]仅赋予了法庭海底争端分庭的咨询管辖权。1982年《公约》第 288 条[⑤]仅规定了法院或法庭对"有关本公约的解释或适用的任何争端"和"按照与本公约的目的有关的国际协定向其提出的有关该协议的解释或适用的任何争端"有管辖权。综合《公约》第 287 条[⑥]、《联合国宪章》[⑦]和《国际法庭规约》等分析,288 条没有赋予法庭或法院对广泛事项的一般咨询建议管辖权。

《法庭规约》第 21 条[⑧]也规定了法庭的管辖权,但是分区域渔业委员会请求的

---

① J. Salmon(Ed.), Dictionnaire de droit international public (Brussels, Bruylant,2001), p. 116;R Kolb,The International Court of Justice (Hart Publishing, Oxford and Portland, Oregon, 2013), pp. 1019 - 1020.

② Legality of the Threat or Use of Nuclear Weapons, Advisory Opinion, ICJ Reports 1996, p. 226, p. 236, para. 15.

③ 《联合国海洋法公约》第 159 条:10. 对于大会审议中关于任何事项的提案是否符合本公约的问题,在管理局至少四分之一成员以书面要求主席征求咨询意见时,大会应请国际海洋法法庭海底争端分庭就该提案提出咨询意见,并应在收到分庭的咨询意见前,推迟对该提案的表决。如果在提出要求的那期会议最后一个星期以前还没有收到咨询意见,大会应决定何时开会对已推迟的提案进行表决。

④ 《联合国海洋法公约》第 191 条:海底争端分庭经大会或理事会请求,应对它们活动范围内发生的法律问题提出咨询意见。这种咨询意见应作为紧急事项提出。

⑤ 《联合国海洋法公约》第 288 条:1. 第 287 条所指的法院或法庭,对于按照本部分向其提出的有关本公约的解释或适用的任何争端,应具有管辖权。2. 第 287 条所指的法院或法庭,对于按照与本公约的目的有关的国际协定向其提出的有关该协议的解释或适用的任何争端,也应具有管辖权。3. 按照附件六设立的国际海洋法法庭海底争端分庭的第十一部分第五节所指的任何其他分庭或仲裁法庭,对按照该节向其提出的任何事项,应具有管辖权。4. 对于法院或法庭是否具有管辖权如果发生争端,这一问题应由该法院或法庭以裁决解决。

⑥ 《联合国海洋法公约》第 288 条:一国在签署、批准或加入本公约时,或在其后任何时间,应有自由用书面声明的方式选择下列一个或一个以上方法,以解决有关本公约的解释或适用的争端:(1) 按照附件六设立的国际海洋法法庭;(2) 国际法院;(3) 按照附件七组成的仲裁法庭;(4) 按照附件八组成的处理其中所列的一类或一类以上争端的特别仲裁法庭。

⑦ 特别是第 96 条。《联合国宪章》第 96 条:一、大会或安全理事会对于任何法律问题得请国际法院发表咨询意见。二、联合国其他机关及各种专门机关,对于其工作范围内之任何法律问题,得随时以大会之授权,请求国际法院发表咨询意见。

⑧ 《国际海洋法法庭规约》第 21 条:法庭的管辖权包括按照本公约向其提交的一切争端和申请,和将管辖权授予法庭的任何其他国际协定中具体规定的一切申请。

四个问题都不在法庭的咨询管辖权范围内。同时,澳大利亚认为根据《公约》以外的独立条约或协议不能赋予法庭对一般事项的普遍咨询管辖权。除非《公约》明确规定了。即使认为法庭具有咨询管辖权,法庭的这种权利也是自由裁量的,不是它的义务。① 《法庭规则》第138条对于管辖权的请求有严格的要求,分区域委员会请求意见的问题不符合该条的要求。② 综上所述,澳大利亚认为分区域渔业委员会的请求不在法庭的管辖范围内,法庭应该拒绝提供咨询意见,同时分区域渔业委员会的请求不满足《公约》第138条的规定。③

五、爱尔兰的书面意见

爱尔兰在2013年11月28日提交了报告。国际海洋法法庭是依据《公约》附件六组建的,其管辖权主要规定在《公约》第十五部分第二节288条第1、2和3段。爱尔兰认为分区域渔业委员会提交的咨询请求不在288条第1段④和第2段⑤规定的范围内,也不属于第3段条文⑥中所指的事项。《公约》第290条⑦和第292条⑧也赋予了法庭临时措施管辖权,分区域渔业委员会请求的事项也不在这两条的范围内。

各国在磋商《公约》时,没有赋予法庭对一般事项的咨询管辖权是有原因的,在《联合国海洋法公约》本身没有作出此种规定时,少数国家之间的协议无法赋予法庭这样的咨询管辖权。《公约》仅规定各国可以通过国际协议赋予法庭额外的管辖权,以解决涉及该公约应用的纠纷。即使法庭援引《法庭规约》的第21条,将

---

① 参看原文第5-15页(译者注)。

② 参看原本第18-20页第52-61段(译者注)。

③ 参看原文第18页(译者注)。

④ 《联合国海洋法公约》第288条:1. 第287条所指的法院或法庭,对于按照本部分向其提出的有关本公约的解释或适用的任何争端,应具有管辖权。

⑤ 《联合国海洋法公约》第288条:2. 第287条所指的法院或法庭,对于按照与本公约的目的有关的国际协定向其提出的有关该协议的解释或适用的任何争端,也应具有管辖权。

⑥ 《联合国海洋法公约》第288条:3. 按照附件六设立的国际海洋法法庭海底争端分庭的第十一部分第五节所指的任何其他分庭或仲裁法庭,对按照该节向其提出的任何事项,应具有管辖权。

⑦ 《联合国海洋法公约》第290条:1. 如果争端已经正式提交法院或法庭,而该法庭或法庭依据初步证明认为其根据本部分或第十一部分第五节具有管辖权,该法院或法庭可在最后裁判前,规定其根据情况认为适当的任何临时措施,以保全争端各方的各自权利或防止对海洋环境的严重损害。

⑧ 《联合国海洋法公约》第292条:1. 如果缔约国当局扣留了一艘悬挂另一缔约国旗帜的船只,而且据指控,扣留国在合理的保证书或其他财政担保经提供后仍然没有遵从本公约的规定,将该船只或其船员迅速释放,释放问题可向争端各方协议的任何法院或法庭提出,如从扣留时起十日内不能达成这种协议,则除争端各方另有协议外,可向扣留国根据第287条接受的法院或法庭,或向国际海洋法法庭提出。2. 这种释放的申请,仅可由船旗国或以该国名义提出。3. 法院或法庭应不迟延地处理关于释放的申请,并且应仅处理释放问题,而不影响在主管的国内法庭对该船只、其船主或船员的任何案件的是非曲直。扣留国当局应仍有权随时释放该船只或其船员。4. 在法院或法庭裁定的保证书或其他财政担任经提供后,扣留国当局应迅速遵从法院或法庭关于释放船只或其船员的裁定。

其解释为包含对咨询意见的管辖权,这种管辖权应该也仅限于解释和应用该《法庭规约》和《公约》的事项。[①] 分区域委员会提出的问题较为宽泛,没有提及 2012 年公约[②]具体条款。

六、欧盟的书面意见

2013 年 11 月 29 日欧盟发表了第一轮意见。

关于可受理性,欧盟认为每个国际公约或国际协议的缔约国不同,各国受到约束和规制的方面也就有所不同。例如分区域渔业委员会的缔约国都是《联合国海洋法公约》的缔约国;分区域渔业委员会中的两个国家(Guinea,Senegal)也是《联合国鱼群协定》的缔约方,但其他两个国家并没有签署这个《协定》。[③] 请求中的问题不是要求法庭对某个国际条约中的条文进行解释,《公约》第 288 条,是关于法庭在国际公约条款发生争议时,进行解释的权限的规定,这也是对该法庭管辖权的规定,与咨询管辖权问题相关。[④] 被提交的申请中的问题没有提及具体事实,而具体事实背景对于确定可适用的规则等非常重要。咨询意见请求中的问题过于宽泛,因此法庭难以给出较为合适的回复。鉴于此,欧盟认为法庭应该就每个问题的可受理性进行单独分析和决定。

七、中国的书面意见

国际海洋法法庭依据《法庭规则》第 133 条第 3 款之规定,[⑤]于 2013 年 5 月 24 日邀请"《公约》缔约国、分区域渔业委员会和其他组织就以上提交的咨询问题提交书面意见",并要求于 2013 年 11 月 29 日前提交。中国政府接到法庭命令后,即提交了书面意见(本意见)。中国政府的基本观点是,鉴于法庭在海洋法领域的重要地位,法庭应对其自身具有咨询管辖权的理论基础给出合理的解释和理由。法庭下设的海底争端分庭已在《公约》框架下被授予咨询管辖权。因此,如果法庭不能依据《公约》在法庭组织法中取得相应的咨询管辖权,不能严格履行法庭解决争端的职能,难免有滥用权力之嫌,规避《公约》所建立的解释和适用《公约》相关争端解决机制,从而削弱《公约》的效力。

---

① 参看原文第 2－4 页(译者注)。

② Convention on the Determination of the Minimal Conditions for Access and Exploitation of Marine Resources within the Maritime Areas under Jurisdiction of the Member States of the Sub-Regional Fisheries Commission 2012.

③ 参看原文第 6 页(译者注)。

④ 参看原文第 7 页 11－12 段(译者注)。

⑤ See: www.itlos.org.

（一）中国政府书面意见的主要观点

我国政府的书面意见就咨询管辖权法律基础问题提出了以下观点：

（1）国际司法机构咨询管辖权的创制，以及后续对该权利的变更，必须基于建立该司法机构根本性条约的缔约国之间的协议。

（2）《公约》中不存在承认国际海洋法法庭享有咨询管辖权的条款；即使假设《法庭规约》第 21 条可以引申出此类管辖权，SRFC 提出的咨询请求也不属于法庭咨询申请受理的范围之内。

（3）固有管辖权理论并非任意适用，其局限适用于与主要管辖权有连带性、附属性的权利之上，而主要管辖权的享有则需要建立国际司法机构的根本性条约来赋予；但是咨询管辖权在性质上属于主要管辖权，无法依据固有管辖权理论而获得。

（4）国际海洋法法庭的咨询管辖权可以通过修改《公约》来创制。

（二）中国政府书面意见的主要理由

具体来说，书面意见首先将回顾已具有咨询管辖权的国际法庭，特别是常设国际法院（简称 PCIJ）和国际法院（简称 ICJ），以探究咨询管辖权建立的一般基础。国际海洋法法庭若要寻求整个法庭具有咨询管辖权，也应遵循这些惯例。这一观点的理论基础在于"海洋法法庭运行的一般程序和行使的职权应遵循国际法院和其他国际规约"。[①] 在第三次联合国海洋法会议（UNCLOS III）上，有关各国讨论关于海洋法法庭解决争端条款时，对此达成的共识贯彻了谈判的始终。[②] 会议主席对此做出了清晰的阐述，并被一直保留到会议结束。在呈交给《公约》缔约国会议讨论的《法庭规则》草案中，[③]国际海底管理局和国际海洋法法庭筹备委员会第四特别委员会，[④]对此做了特别说明：

为保持一致性，本委员会认为，国际海洋法规则应尽可能遵循国际法院惯例

---

① 第三次联合国海洋法会议，会议主席备忘录，A/CONF. 62/WP. 9（A/CONF. 62/WP. 9/Add. 1），31 March 1976，Official Records，vol. v，122，para 30.

② Myron H. Nordquist，Shabtai Rosenne and Louis B. Sohn，United Nations Convention on the Law of the Sea 1982：A Commentary，vol. v（Martinus Nijhoff Publishers，1989），A. VI. 10，336 – 337.

③ 缔约国会议依次向国际海洋法法庭递交了修改规则草案：ITLOS，Report of the ITLOS for the period 1996—1997，SPLOS/27，23 April 1998，para 42.

④ 依据第三次联合国海洋法会议最终决议建立，负责准备有关国际海洋法法庭设立所需各项安排的报告：Preparatory Commission，Report of the Preparatory Commission under Paragraph 10 of Resolution I Containing Recommendations for Submission to the Meeting of States parties to be Convened in Accordance with Annex VI，Article 4，of the Convention Regarding Practical Arrangements for the Establishment of the International Tribunal for the Law of the Sea，LOS/PCN/152（Vol. I），28 April 1995，Vol. I，3. 筹备委员会设立了第四特别委员会以准备该报告。

和适用规则。①

其次,本意见将说明《公约》仅认可国际海洋法法庭下设海底争端分庭被授予咨询管辖权,从未对整个法庭具有此项管辖权给出正当理由或提供合法基础。此外,在《公约》不适用的情况下,为法庭咨询管辖权寻找固有管辖权原则的支持也未获成功。经上述分析,法庭因此不具备咨询管辖权,分区域渔业委员会的申请应当被驳回。

最后,书面意见将简要论述通过修订《公约》授予整个法庭咨询管辖权的可能性。

以上书面意见,可以大体分为两类:一类是认为法庭不具有管辖权,分区域渔业委员会的申请应被驳回,以欧盟和中国、澳大利亚、爱尔兰等国家为主;另外一类是认为法庭被赋予了管辖权,分区域渔业委员会的申请应当予以受理,以新西兰、日本为主,但日本对分区域渔业委员会提出的前三项问题并未给出明确意见。德国认可法庭享有管辖权,对分区域渔业委员会的申请是否应予受理没有提及。

第五节 西非渔事咨询案法庭对咨询管辖权的意见分析

《公约》第191条规定了国际海洋法法庭的咨询管辖权,即两个特定机构(大会和理事会)可以向国际海洋法法庭的海底争端分庭申请咨询意见。② 据此,2010年5月至2011年2月,法庭受理的第17号案(国家担保个人和实体在"区域"内活动的责任和义务的咨询意见)是国际海洋法法庭海底争端分庭的首例咨询意见案。③ 除了第191条外,《公约》的其他条款并没有明确提及法庭的咨询管辖权。这使得除海底争端分庭外,国际海洋法法庭是否有咨询管辖权的国际法依据变得较为模糊。本案作为法庭成立以来第一个以全体成员的方式发表咨询意见的案件,其咨询管辖权首先受到质疑。

---

① Provisional Report of Special Commission 4,Addendum (Final draft Rules of the Tribunal),LOS/PCN/SCN. 4/WP. 16/Add/1. 19 Jan. 1994,para 2,in: Preparatory Commission,Report of the Preparatory Commission under Paragraph 10 of Resolution I Containing Recommendations for Submission to the Meeting of States Parties to be Convened in Accordance with Annex Ⅵ,Article4,of the Convention Regarding Practical Arrangements for the Establishment of the International Tribunal for the Law of the Sea,LOS/PCN/152(Vol. I),28 April 1995,Vol. I,26.

② 《公约》第191条(咨询意见)规定:"海底争端分庭经大会或理事会请求,应对它们活动范围内发生的法律问题提出咨询意见。这种咨询意见应作为紧急事项提出。"

③ Case No. 17,Responsibilities and obligations of States sponsoring persons and entities with respect to activities in the Area (Request for Advisory Opinion submitted to the Seabed Disputes Chamber) https://www.itlos. org/cases/list-of-cases/case-no-17/(2015-7-22)本案的中文述评可参见高之国、贾宇、密晨曦:《浅析国际海洋法法庭首例咨询意见案》,《环境保护》2012年第16期第51页至第53页。

一、争论焦点

国际海洋法法庭对 SRFC 提出的四项咨询请求是否有咨询管辖权成为本案的第一个热点问题。各国对此发表的意见形成了对立。一些国家认为国际海洋法法庭对咨询请求没有管辖权，比如中国、美国、英国、澳大利亚、西班牙、爱尔兰等。另一些国家则认为国际海洋法法庭对咨询请求有管辖权，比如日本、德国、荷兰、智利、新西兰等。两种观点主要的争议焦点如下。

（一）国际海洋法法庭全体成员提供咨询意见是否有国际法依据

反对国际海洋法法庭具有咨询管辖权的主要理由是，《公约》没有明示或默示地提及由国际海洋法法庭全体成员所提供的咨询意见。倘若国际海洋法法庭行使此类咨询管辖权，将构成对《公约》的僭越。《法庭规则》第 138 条①不能作为法庭提供咨询意见管辖权的基础，因为《法庭规则》作为程序条款，不能优先于《公约》实体条款。

而赞成法庭具有咨询管辖权的一方认为《法庭规约》第 21 条②本身即构成法庭全体成员具有接受咨询意见请求资格的充分法律基础。《法庭规则》第 138 条没有创造出一种新的管辖权，只是指明确了法庭行使管辖权的先决条件。

（二）《法庭规约》第 21 条与《公约》第 288 条的关系

《法庭规约》第 21 条解决的问题是法庭的管辖权。该条规定了法庭管辖权适用的三种情况：(1) 根据《公约》提交给法庭的一切"争端"；(2) 根据《公约》提交给法庭的一切"申请"；(3) 根据其他协议授权法庭管辖的一切"事项"(all matters)。

《法庭规约》第 21 条中的"争端"一词明确规定了法庭的诉讼管辖权。相似地，"申请"一词是指根据《公约》提交给法庭的诉讼案件的申请。这一点在《法庭规约》第 23 条中得以明确规定："法庭应按照《公约》第 293 条裁判一切争端和申请。"《公约》第 293 条规定在公约第 15 部分"争端的解决"。"申请"一词指诉讼案件申请也可以从《公约》第 292 条"船只或其船员迅速释放"和第 294 条"初步程序"中对"申请"一词的使用找到依据。但是对第三种情况产生了争议，"事项"一词应该按照《公约》第 288 条确定的范围解释还是可以独立解释呢？

反对法庭有咨询管辖权的观点认为，《法庭规约》第 21 条旨在规定《公约》（尤

---

① 《法庭规则》第 138 条规定：1. 如果一个符合《公约》宗旨的国际协定特别规定了可以向国际海洋法法庭提交咨询意见申请，那么法庭可以对所提交的法律问题发表咨询意见。2. 请求咨询意见的申请应由符合该国际协定或经该国际协定授权的机构向法庭提起定。3. 法庭应适用修订后的《法庭规则》第 130 条至第 137 条。

② 《法庭规约》第 21 条规定：法庭的管辖权包括按照本公约向其提交的一切争端和申请，和将管辖权授予法庭的任何其他国际协定中具体规定的一切事项。

其是《公约》第 288 条[①]）赋予国际海洋法法庭的诉讼管辖权。《法庭规约》第 21 条的解释应与《公约》第 288 条第 2 款保持一致，不能突破后者的范围。《公约》第 288 条明确规定了国际海洋法法庭的诉讼管辖权，因此，《法庭规约》第 21 条也应仅指诉讼管辖权。假使《公约》的缔约国试图赋予国际海洋法法庭咨询管辖权，它们完全可以在《公约》中订立这样一个内容明确的条款，但事实上它们并未如此。

赞同法庭有咨询管辖权的观点认为，《法庭规约》第 21 条本身即构成法庭全体成员具有接受咨询意见请求资格的充分法律基础，尤其是当某一相关国际协定（本案指《MCA 公约》）规定了法庭具有咨询管辖权。没有任何理由认为《法庭规约》第 21 条"一切事项"不包含请求咨询意见。《法庭规约》第 21 条"一切事项"仅指"一切争端"且法庭的管辖权仅限于《公约》第 288 条第 2 款的观点不能被接受。《法庭规约》（包括第 21 条）是对《公约》第 288 条的补充。

（三）《法庭规约》第 21 条"事项"一词的解释

反对法庭有咨询管辖权的观点认为，《法庭规约》第 21 条规定的"事项"一词，即"其他任何协定赋予国际海洋法法庭管辖权的一切事项"，是指诉讼案件。正如"事项"一词在《国际法院规约》第 36 条第 1 款和《国际常设法院规约》第 36 条中的用法一样。

赞同法庭有咨询管辖权的观点认为，《法庭规约》第 21 条的目的是为了塑造法庭使其成为充满活力的机构，特别是给各国通过缔结双边或多边协定赋予法庭管辖权提供空间。赞同者认为，倘若《公约》的起草者意图通过《法庭规约》第 21 条将法庭的管辖权限制在诉讼管辖权，那么他们应当在《法庭规约》第 21 条明确使用"授权法庭诉讼管辖权"的表述。但《法庭规约》第 21 条事实上使用了"授权法庭管辖权"的表述。

二、法庭相关咨询意见

国际海洋法法庭一致通过其对本案具有咨询管辖权。

法庭希望首先澄清《公约》附件六（《法庭规约》）与《公约》之间的关系。《公约》第 318 条明确规定各附件"为本公约的组成部分"。《法庭规约》第 1 条第 1 款规定："国际海洋法法庭应按照《公约》和《法庭规约》的规定组建并履行职责。"鉴于以上规定，《法庭规约》与《公约》享有同等的地位。相应地，不应认为《法庭规

---

① 《公约》第 288 条（管辖权）规定："1. 第 287 条所指的法院或法庭，对于按照本部分向其提出的有关本公约的解释或适用的任何争端，应具有管辖权。2. 第 287 条所指的法院或法庭，对于按照与本公约的目的有关的国际协定向其提出的有关该协议的解释或适用的任何争端，也应具有管辖权。3. 按照附件六设立的国际海洋法法庭海底争端分庭的第十一部分第五节所指的任何其他分庭或仲裁法庭，对按照该节向其提出的任何事项，应具有管辖权。4. 对于法院或法庭是否具有管辖权如果发生争端，这一问题应由该法院或法庭以裁定解决。"

约》第 21 条是《公约》第 288 条的附属条款,它有独立地位,不应被理解为从属于《公约》第 288 条。①

鉴于《公约》和《法庭规约》都没有明确提及国际海洋法法庭的咨询管辖权。反对和赞同法庭咨询管辖权的双方将争议的焦点集中在了《法庭规约》第 21 条。法庭认为,《法庭规约》第 21 条"根据其他协议授权法庭管辖的一切事项"的规定本身并不能确立法庭的咨询管辖权。根据《法庭规约》第 21 条,是"其他协议"授予了法庭咨询管辖权。当"其他协议"规定法庭享有咨询管辖权时,法庭依据《法庭规约》第 21 条"根据其他协议授权法庭管辖的一切事项"获得咨询管辖权。《法庭规约》第 21 条和"其他协议"紧密相连,共同构成了法庭咨询管辖权的实质法律基础。②

本案中,"其他协议"是指《分区域渔业委员会成员国管辖下海域海洋资源准入与开发最低条件确定公约》(《MCA 公约》)。《MCA 公约》第 33 条规定:"SRFC 部长会议可以授权 SRFC 的常务总长就特定的法律事项请求国际海洋法法庭发表咨询意见。"SRFC 部长会议在第 14 届特别会议上通过了一项决议,决定根据《MCA 公约》第 33 条授权 SRFC 的常务总长向法庭请求咨询意见。SRFC 部长会议的这项授权决议文本已于 2013 年 3 月 27 日随 SRFC 常务总长信件提交法庭,并于 2013 年 3 月 28 日被秘书处接收。③

三、法庭的自由裁量权

根据《法庭规则》第 138 条规定:"法庭可以发表咨询意见",这一措辞应当解释为,法庭在具有管辖权的情况下,仍可以拒绝做出咨询意见。法庭的咨询管辖权是法庭的一项权利,而非义务。国际法院在"威胁使用或使用核武器的合法性咨询案"中指出,在法院有咨询管辖权的情形下,原则上除非有"强制性的理由"(compelling reasons),法院不应拒绝做出咨询意见。④ 那么本案是否存在"强制性理由呢"?

认为本案存在"强制性理由",从而法庭应当拒绝提供咨询意见的观点认为:第一,虽然 SRFC 所提的问题属于法律问题,但这些问题模糊,具有一般性,并且不清晰;第二,即使本案中的四个问题可以被认为属于法律问题,但是 SRFC 会所寻求的并非对现行法问题的答复,而是对未来法问题的答复,这一点已经超出了

---

① Advisory Opinion on Case No. 21,para. 52. Available at https://www.itlos.org/fileadmin/itlos/documents/cases/case_no.21/advisory_opinion/C21_AdvOp_02.04.pdf(2015-7-22).

② Advisory Opinion on Case No. 21,para. 58.

③ Advisory Opinion on Case No. 21,para. 62.

④ Legality of the Threat or Use of Nuclear Weapons,Advisory Opinion,ICJ Reports 1996,P. 226 at p. 235,para. 14.

法庭作为司法机关的职能范围;第三,在涉及第三国权利义务方面的事项,倘没有第三国的同意,法庭不应该发表意见。

针对上述反对法庭管辖的理由,法庭认为:第一,就申请法庭发表咨询意见来说,SRFC 所提的问题已足够清晰。国际法院在"接纳一国加入联合国会员条件案"的咨询意见中已经指出,咨询意见只应针对法律问题做出,无论问题是抽象的法律问题或是具体的法律问题。[①] 第二,法庭并不认为 SRFC 希望通过提交咨询请求,使法庭扮演立法性的角色。法庭同时希望澄清,它不希望在司法职能的范围之外扮演其他角色。第三,本案并不涉及潜在争议,在咨询程序中也就不涉及国家同意的问题。

法庭希望进一步澄清,在本案中非 SRFC 成员国的同意与本案并不相关(参见"保加利亚、匈牙利与罗马尼亚和平条约解释案"咨询意见)[②]。本案的咨询意见只针对 SRFC 做出,旨在为其所应当采取的行动提供向导。[③] 法庭注意到法庭所做的答复将对 SRFC 的行动提供帮助,并为《公约》的施行作出贡献这一事实。[④] 法庭没有发现任何需要动用自由裁量权,做出不发表咨询意见决定的强制性理由。因此,法庭裁定,将依据 SRFC 的请求做出咨询意见。

---

① 参见国际法院"接纳一国加入联合国会员条件案(《联合国宪章》第 4 条)"咨询意见(Conditions of Admission of a State to Membership in the United Nations(Article 4 of the Charter),Advisory Opinion,1948,ICJ Reports 1957—1948,P. 57,at P. 61.)。

② 参见保加利亚、匈牙利与罗马尼亚和平条约解释案(Interpretation of Peace Treaties with Bulgaria,Hungary and Romania,First Phase,Advisory Opinion,ICJ Reports 1950,P. 65,at P. 71.)。

③ 参见保加利亚、匈牙利与罗马尼亚和平条约解释案(Interpretation of Peace Treaties with Bulgaria,Hungary and Romania,First Phase,Advisory Opinion,ICJ Reports 1950,P. 65,at P. 71.)。

④ 参见"关于国家在'区域'内活动的责任与义务案"咨询意见(Responsibility and Obligations of States in Respect to Activities in the Area,Advisory Opinion,1 February 2011,ITLOS Reports 2011,P. 10,at P. 24,para. 30)。

🌀 第 三 章

IUU 捕鱼行为的国际法责任之争

在分析西非渔事咨询的程序问题之后,本章将探讨西非渔事咨询案的实体问题,即探析 IUU 捕鱼行为的国际法责任。本章将从海洋鱼类资源保护的国际法渊源入手,结合国际海洋法法庭及各个国家对本案的意见,分析谁应当为 IUU 捕鱼行为承担国际法责任,以及承担什么样的责任。

第一节 海洋鱼类资源保护的国际法渊源

传统上,国际海洋法中有公海捕鱼自由原则和沿海国主权原则这两种原则的存在,沿海国主权原则一直伴随着沿海国管辖权的扩展,而公海捕鱼自由原则则保证海洋不被某方占有和各国公平、合理利用海洋的自由。[①] 在此背景下,以《公约》为代表的现代国际海洋法一方面采用分区制管理,即把海域分成内水、领海、毗连区、群岛水域、专属经济区、大陆架和公海等多重海域,另一方面就渔业资源的养护和管理分别在该公约第四部分第五十一条、第五部分、第七部分第二节就群岛水域、专属经济区以及公海渔业的利用、养护和管理进行了专门规定。由于鱼类的洄游特性,专属经济区和公海渔业养护和管理制度之间具有密不可分的关系,但是《公约》中规定的分区制并没有从根本上解决公海滥捕、全球渔业资源枯竭等问题,因而进一步引发由于沿海国行使主权和管辖权以及各国捕鱼利益冲突时引起的渔业争端。

一、海洋鱼类资源保护的国际习惯法

(一)逐步限制公海捕鱼自由与鱼类资源保护的习惯法[②]

渔业法理论经历了一个发展的过程。海洋的渔业资源一直被人们视作"取之不尽、用之不竭"的资源,加之格劳秀斯提倡"公海自由"原则,在"十九世纪末国际

---

① Yoshifumi Tanaka. A Dual Approach to Ocean Governance: The Cases of Zonal and Integrated Management in International Law of the Sea[M]. Farnham: The Ashgate Publishing Limited, 2008:1.

② 参见:刘丹.海洋生物资源国际保护研究[D].上海:复旦大学,2011.

上遵守的制度是,捕鱼的专属权只限于领海和内水。所以悬挂各种旗帜的船舶在公海上享有捕鱼的'自由'",除了某些历史性的例外权利,如在波斯湾、突尼斯或斯里兰卡海域捕鱼的权利。[①] 并且在国际实践中逐步形成了一条国际法规则:沿海国有权把沿海捕鱼权完全保留给本国国民,禁止或限制其他国家的国民在其管辖的海域内从事捕鱼活动。[②] 但随着世界人口的不断增长和新的渔业技术的出现,人们又对海洋渔业资源产生了新的、不同于以前的认识。1883 年在伦敦召开的国际渔业展览会上,人们对海洋渔业资源是否"取之不尽、用之不竭"这一基本观点进行了争论。1893 年英国国会的一个特别委员会声称海洋渔业不仅可能会竭尽,而且正在以极快的速度竭尽,因此制定了海洋渔业管理规则,包括按照限额制度限制总的年捕捞量。[③] 进入 20 世纪后,海洋渔业管理制度逐渐建立,30 年代拉塞尔发展的"拉塞尔公式"规定鱼群的"最大允许捕获量",后来又发展为"最佳允许捕获量",这些都是建立海洋养护管理的基础。[④]

1. 专属渔区(Exclusive Fishing Zone)的形成

专属捕鱼区是一个在国际海洋法上新近产生的概念。在 1985 年前,这个概念曾被广泛提及,尤其是在 20 世纪 40 年代末和 50 年代初,很多太平洋沿岸的拉丁美洲国家主张 200 海里区域。但这个主张遭到了美国的强烈挑战(美国在一定程度上是为了保护它的金枪鱼捕鱼船的利益),当美国船队被扣留,许多争议也随之产生。对专属捕鱼区更为广泛的主张在第一次和第二次联合国海洋法大会上没有达成共识,因为牵扯到领海区域划分和给予沿海国家享有超越领海区域捕鱼的权利。这个失败引发了沿海国单边主张 12 海里专属捕鱼区或更宽广的海域的浪潮。这些单边主张难免面临挑战,比如在 1958 年,英国对冰岛宣告 12 海里专属捕鱼区提出质疑,导致了两国之间的一场"鳕鱼之争"。在 20 世纪 60 年代早期英国与其他国家放弃了对这些主张的反对,因此最终导致许多多边协定的签订,而区域性的公约《伦敦渔业公约》也在 1964 年签订,其中承认了 12 海里的专属捕鱼区。这些发展导致在 1974 年的渔业管辖权案件中,国际法院毫不犹豫地将 12 海里的专属捕鱼区确立为国际惯例中的一项原则。在专属捕鱼区,一个国家享有专属的或者优先的资格以获取这个区域的资源。虽然在很多的案例中很多国家的渔船在历史上就在某个区域捕鱼,但是如果这些区域包括了超出专属捕鱼区的新区域,这些国家会被要求在一定的期限内停止这样的捕鱼活动。在国际法院判例中,虽然有些渔船受到了一定的限制,但仍旧没有停止捕鱼活动。

① 詹宁斯,瓦茨.奥本海国际法(第一卷·第二分册)[M].王铁崖,等,译.北京:中国大百科全书出版社,1998:202-203.

② 张海文.《联合国海洋法公约》释义集[M].北京:海洋出版社,2004:191.

③ 陈德恭.现代国际海洋法[M].北京:法律出版社,2009:140.

④ 陈德恭.现代国际海洋法[M].北京:法律出版社,2009:140.

在渔区的分类上,陈德恭根据捕鱼权是否具有排他性把渔区分为优惠渔区和专属渔区。优惠捕鱼权是给予沿海国在邻接其领海的海域给予捕鱼优惠,并不排除其他国家在同一海域捕鱼;而专属捕鱼权是给予沿海国独有控制该区域的权利,虽然传统的捕鱼权(根据渔业长期利用情况)可以授予其他国家,但沿海国可以控制外国进入捕鱼,并且规定捕鱼季节和捕获量。[①] 张海文根据设立的目的和沿海国管辖权的不同,将渔区分为渔业养护区和专属渔区两类。渔业养护区又称渔业保全区,是以海洋生物资源有可能保持适当持续产量的生产力为目的而设立的区域。外国渔民无须经过沿海国许可即可进入该区域捕鱼,但必须接受沿海国关于海洋生物资源的养护措施,服从沿海国的管理;专属渔区是以禁止或限制外国渔民进入捕鱼而设立的特别区域。[②] 这两种分类中的"专属渔区"都是排他的,禁止外国渔船在此海域内捕鱼,由沿海国行使专属捕鱼权和渔业专属管辖权的海域。[③]

2. 二百海里专属经济区的形成

1982 年《联合国海洋法公约》确立的专属经济区是指领海以外并接领海的一个区域,其宽度从测算领海宽度的极限量起,不超过 200 海里。

专属经济区概念的出现是与南美国家向联合国主张 200 海里海洋资源管辖区域分不开的。它们声称,国家对邻接其海岸直至 200 海里的海洋区域享有主权和管辖权,但这不影响其他国家公海航行自由的权利。它们为此提出了"承袭海"(patrimonial)概念及其制度。但是,专属经济区概念是非洲国家正式提出的。1972 年 6 月,阿尔及利亚等 14 个非洲国家在喀麦隆首都雅温得举行的非洲国家海洋会议上,正式建议非洲国家有权在其领海以外"设立一个经济区(economic zone)"。1972 年 8 月,科尼亚向联合国海底委员会(United Nations Sea-Bed Committee)提交了一份《关于专属经济区概念的条款草案》。在第三次联合国海洋法会议(《UNCLOS》Ⅲ)上,专属经济区概念被接受。1982 年《联合国海洋法公约》第五部分规定了专属经济区制度。

根据《公约》,成员国没有义务宣告专属经济区。但随着《公约》的签署和生效,国家实践已呈现和该公约条款保持一致、对专属经济区进行宣告的动向。许多之前宣告专属渔区的国家转而宣告二百海里的专属经济区。联合国大会一份总结中注意到,2001 年 13 个对专属渔区的宣告中有 5 个和专属经济区重合。目前的国家实践表明,多数国家倾向于以宣告十二海里领海以及二百海里专属经济

---

① 陈德恭. 现代国际海洋法[M]. 北京:法律出版社,2009:140 – 141.
② 张海文.《联合国海洋法公约》释义集[M]. 北京:海洋出版社,2004:192.
③ 张宴瑢. 国际海洋法[M]. 北京:清华大学出版社,2015.

区的方式来规制其临近海域的渔业活动。① 成员国的宣告以及国际法院的判例表明,专属经济区制度即使在《公约》生效之前就已经成为国际习惯法的一部分。②

(二)可持续发展原则在鱼类资源保护中的演进

可持续发展的概念产生后,1992 年通过的《里约热内卢环境与发展宣言》把可持续发展战略列为全球发展战略,并制定了《二十一世纪议程》。2002 年在约翰内斯堡提出的《首脑会议执行计划》又一次加深了人类对可持续发展原则的认识,确认相互联系、相互促进的经济发展、社会进步和环境保护,成为可持续发展的三大支柱。③

尼科·斯赫雷弗指出,尽管"千年发展目标"中明确提出了保证环境可持续性,但自然资源面临枯竭的趋势仍然无法避免,海洋生物资源中的鱼类资源是遭到破坏的生态资源之一。④ 1990 年以来,过度捕捞、枯竭且正在恢复的鱼类资源的比例目前稳定在 25% 左右。目前世界上仅有 22% 的鱼类可以保持可持续性,而在 1975 年(即第三次联合国海洋法会议初期)的比例为 40%。⑤ 作为一个明确的概念,"可持续发展"一词在 1980 年 3 月 5 日国际自然资源保护同盟发布的《世界自然保护大纲》中首次被提出。该报告将保护与可持续发展综合分析,揭示了资源、环境保护与可持续发展之间相互依存的关系。可持续发展思想首次在1893 年的太平洋海豹仲裁案中被提出,该案规定了一系列反映对自然资源的可持续利用的专门措施,如为保护海豹而对禁猎季节、捕猎方法和捕猎工具的具体规定等。这些措施大大影响了国际社会后来为保护海洋生物资源制定的条约。⑥1952 年《北太平洋公海渔业国际公约》也有类似的宗旨:"确保北太平洋渔业资源的最大持久生产量,协调为此目的进行的研究和养护措施。"1957 年《养护北太平洋海狗临时公约》(20 世纪 60 年代两次修正)规定:"缔约国应协调彼此的科学研究方案,应断定采取哪些必要措施来尽量扩大海狗资源的持久捕猎量并确定海狗与其他海洋生物资源之间的关系。"20 世纪 60 年代,环境问题成为全世界共同关

---

① UN General Assembly Oceans and the Law of the Sea, Report of the Secretary-General(UN Doc A/56/58), 9 March 2001, Annex Ⅱ.

② 利比亚/马耳他案(1985)中,国际法院指出,"毫无疑问,专属经济区从国家实践表明已经成为国际习惯法",见: R. R Churchill & A. V Lowe. The Law of the Sea[M]. Manchester: Juris Publishing & Manchester University Press, 1999:161.

③ 国家海洋局海洋发展战略研究所课题组.中国海洋发展报告[M].北京:海洋出版社,2007:54-55.

④ 尼科·斯赫雷弗.可持续发展在国际法中的演进:起源、涵义及地位[M].汪习根,等,译.北京:社会科学文献出版社,2010:6-7.

⑤ 尼科·斯赫雷弗.可持续发展在国际法中的演进:起源、涵义及地位[M].汪习根,等,译.北京:社会科学文献出版社,2010:7.

⑥ 王曦.论国际环境法的可持续发展原则[J].法学评论,1998(3).

心的时代问题,罗马俱乐部的丹尼尔·米都斯等在 1969 年出版的《增长的极限》中体现出人类对发展模式的反思,由此引发了全世界对发展问题空前的思考。20世纪 70 年代后期,人们基本上都一致认为自然资源是具有最终依赖性的,对发展加以调整,经济就可以不断地持续发展。1972 年《人类环境宣言》中也有关于人类必须承担保护和改善环境的责任等规定。1982 年《世界自然宪章》宣布:"对人类所利用的生态系统和有机体以及陆地、海洋和大气资源,应设法使其达到并维持最适宜的持续生产率,但不得危及与其共存的其他生态系统或物种的完整性。"这表明国际社会已对各种自然资源产生了持久利用思想。1986 年世界环境与发展委员会环境法的专家组提出各国应以最佳持续产量原则为依据而利用生物资源和生态系统,这一原则在《关于环境保护和持续发展法律原则》中也有所体现,同时它为 1987 年提出的可持续发展概念奠定了基础。虽然朴素的可持续发展思想由来已久,但是直到现在需要直面环境迅速恶化的问题时,人们才对其逐步认识和热切关注,进而让可持续发展思想能够得以开始全面和深入的发展。

1946 年《国际捕鲸管制公约》较早认识到保护鲸类及其后代丰富的天然资源是有益于全世界的。1958 年《捕鱼及养护公海生物资源公约》的前言表达了对该海洋生物资源可持续利用的关注,第一条第二款号召各国均有义务为本国国民自行或与他国合作采行养护公海生物资源之必要措施。① 《捕鱼及养护公海生物资源公约》是第一个试图编纂和发展国际渔业的公约,它表明人们在 20 世纪 50 年代初就开始关注对海洋环境的保护了。《公约》生效后,二百海里专属经济区和大陆架的扩展得到认可,致使近 30％的海面处于沿海国控制下,各国对沿海水域外的海洋享有的经济管辖权也大为扩张。② 但该公约专门对专属经济区和公海的生物资源的养护和管理做出了特别规定,并在附件一中列举出高度洄游的鱼类及海洋哺乳动物(包括鲸类)。最高持续产量成为渔业养护的主要目标——不仅适用于专属经济区内的鱼类,也适用于公海。③

"后里约时代"养护和管理海洋渔业领域也取得了巨大进步。1995 年在联合国粮农组织的支持下通过《负责任渔业行为守则》。本着自愿的原则,《负责任渔业行为守则》适用于全球,赞成将渔业资源的长期养护和可持续养护与利用作为渔业管理的首要目标。《鱼类种群协定》更是特别针对跨界种群和高度洄游种群流动的特性,对《公约》相关条款进行补充、解释。

---

① 1958 年《捕鱼及养护生物资源公海公约》[EB/OL].;国际法委员会网站 http://www.un.org/chinese/law/ilc/fish.htm,2010-7-20.

② 尼科·斯赫雷弗.可持续发展在国际法中的演进:起源、涵义及地位[M].汪习根,等,译.北京:社会科学文献出版社,2010:38-39.

③ 见《联合国海洋法公约》第 61 条和第 119 条第 1 款。

（三）预警原则在鱼类资源保护中的演进

1. 预警原则的概念及缘起

预警原则最早产生于 20 世纪 60 年代德国环境法中的"Versougeprinzip"这一概念，由德国推动进入北海国际会议，并在 1987 年第二次北海国际会议中第一次明确提出，这次会议通过的《伦敦宣言》中对预警原则作了系统的论述："为保护北海免受最危险物质的有害影响，即使没有绝对明确的科学证据证明因果关系，也应采取预警措施以控制此类物质的进入，这是必要的"，自此，预警原则进入到国际环境法领域。后来的许多区域性和全球性环境保护公约都引入了预警原则，其中最具代表性的就是 1992 年里约热内卢环境与发展大会通过的《里约环境与发展宣言》，宣言原则 15 中对预警原则的定义被认为是最具代表性的。此后，预警原则发展更加迅速，在 1990 年以后通过的所有关于环境保护的国际法律文件几乎都规定了预警原则。

虽然预警原则和预防原则都有预防损害发生的含义，但是，从理论上分析，二者有重大区别。从环境保护的历史来看，有很多现在被认为是预警的措施在过去相当程度上是以防止性的形式被运用的。预警原则实际上是植根于预防原则之中的，是对预防原则的发展。预警原则可以被认为是预防原则的延伸。①欧洲条约和欧共同体法律一般倾向于采用预警原则这一术语，而在全球协定中预警方法（或措施）这样的措辞用得更多。②

预防原则和预警原则的区别主要体现在以下几方面。第一，适用范围和客体。预防原则较早引起世人重视是在跨境环境损害问题上，如跨境空气、水体、生态或物种环境损害。而预警原则（方法）则并不限于跨境环境风险，它不仅是欧盟 1992 年根据马拉喀什公约建立欧盟环境政策的基础，也体现在 20 世纪 90 年代众多环境保护国际法律文件中。③ 第二，在环境损害要求上，当风险很高，高到在采取补救措施前并不需要足够的"科学确定性"（Scientific Certainty）的时候，预警原则就起到积极作用，这主要适用于两种情况：当某行为可能导致对环境造成长久或不可挽回的损害，或者某行为对环境造成的影响完全超过从中得到的收益。在这些特殊情况下对环境的保全就成为必需，因此预警原则针对的是无确凿科学证据证明的环境风险问题。对于预防原则，针对的是已经明确证实的风险，

① James Cameron, Juli Abouchar. The Status of the Precautionary Principle in International Law[M]. In: David Freestone, Ellen Hey (eds). The Precautionary Principle and International Law: the Challenge of Implementation. The Hague: Kluwer Law International, 1996:51.

② Patricia Birnie, Alan Boyle. International Law and the Environment(2nd edition)[M]. Oxford: Oxford University Press, 2002:116.

③ Alexandre Kiss, Dinah Shelton. International Environmental Law (3rd edition)[M]. New York: Transnational Publishers, 2004: 207.

而且对环境的破坏需要达到某种程度,如严重的伤害或者重大的损害。损害的规模或者可能性都是决定预防措施成本的重要考虑因素。第三,环境评估。预防原则要求对可能造成的损害活动进行预先评估。因此,有没有预先进行合适的环境影响评价对考虑一国是否尽到适当注意的义务从而承担跨境损害的国家责任起到重要的作用。而预警原则强调不以科学上的不确定性作为不行动或延迟行动的理由。第四,举证责任。预防原则中危险的举证责任通常由环境污染的受害者承担。而预警原则实行举证责任倒置,举证责任由实施危险行动的一方承担。第五,国际法地位不同。由于预防原则确立较早,目前国际社会普遍公认其为国际习惯法原则。而预警原则提出较晚,其国际法地位还存在一定争论。

2. 预警原则与预警方法

"预警"在官方法律文件的表述中有预警原则(Precautionary Principe)和预警方法(Precautionary Approach)两种不同的方式。有些学者认为将预警原则和预警方法区分开来很难,在一些特定的情况下,它们的含义相同。欧洲委员会曾在 2000 年的一份报告中指出,预警原则和预警方法这两个用语具有相同的含义。此外,据粮农组织专家指出,国际协定中的渔业预警方法相当于预警原则的有效且实际的操作体制。[①]

预警原则和预警方法是否具有不同意义,其区别为何?对此,我们可以首先对"原则"和"方法"的概念作一定的考查。根据《牛津英语词典》,"方法"是指考虑或处理事务,尤其是考虑或处理问题的方式。而"原则"是指行动的源起或是作为行动指导的法律或规则。休顿·米夫林(Houghton Mifflin)出版的《美国传统英语词典》则将"方法"定义为实现某种东西的方式或方法,而"原则"是指基本的真理或假定。

就法律性质而言,"原则"与"方法"也是不同的,并具有不同的法律效果。例如,在《巴马克公约》中,分别规定了"制定预警方法"与"遵守预警原则",这表明预警原则与预警方法应为两个不同法律性质的概念。根据《国际法院规约》第 38 条的规定,不管一项"原则"是国际习惯法,还是一般法律原则(general principle of law),均可以作为国际法院判案的依据。因此,如果一项法律概念以"原则"命名,应表明采用此名称的国家,在一定程度上承认该原则的法律地位,或是至少代表这些国家希望或相信这项原则能够产生某种特定的法律效果。相比之下,"方法"就显得较为概念性,较具弹性。所以如果对某项原则的法律地位存有争议,可退而求其次,采用概念性的"方法",以处理目前的环境议题。这样不但能达到灵活适用的法律效果,而且可以规避因该原则法律地位争议所带来的纷扰,从而更好

---

① Simon Marr. The Precautionary Principle in the Law of the Sea: Modern Decision Making in International Law[M]. Leiden: Martinus Nijhoff Publishers,2003:16.

地处理环境议题。在南方黑鳍案中,法官希勒(Shearer)指出,使用预警方法,而非预警原则,在处理相关议题上会更有弹性。另外一位法官特雷维斯(Treves)也主张,并不需要探讨预警原则的国际习惯法地位问题,就可以直接引用预警方法处理本案的争议。

预警原则和预警方法在适用方面也存在一些不同。原则与方法之间的区别主要是指根据内在的威胁所采取措施的影响程度不同。相对于预警原则,预警方法的适用是多面的且是广泛的。而预警原则的实施条件则更为正式,对于存在潜在的危险和举证责任倒置等条件的要求也更加苛刻。所以,预警方法的适用要求并不像预警原则那样严格。然而正是基于此点,预警方法为不太严格的预警措施预留了较大空间。

3. 海洋生物资源保护与预警原则的涌现

预警原则在海洋生物资源保护的体现可以从国际立法和国际司法实践两个方面体现。渔业立法中,公海制度从早期的"适当注意",到之后专属经济区制度,到对公海渔业新的管理和标准,[①]再到国际渔业立法中严格渔业制度的建立。如《鱼类种群协定》明确了预警原则在渔业资源保护中的地位,并具体规定在第五条和第六条中。[②] 又如《负责任渔业行为守则》将预警原则列为"一般原则"(General Principle),并规定:"各国、分区域和区域渔业管理组织,应当利用目前最佳的科学依据,普遍采取保护、管理和利用水生生物资源的预防性方法。不应当把缺乏足够的科研资料,作为推迟采取或不采取以保护目标物种、与之相联系的物种或对其依赖的物种以及非目标物种及其环境措施的理由。"

在过去的一个世纪的渔业立法中,公海制度发生着变革,从早期的"适当注意",到之后专属经济区制度,再到对公海渔业新的管理和标准[③],这在国际渔业立法中表现为严格渔业制度的建立。但第一次海洋法会议通过的 1958 年《捕鱼及养护生物资源公海公约》第二条强调"最适持续生产量"(Optimum Sustainable Yield,OSY),确保海产品供应安全的考虑优于对渔业的"养护",并没有对预警原

---

① 陈海嵩.国际环境立法中的风险预防原则[C]//2008 年全国博士生学术论坛(国际法)论文集.武汉:武汉大学,2008:441.

② 褚晓琳.论国际法上的风险预防原则[J].山东警察学院学报,2007,93(3):67.

③ 学术界普遍认为生物资源的管理是指能使生物资源达到"最适度持续产量"(Optimum Sustainable Yield,简称 OSY)标准的措施。渔业法学者威廉·伯克博士将 OSY 定义为:维持鱼群数量密度高于 MSY 相当的水准即为 OSY。美国区域渔业委员会对 OSY 下的定义为:"最适度"是指鱼类数量可满足该国最大利益的渔获量(尤其在食品供应、娱乐等方面),在维持最高持续产量的基础上,综合考虑政治、经济、社会等因素后得出的一个确定的标准。判定 OSY 的标准相当多,此原则可说是一个浮动的标准,因为其判定的标准不仅会配合各种渔业管理而变动,还会随着政治、经济、外交、贸易等因素而有所改变。《联合国海洋法公约》第六十二条的有关规定已经涉及了生物资源的管理的范畴,即能使生物资源达到"最适度持续产量"。见:朱晓燕.浅析 EEZ 生物资源的养护与管理[D].青岛:中国海洋大学,2006:7-11;黄硕琳.EEZ 制度对我国海洋渔业的影响[J].上海水产大学学报,1996(5):7.

则的反应。《公约》第119条第1款规定,各国的渔业养护措施"应当":(1)建立在"可得到最佳的科学证据"(Best Scientific Evidence Available)的基础上采取措施,使捕捞鱼种的数量维持或恢复到能产生"最高持续产量"的水平;(2)需要"考虑到与被捕捞鱼种或关联鱼种的影响,以便使鱼种的数量维持在或恢复到不会受严重威胁的水平上"。表面看该条款包含了预警原则,但采取养护措施的合法性在缺乏可获得的科学信息、存在科学不确定的情况下会遭到质疑。可见,预警原则当时尚未概念化,有关"科学证据"的讨论在20世纪60年代处于形成和发展阶段,在70年代第三次联合国海洋法会议期间由于艰难的谈判该讨论也就被"冻结"了。《鱼类种群协定》通过对预警方法一整套的规定,明确了预警原则在渔业资源保护中的地位。《鱼类种群协定》第5条规定的一般原则中,明确在第6条指出运用预警方法。第6条"预警方法的适用"第1款规定,"为保护海洋生物资源和保存海洋环境,成员国应广泛适用预警方法,养护、管理和开发跨界鱼类种群和高度洄游鱼类"。第6条第3款则对预警方法的运用作了详细的规定,各国实施预警措施时应:(1)依靠可得的最佳科学数据,并采用关于处理危险和不明确因素的改良技术;(2)适用附件二所列的准则并根据可获得的最佳科学资料确定特殊种群的参考点,以及在逾越参考点时应采取的措施。即在第一款规定采取预警方法的总体原则,通过指向第3款中附件二的准则来执行预警方法。由于附件二第5款、第6款分别规定了逾越极限参考点时的渔业管理战略和临时参考点,这又进一步巩固了预警方法的适用。渔业专家弗里斯通对此评价道:"附件二的用语以及它理论上可适用的各种情况,使人有理由从养护和管理角度认为该附件对现有的渔业领域的改进持积极态度。"粮农组织《负责任渔业行为守则》将预警原则列为"一般原则"(General Principles),并规定:"各国、分区域和区域渔业管理组织,应当利用目前最佳的科学依据,普遍采取保护、管理和利用水生生物资源的预防性方法。不应当把缺乏足够的科研资料,作为推迟采取或不采取以保护目标物种、与之相联系的物种或对其依赖的物种以及非目标物种及其环境措施的理由。"[①]

　　总之,渔业资源养护和管理机制对国际环境法中可持续发展原则、预警原则的吸收具有必然性,体现了"宽领海、窄公海"的国际海洋法现实,呈现出公海捕鱼自由—渔业资源分配—海洋生物资源的养护不同阶段;[②]同时,国际海洋生物资源保护对国际环境法中具有应然法性质的正在演进中的国际习惯法来说也需要逐步消化和吸收的过程。

---

　　① Shigeru Oda. International Control of Sea Resources (2nd ed.)[M]. Leiden: Martinus Nijhoff Publishers,1989:82-89.

　　② 《捕鱼与养护公海生物资源公约》第2条。

二、鱼类资源保护的条约法

（一）1958 年《捕鱼与养护公海生物资源公约》

世界范围内签订限制公海捕鱼自由的国际条约正式始于 1958 年联合国第一次海洋法会议上通过的两个国际公约——《公海公约》和《捕鱼与养护公海生物资源公约》。《公海公约》第 2 条除规定公海自由的涵义外，还规定，"所有国家行使这些自由以及国际法的一般原则所承认的其他自由时，都应适当顾及其他国家行使公海自由的利益。"该条款中首次使用了"适当顾及"（Reasonable Regard）的概念。《公海公约》将限制公海自由的理念在国际公约中提出来，反映了世界范围内对公海渔业资源枯竭的担忧，也标志着对公海捕鱼自由原则全面限制的开端。《捕鱼与养护公海生物资源公约》是第一个真正意义上对海洋生物资源实施养护的国际公约。该公约第一条明确规定了对公海捕鱼自由的限制："（1）各国均有任其国民在公海捕鱼之权利，但须（a）遵守其条约义务；（b）尊重本公约所规定之沿海国利益与权利；（c）遵守下列各条关于养护公海生物资源之规定。（2）各国均有义务为本国国民自行或与他国合作采取养护公海生物资源之必要措施。"该项规定可视为对《公海公约》中"适当顾及"义务的具体化和明确化，为传统的公海捕鱼自由原则附加了限制条件，即公海捕鱼权利受到沿海国特殊利益的限制。《公海公约》和《捕鱼与养护公海生物资源公约》的重要性在于否定了传统的"公海捕鱼自由"原则的绝对性，尤其对"公海捕鱼自由"原则由"绝对"自由转为"相对"自由具有标志性的意义。

在对沿海国的规定中，《捕鱼与养护公海生物资源公约》第六条承认"沿海国对于邻接其领海之公海任何区域内生物资源生产力之保持，有特别利害关系"；第七条规定，"任何沿海国为保持海洋生物资源之生产力起见，得为邻接其领海之公海任何区域内任何一种鱼源或其他海洋资源，单方采行适当养护措施但以与其他关系国家就此事举行谈判于六个月内未获协议之情形为限"。该公约的初衷是为了限制沿海国专属渔区的进一步要求，但事与愿违，《捕鱼与养护公海生物资源公约》遭到拉美和冰岛等主要沿海国国家的抵制，最终批准公约的国家只有 35 个，并主要是一些远洋捕捞国。截至 1980 年 4 月，136 个沿海国中近 3/4 宣布十二海里以上的渔业管辖区，近 2/3 宣布二百海里的管辖范围。《捕鱼与养护公海生物资源公约》客观上为第一次海洋法会议后沿海国普遍主张在领海范围外的公海的渔权、渔区做出了铺垫。

在渔业养护措施上，《捕鱼与养护公海生物资源公约》第二条对养护的认识局限在："养护公海生物资源"是为了"使此项资源保持最适当而持久产量"，养护的措施以"取得食物及其他海产的最大供应量"为目标，虽然意识到加强渔业保护的需要，但养护措施如果基于"人类中心"的观念之上并且缺乏生态管理意识的话，是不能实现渔业可持续发展的。在沿海国的养护措施上,该公约第 7 条规定须具备的要件有:(1) 依据所有之渔业知识,有急切施行养护措施之需要;(2) 所采取的措施系以适当科学结论为根据;(3) 此项措施在形式上或事实上均不歧视外国渔民。无论是"急切实行养护措施的必要"、还是"以适当科学结论为依据"这样的措辞,都显示当时在鱼类资源养护立法的粗糙,同时《捕鱼与养护公海生物资源公约》通篇都没有实质性涉及对鱼类洄游特性所应采取的应对——国际合作。尽管如此,《捕鱼与养护公海生物资源公约》还是在公海捕鱼自由从"绝对自由"向"相对自由"的转变具有标志性的意义。

(二) 1982 年《联合国海洋法公约》

1982 年《联合国海洋法公约》吸收了 1958 年日内瓦两公约(《公海公约》和《领海和毗连区公约》)的内容但进行了发展,通过规定缔约国对海洋生物的养护义务和建立专属经济区制度对公海捕鱼自由采取限制措施,从而在实质上削弱了公海的捕鱼自由。

1. 洄游鱼类种群的养护与管理

鱼类的洄游(Fish Migration)鱼类因生理要求、遗传和外界环境因素等影响,引起周期性的定向往返移动。洄游是鱼类在系统发生过程中形成的一种特征,是鱼类对环境的一种长期适应,它能使种群获得更有利的生存条件,更好地繁衍后代。产生鱼类洄游的原因是由于鱼类本身的生理要求,包括对饵料丰富水域、适宜的产卵地或越冬场所的追求等。[①]《公约》专门针对一些洄游的鱼类种群进行专门规定,如跨界鱼类种群、高度洄游鱼类种群、溯河产卵种群、降河产卵鱼种和海洋哺乳动物等。

(1) 跨界鱼类种群的一般条款:第 63 条

《二十一世纪议程》是最早使用"跨界鱼类种群"(Straddling Fish Stocks 或 Transboundary Fish Stocks)这一术语的国际性文件,该术语却是通过 1995 年联合国负责起草《鱼类种群协定》才逐渐被人们广泛接受的,在《公约》里并没有对此

---

① 跨界鱼类种群的"Straddling Fish Stocks"和"Transboundary Fish Stocks"这两种表达方式间的界限并不明显,并且也都没有出现在 1982 年《联合国海洋法公约》中。第三次联合国海洋法会议中,"Wide-ranging Species""Limited Migratory Habits""Highly Migratory Habits"这些类似的术语都曾使用过。总的来说,"Straddling Fish Stocks"这一术语得到普遍接受,并出现在如 1995 年《鱼类协定》等普遍性的国际协定中。实践中,该术语已经取代了该公约第 63 条的标题,即"出现在两个或两个以上专属经济区外的种群或出现在专属经济区又出现在专属经济区外的邻接区域内的鱼类种群",这个新的术语在 1995 年《鱼类协定》中得到正式承认。见王翰灵. 跨界和高度洄游鱼类渔业争端的解决机制[J]. 中国国际法年刊,2008:239.

进行定义或提供详细的管理办法。^① 一般认为,《公约》第 63 条为那些在专属经济区之间洄游,或者在专属经济区和邻近的公海洄游的跨界鱼类种群提供了一般制度。^② 跨界种群并非生物学上的鱼的名称,而是根据这些鱼类的活动所做的政治上的分类。这种分类是以沿海国专属经济区的界限为标准,凡进出游跨此线的鱼群都可称为跨界种群。

《公约》第 63 条第 1 款规定,对于"出现在两个或两个以上沿海国的专属经济区内"的鱼类种群,相关沿海国"应直接或通过适当的分区域或区域组织,设法就必要措施达成协议",以"协调并确保这些种群的养护和发展"。《公约》并没有对这类种群提出具体管理目标。所以这一规定并不能促成达成协议,只能由沿海国制定养护和管理种群的相关措施。^③ 实践中为执行该条款,相关沿海国合作措施可以包括:联合采取或协调养护措施、联合决定总可捕量、沿海国间分配可捕量等。^④ 许多沿海国都意识到该问题的重要性,目前合作的类型有:一是在条约的框架下进行渔业养护和管理,如 1978 年《澳大利亚与巴布亚新几内亚关于包括托雷斯海峡在内的两国间海域主权和边界及其有关事项的条约》就包括对托雷斯海峡保护区内渔业资源做出的适当安排,包括设定在不同区域内以固定比例分配双方的可捕量。二是一些国际海域划界的协定中就包含合作管理这类种群的内容,如阿根廷与乌拉圭、冰岛与挪威的协议等。^⑤ 三是在划界问题未定的情况下,以共同养护和开发为目的通过安排达成互惠协议。为此目的签订的协议一般都建立专门双边渔业委员会进行管理和分配配额。有的还建立了共同渔区,如中日渔业协定和中韩渔业协定。^⑥ 四是通过区域性渔业管理组织采取管理措施。成功的范例如波罗的海国际渔业委员会和欧盟的共同渔业政策中心。^⑦

《公约》第 63 条第 2 款规定,对"出现在专属经济区内而又出现在专属经济区外的邻接区域内的鱼类种群",沿海国和在邻接区域内捕捞这种种群的国家,"应直接或通过适当的分区域或区域组织,设法就必要措施达成协议,以养护在邻接

---

① 见:Ellen Hey. The Regime for the Exploitation of Transboundary Marine Fisheries Resources:The United Nations Law of the Sea Convention Cooperation Between States[M]. Martinus Nijhoff Publishers,1989:53. 但薛桂芳的《国际渔业法律政策与中国的实践》一书中把《公约》第 63 条第 1 款和第 63 条第 2 款的鱼类种群又详细区分为共享鱼类种群和跨界鱼类种群,见:薛桂芳. 国际渔业法律政策与中国的实践[M]. 青岛:中国海洋大学出版社,2008:26 - 30.

② 王翰灵. 跨界和高度洄游鱼类渔业争端的解决机制[J]. 中国国际法年刊,2008:239.

③ 薛桂芳. 国际渔业法律政策与中国的实践[M]. 青岛:中国海洋大学出版社,2008:27.

④ Ellen Hey. The Regime for the Exploitation of Transboundary Marine Fisheries Resources:The United Nations Law of the Sea Convention Cooperation Between States[M]. Leiden:Martinus Nijhoff Publishers,1989:56.

⑤ 李令华. 海洋边界划定中的渔业问题[J]. 海洋开发与管理,1996(1):40.

⑥ 薛桂芳. 国际渔业法律政策与中国的实践[M]. 青岛:中国海洋大学出版社,2008:28.

⑦ 薛桂芳. 国际渔业法律政策与中国的实践[M]. 青岛:中国海洋大学出版社,2008:28.

区域内的这些种群"。跨界鱼类种群问题中,与第 1 款相比,第 2 款引起的争论更为集中。第 2 款反映了沿海国和远洋捕鱼国对这类跨界鱼类种群的利益冲突。一方面,第三次联合国海洋法会议谈判早期,沿海国如加拿大、肯尼亚、印度、斯里兰卡 1973 年向海底委员会提交的渔业提案中强调"沿海国有维护专属经济区外的邻接区域生物资源生产力的特殊利益,还享有和渔业生产力相应的可捕量分配方面的优先利益",虽然早期谈判的重心在专属经济区本身,但还是在 1975 年谈判文本中第 53 条第 2 款得到反映并最终形成《公约》第 63 条第 2 款。① 另一方面,远洋捕鱼国以确保自身利益保护、尽量防止沿海国对公海渔业养护管理发挥积极作用的目的来解释该条款。1992 年国际法协会(International Law Association,简称 ILA)的拉戈尼(Rainer Lagoni)教授的专项报告认为,对第二款应解释为,沿海国仅对专属经济区外的邻接区域有养护的利益,但并不等于它们对该区域任何形式的主权权利或特别管辖权;结合第 116 条(b)项②的规定看,远洋捕鱼国仅对沿海国利益尽到"适当顾及"(Due Regard)的义务。③ 第 63 条第 2 款、第 117 条、第 118 条的共同作用,使合作管理跨界种群的义务延伸到公海区域而不是专属经济区。

尽管《公约》自身并没有提供养护措施兼容性的直接条款,但最终的结果是沿海国实现了其在公海上和在专属经济区内采取的管理措施的协调一致。不过,在很多国家和地区跨界鱼类种群问题和争端仍然很多,如智利、秘鲁、阿根廷、东非、东北太平洋、鄂霍次克海、纳米比亚、新西兰、加拿大等。④ 丘吉尔把全球地区跨界鱼类种群问题最集中的地区归纳为西北大西洋(加拿大及附近沿海)、被称为"Donut Hole"的白令海海域(美国和俄国专属经济区环绕海域)、被称为"Peanut Hole"的鄂霍次克海海域(俄国专属经济区环绕海域)以及被称为"Loop Hole"的巴伦支海域(俄国和挪威专属经济区环绕海域),正是这些海域的纷争不断(典型的如 1995 年加拿大渔业管辖案)促使联合国关于跨界鱼类种群和高度洄游种群会议的召开并最终通过《鱼类种群协定》。

---

① UN. Doc. A/AC. 138/SC. II/L. 38 (1973),参见 Dolliver Nelson. The Development of the Legal Regime of High Seas Fisheries[M]. In:Allan Boyle and Freestone(ed.). International Law and Sustainable Development:Past,Achievement and Future Challenges. Oxford:Oxford University Press, 1999:119.

② 《联合国海洋法公约》第 116 条(b)项规定,"所有国家均有权由其国民在公海上捕鱼,但受下列限制:(b)除其他外,第 63 条第 2 款和第 64 至第 67 条规定的沿海国的权利、义务和利益"。

③ Dolliver Nelson. The Development of the Legal Regime of High Seas Fisheries[M]. In:Allan Boyle and Freestone(ed.). International Law and Sustainable Development:Past,Achievement and Future Challenges. Oxford:Oxford University Press, 1999:120.

④ 薛桂芳. 国际渔业法律政策与中国的实践[M]. 青岛:中国海洋大学出版社,2008:29.

（2）高度洄游鱼类种群：第 64 条

《公约》并没有对"高度洄游鱼类种群"下定义，而是在附件一列举了 15 种鱼类，其中金枪鱼类占 7 种。在公约谈判前，国际渔业法律制度中并没有出现高度洄游鱼类种群这一概念，且生物学上对鱼类也没有这样的分类。用专门的条款对它们做出规定有两个原因：一是许多国家，最突出的是美国和日本，它们对金枪鱼渔业有特殊利益，其国民是这种渔业的最主要参与者；二是许多金枪鱼鱼种在大洋里相当远的距离游动，游过辽阔的公海的同时有时也进入或经过国家管辖的几个区域。因此，对高度洄游鱼类种群的分类是政治上的而不是生物学上的。公约之所以突出金枪鱼，是因为它牵涉政治利益。对附件一，有的学者指出该列表应该根据渔业发展而更新；还有学者指出附件一列举的种类不够丰富，没有包含鱿鱼和磷虾，所列举的种类又是无法修正的，有些鱼类种群比金枪鱼或者其他列在附件一上的鱼种游动范围和距离更广泛，但没有列在名单上。

《公约》第 64 条要求沿海国及其国民在专属经济区内与捕捞高度洄游鱼种的其他国家直接合作，或通过合适的国际组织合作，以确保其专属经济区以内和以外种群的养护和种群的适度利用；在没有适当的国际组织时，这些国家应合作，设立这种组织并参加其工作。[①] 第 64 条第 2 款规定，第一款规定作为《公约》第五部分规定的补充适用。[②] 对比第 64 条和第 63 第 2 款会发现它们之间的细微差别。首先，第 64 条要求沿海国直接或通过适当的国际组织，在高度洄游鱼类的整个洄游路线内从事捕捞作业的相关国家进行合作，第 63 条第 2 款要求有关国家就公海的跨界鱼类种群采取必要措施进行养护合作。其次，第 64 条要求有关国家应该"直接合作"或"合作设立国际组织"，第 63 条第 2 款仅是有关国家"设法达成协议"。因此二者的用词不同，要求合作的力度也不同。最后，第 64 条第 2 款明示这些条款是作为该公约第五部分规定的补充适用，也进一步证实了第 56 条和其他相关条款中有关沿海国主权权利的规范作用[③]。但是，第 64 条对高度洄游鱼类种群利益相关国家的权利、义务并不明确，对相关争端也没有提供具体可参考的解决方案，此类争端中典型的案例有国际海洋法法庭的南方蓝鳍金枪鱼案。

第 64 条强调高度洄游鱼类种群的国际合作是《公约》的一大优点。沿海国对专属经济区内的高度洄游鱼类享有主要利益。而在公海上，不论对沿海国还是远

---

① 王翰灵.跨界和高度洄游鱼类渔业争端的解决机制[J].中国国际法年刊,2008:239.
② 《联合国海洋法公约》第 64 条第 1 款。
③ 《联合国海洋法公约》第 64 条第 1 款。

洋捕鱼国而言都没有绝对优先的利益。① 因此,对专属经济区以内和以外的高度洄游鱼类种群养护和管理合作就尤其必要。这方面合作最成功的例子是南太平洋群岛国家和远洋捕鱼国间达成的有关金枪鱼合作管理的公约,该公约于 2004 年 6 月生效。② 高度洄游鱼类种群和跨界鱼类种群问题都引起了联合国的高度关注并于 1992 年纳入联合国环境与发展会议的重要议程。1995 年跨界鱼类种群与高度洄游鱼类种群会议上通过了《鱼类种群协定》。

（3）溯河产卵种群和降河产卵鱼种:第 66 至 67 条

"溯河产卵种群"指如三文鱼、鲱鱼、鲜鱼等一些生命周期中多数时间生活在海洋,最终返回河流、湖泊中产卵的鱼类种群。这些鱼类种群在距离海岸较远的海岸产卵,幼鱼期洄游到海中觅食、生长,度过成鱼期,再回到它们出生的河流进行繁殖。溯河产卵种群里最有商业价值的是三文鱼。降河产卵鱼种是指那些产于海洋,生命周期中多数时间生活在河流、湖泊中的鱼种。降河产卵鱼种的洄游路线和溯河产卵种群相反的路线进行洄游。鳗鲡是这种鱼类的代表。③《公约》专门针对这两种鱼种的生物属性,规定在第 66 至 67 条。

《公约》第 66 条首先明确,鱼源国(溯河产卵种群源自其河流的国家)对于这种种群主要利益和责任,应采取适当的养护管理措施,还可以决定种群的总可捕量。④ 第 66 条第 3 款规定,在专属经济区外部界限以外(即公海)进行的捕捞原则上是禁止的,但引起鱼源国以外的国家经济失调的情形除外。第 3 款(a)项规定在专属经济区外部界限以外进行的捕捞,有关国家应保持协商,以期就这种捕捞的条款和条件达成协议。《公约》虽未明示,但一般解释为沿海国可以为溯河产卵种群制订养护措施。⑤《公约》第 66 条第 3 款(d)项强调,这些养护措施应"由鱼源国和其他有关国家达成协议来执行"。第 4 和第 5 款规定,溯河产卵种群进入或通过鱼源国以外国家的专属经济区外部界限向陆一面的水域时,该国应适时通过区域组织作出安排,在养护和管理这些种群方面和鱼源国进行合作。以上保障鱼

① 薛桂芳. 国际渔业法律政策与中国的实践[M]. 青岛:中国海洋大学出版社,2008:30;Ellen Hey. The Regime for the Exploitation of Transboundary Marine Fisheries Resources: The United Nations Law of the Sea Convention Cooperation Between States[M]. Leiden: Martinus Nijhoff Publishers, 1989:57 - 58; F. Orrego Vicuna. The Changing International Law of High Seas Fisheries[M]. Cambridge: Cambridge University Press, 1999:43 - 44.

② Ellen Hey. The Regime for the Exploitation of Transboundary Marine Fisheries Resources: The United Nations Law of the Sea Convention Cooperation Between States[M]. Leiden: Martinus Nijhoff Publishers, 1989:84.

③ 薛桂芳. 国际渔业法律政策与中国的实践[M]. 青岛:中国海洋大学出版社,2008:30.

④ 薛桂芳. 国际渔业法律政策与中国的实践[M]. 青岛:中国海洋大学出版社,2008:32;Ellen Hey. The Regime for the Exploitation of Transboundary Marine Fisheries Resources: The United Nations Law of the Sea Convention Cooperation Between States[M]. Leiden: Martinus Nijhoff Publishers, 1989:54 - 56.

⑤ 《联合国海洋法公约》第 66 条第 1 至第 2 款。

源国利益的条款是鱼源国——美国和加拿大的提议,他们的主张理由是鱼源国为了保证三文鱼的繁殖需要减少河流沿岸人口、为种群提供鱼梯等措施,这些都需要付出财力。

《公约》第 67 条强调降河产卵鱼种在其水域内度过大部分生命周期的沿海国,应有责任管理这些鱼种,并应确保洄游鱼类的出入。捕捞降河产卵鱼种,应只在专属经济区外部界限向陆一面的水域中进行,即公海上禁止捕捞降河产卵鱼种。专属经济区内进行捕捞降河产卵鱼种受到专属经济区内一般渔业制度的规范,但如果涉及该鱼种在多个专属经济区洄游时,种群的捕捞和养护就需要相关国家的合作。①

由于溯河产卵种群和降河产卵鱼种与跨界鱼类种群、高度洄游鱼类种群的生物特性不同,《公约》把主要的利益和责任赋予鱼源国。实践中,这些制度基本得到遵守,不仅成为禁止有关国家在其专属经济区内进行捕捞的法律依据,而且有效地保护了在公海上和处于洄游路线的种群。②

2. 公海渔业的养护与管理

《公约》在第七部分第二节第 116 条至第 120 条确立了对公海生物资源的养护和管理。毋庸置疑,传统意义上公海制度存在着这样的两分法——公海不属于任何国家控制以及领海是沿海国的一部分。然而自从专属经济区作为自成一体的制度建立后,两分法就不复存在了。问题在于,公海捕鱼的实质是否也因此改变了呢?

《公约》基本原则几乎与 1958 年《公海公约》和《捕鱼与养护公海生物资源公约》一致,伯克(William Burke)批评《公约》中的渔业条款,"除了第 116 条以外,公约中的其他指导原则都无所裨益;需要改变的恰恰正是'捕鱼自由'这一沿用至今的核心原则"。比较 1982 年公约和 1958 年"日内瓦公约"会发现,1958 年《捕鱼与养护公海生物资源公约》中公海的"捕鱼与养护"被《公约》第七部分第二节公海的"养护与管理"代替。其次,1958 年《捕鱼与养护公海生物资源公约》中的十四条核心条款被《公约》的五个条款所代替。但是,过去 1958 年"日内瓦公约"指定特别委员会处理争端,现在 1982 年公约在第十五部分提供了更详尽的争端解决机制;过去 1958 年"日内瓦公约"承认沿海国的特殊利益以及其单边措施,沿海国利益的概念则被 1982 年公约的专属经济区制度所吸收。③ 因此,《公约》呈现出与1958 年"日内瓦公约"不同的特质,总的来看,《公约》特别强调从事公海捕鱼的国家应当承担的义务。

---

① 《联合国海洋法公约》第 67 条第 2 款。

② 《联合国海洋法公约》第 67 条第 3 款。

③ William Burke. The New International Law of Fisheries: UNCLOS 1982 and Beyond [M]. Gloucestershire: Clarendon Press, 1994:94 - 116.

《公约》第 87 条第 1 款仍将捕鱼自由列为六种公海自由中的一种自由。不过,第 116 条在规定"所有国家均有权由其国民在公海上捕鱼"时又列明了相应的限制,包括:"条约义务""除其他外,第 63 条第 2 款和第 64 至第 67 条规定的沿海国的权利、义务和利益",这主要指向的是公约第五部分专属经济区的限制。这是《公约》新的规定,但它并没有对"除其他"的范围进行界定,无法确定"其他"是否包含沿海国的优先权利,从而引起对相关条款解释的争论,这样的争论直到《鱼类种群协定》签订才有了相对肯定的结论。

在公海渔业的养护和管理方面,《公约》第 117 条规定"所有国家均有义务为各该国国民采取,或与其他国家合作采取养护公海生物资源的必要措施"。第 118 条规定了各国在养护和管理生物资源方面的合作。然而在有关渔业合作问题上,《公约》规定的不够具体:首先,公约没有提供公海渔业的管理如何合作、合作的框架性的规定。其次,第 118 条的第二句规定,"凡其国民开发相同生物资源,或在同一区域内开发不同生物资源的国家,应进行谈判,以期采取养护有关生物资源的必要措施"则完全忽视了管理的内容。① 第三句提到为了养护的目的,有关国家"设立分区域或区域渔业组织",但规定过于原则,没有规定具体的合作机制。第三,值得注意的是渔业养护和管理往往和沿海国在专属经济区内对生物资源的"适度利用"有紧密关联,但在第 117 条却没有涉及。《公约》第 119 条具体对公海渔业资源的养护做出规定,养护目的在于"根据有关国家可得到的最可靠的科学证据,并在包括发展中国家的特殊要求在内的各种有关环境的经济因素的限制下,使捕捞的鱼种的数量维持在或恢复到能够生产最高持续产量的水平",并要求各国通过国际组织,"提供和交换可获得的科学情报、渔获量和渔捞努力量统计,以及其他有关养护鱼的种群的资料",要求"确保养护措施及其实施不在形式上或事实上对任何国家的渔民有所歧视"。

第 119 条第 1 款(a)项涉及了三项生态要素,分别为:有关环境因素、最可靠的科学证据、种群的相互依存。这三项要素的法律涵义,主要涉及它们与最高持续产量(Maximum Sustainable Yield, MSY)标准的关系,学者们观点并不统一。

有观点认为只有这三项要素同时满足,得出的 MSY 标准才具有合法性。与之相对应的,有观点认为这三项要素不应成为缔约国的义务,这三项要素有着重要的参考价值。第三种观点认为,从文义解释的角度来说,这三项要素中的"科学证据"属于必备要件,因为其"根据"的表述通常理解为"以……为基础",不采用"科学证据"就没有了"根据"或者基础;"环境因素的限制"也属于必要条件,因为条文中的表述为"在……的限制下",如果不能证明符合这个条件,会引起突破"限制"的嫌疑,那就构成了对法定义务的违反;同样逻辑,关于第三项要素的"考虑

---

① 薛桂芳. 国际渔业法律政策与中国的实践[M]. 青岛:中国海洋大学出版社,2008:38-39.

到"也属于必要条件。因此这三项要素应属于制约 MSY 标准的要件,并非仅具有参考价值。第三种观点获得了较多支持,但现实中这三项要素面临困难,例如科学证据的可靠性,环境和经济要素的确定以及种群的相互依存关系,这些需要专门的海洋科学机构或者渔业管理组织来解决。

第 119 条第 1 款(b)项提出了"有关联或者相互依赖鱼类种群"的养护问题。《联合国海洋法公约》区分了捕捞鱼种和"有关联或者相互依赖鱼类种群",为它们设定不同的养护标准。对于后者,其养护标准低于捕捞鱼种。《联合国海洋法公约》要求各国努力获取"有关联或者相互依赖鱼类种群"的信息,并考虑捕鱼活动对这些物种施加的影响。这意味着:即使非选择性捕鱼装备对意外捕获非目标种群(伴生物种)影响很小,还是需要推广选择性捕鱼装备。选取何种捕鱼设备应因地制宜,应禁止各种非选择性捕鱼装备的使用,比如围网、拖网、流网等。

总之,《公约》在第七部分公海制度的规定中显示出对公海捕鱼自由的限制,体现了对公海渔业养护和管理的趋势。但在具体合作管理上缺乏强制性,导致区域渔业管理组织管理职权受限,以往已经进行的合作并没有取得实质性进展。这些缺陷,也是到《鱼类种群协定》签订才得到改进。

3. 争端解决

(1)合意解决机制

在 1982 年《联合国海洋法公约》框架上,针对争端解决的一般原则是:各缔约国应按照《联合国宪章》第 2 条第 3 款以和平方式解决它们之间有关本公约的解释或适用法律的任何争端,并应为此目的以《联合国宪章》第 33 条所指的方法解决。《联合国宪章》第 2 条第 3 款规定:各会员国应以和平的方法解决其国际争端,避免危及国际和平、安全及正义。此一般规定也适用于国家之外的非国家实体,如国际海底管理局及相关开发企业。1982 年《联合国海洋法公约》第 283 条规定,各个缔约国之间有交换意见的义务。如果缔约国之间对本公约的解释或适用发生争端,争端各方应迅速就以谈判或其他和平方法解决争端一事交换意见。如果解决这种争端的程序已经终止,而争端仍未得到解决,或如已达成解决办法,而情况要求就解决办法的实施方式进行协商,争端各方面也应迅速着手交换意见。此种交换意见的义务由争端各方提前通过协定确定。若非欧盟公约的事先约定,欧盟争端各方可以自由选择他们所属的争端解决方式,不论是司法的还是非司的法程序。如果争端各方通过协商无法达成一致,那么争端各方可以邀请他方将争端提交调解。

(2)强制性争端解决机制

1982 年《联合国海洋法公约》第十五部分第二节规定了强制性解决程序,当公约第十五部分第一节所提供的方法未能解决争端时,争端各方即可求助于强制性争端解决机制,而裁决结果具有强制性约束力。1982 年《联合国海洋法公约》

第 286 条规定,在第 3 节限制下,有关本公约的解释或适用的任何争端,如已诉诸第 1 节而仍未得到解决,经争端任何一方请求,应提交根据本节具有管辖权的法院或法庭。争端各方在选择具体的"强制性程序"方面具有相当程度的自由,但必须有助于纠纷的解决。第 287 条程序的选择规定,一国在签署、批准或加入本公约时,或在其后任何时间,应有自由用书面声明的方式选择下列一个或一个以上方法,以解决有关本公约的解释或适用的争端:①按照附件 6 设立的国际海洋法法庭;②国际法院;③按照附件 7 组成的仲裁法庭;④按照附件 8 组成的处理其中所列的一类或一类以上争端的特别仲裁法庭。

（3）临时措施

1982 年《联合国海洋法公约》第 290 条规定了临时措施制度。如果争端已经正式提交法院或法庭,而该法院或法庭依据初步证明认为其根据本部分或第 11 部分第 5 节具有管辖权,该法院或法庭可在最后裁判前,规定其根据情况认为适当的任何临时措施,以保全争端各方的各自权利或防止对海洋环境的严重损害。临时措施所根据的情况一旦改变或不复存在,即可修改或撤销。临时措施仅在争端一方提出请求并使争端各方有陈述意见的机会后,才可根据本条予以规定、修改或撤销。法院或法庭应将临时措施的规定、修改或撤销迅速通知争端各方及其认为适当的其他缔约国。

（三）1995 年《鱼类种群协定》

《公约》通过后世界渔业发生了新的变化。专属经济区的建立,将包括当前全世界商业开发鱼类种群 90% 的划归沿海国管辖,还出现了争夺渔场和划定二百海里专属经济区的现象。许多外国渔船为了规避沿海国的渔业法律法规,避免向沿海国缴纳高额入渔费,在别国领海基线二百海里以内作业的渔船纷纷转向公海,包括跨界鱼类和高度洄游鱼类在内的公海鱼类面临着形势更为严峻的捕捞压力。在各国宣布建立专属经济区之前,公海的渔业产量仅占世界渔业总产量的 5%,而专属经济区建立之后,公海渔业产量增加 8%～10%。与此同时,世界各国对跨界鱼类和高度洄游鱼类的捕捞也在日益加剧。根据有关资料统计,1970 年跨界鱼类和高度洄游鱼类的渔获量仅为 580 万吨,到了 1991 年,产量上升到 1 240 万吨。以太平洋地区的金枪鱼渔获量为例,四种主要的经济鱼类金枪鱼、肥壮金枪鱼、蓝鳍金枪鱼和黄鳍金枪鱼在 90 年代初,都已经遭到过度开发或者至少充分开发。经济价值较高的黄鳍金枪鱼产量在 90 年代初也止步不前。同时,《公约》第 63 条第 2 款和第 64 条对跨界鱼类和高度洄游鱼类种群的条款规定过于宽泛,操作性不强,不同国家站在不同立场上有不同的理解。相关国家实践中,对跨界鱼类和高度洄游鱼类种群的管理出现了三种方式。

第一种以白令公海的狭鳕鱼渔业谈判和最后达成的协议为代表。沿海国与公海捕鱼国按照《公约》的规定进行谈判,签订多边渔业协定以保护公海渔业。第二种以南太平洋的金枪鱼渔业为代表。沿海国将公海捕鱼国排除在外,建立沿海国的渔业管理组织,协调沿海国的政策和管理措施以管理公海渔业资源。第三种以加拿大和南美洲部分国家宣布对毗连的公海区域渔业管辖权为代表。沿海国单方面宣布对公海的管辖权,其至在国内立法中单方面规定了这种管辖权。这些管理实践虽然使某些资源得到一定程度的保护,但也带来诸多弊端和争端。① 因此,无论从公海渔业的法律规范,还是完善《公约》相关条款的角度,1993 年 1 月 29 日联合国第 47 次大会通过 192 号决议,要求就跨界鱼类种群和高度洄游鱼类种群养护和管理委员会拟订养护和管理跨界鱼类种群资源。有关各方经历了三年六次谈判,于 1995 年 12 月 4 日达成协议并产生了《鱼类种群协定》。《鱼类种群协定》于 2001 年生效,截至 2010 年 5 月有 77 个缔约国。②

《鱼类种群协定》总体分为十二部分、五十条和两个附件,目标是“通过有效执行《公约》有关规定以确保跨界鱼类种群和高度洄游鱼类种群的长期养护和可持续利用”。《鱼类种群协定》所涉及的鱼种为《公约》附件一列举种群和有关联或依赖所列鱼种而生存的鱼种,但是不包括溯河产卵种群和哺乳动物。降河产卵种群的管理只发生在专属经济区内,也不在该协定调整范围。《鱼类种群协定》的一些内容直接来自于《公约》的第 61 条、第 62 条和第 119 条。亨里克森(Tore Henkiksen)等人的《海洋管理的法律和政策:联合国鱼类种群协定和区域性渔业管理》中,总结了《鱼类种群协定》的三大支柱——养护和管理措施、遵守措施及和平解决争端。即,养护海洋生物资源的合作义务通过增强区域渔业组织的职能从而得以加强、非船旗国执行机制得以确立、《公约》争端解决程序融入《鱼类种群协定》的区域渔业管理机制中。③

(四) 区域性渔业组织或安排

正如联合国跨界鱼类种群和高度洄游鱼类种群会议主席南丹指出的:“渔业捕捞在《公约》通过后仍处于缺乏有效管理的状态。《公约》框架下专属经济区内的海洋生物资源的管理责任主要由沿海国承担。然而,公海上海洋生物资源的管理责任就只能通过各国的有效合作来分担。”④

《公约》虽然已经认识到对公海渔业的国际和区域合作的重要性,并在 117 条

---

① 林志锋,张敏.《执行〈联合国海洋法公约〉有关养护和管理跨界鱼类和高度洄游鱼类种群规定的协定》对我国远洋渔业的影响[J].海洋渔业,2002(2):58.

② 刘丹.海洋生物资源国际保护研究[D].上海:复旦大学,2011:88-96.

③ 《1982 年 12 月 10 日联合国海洋法公约有关养护和管理跨界鱼类种群和高度洄游鱼类种群的规定执行协定》第二条.

④ Satya N. Nandan. The Draft Agreement on the Convention and Management of Straddling Fish Stocks and Highly Migratory Fish Stock[M]. in: Myron H. Nordquist and John Norton Moore(eds.). Entry into Force of The Law of the Sea Convention. Leiden: Martinus Nijhoff Publishers, 1995:292.

做出了原则性的规定,但其规定过于概括、缺乏指导性。《鱼类种群协定》对此做出了很大的改进,不仅在序言中表明了改善各国之间合作的决心,而且把跨界鱼类种群和高度洄游鱼类种群的国际合作机制作为贯穿《鱼类种群协定》的核心机制和有效实施鱼类种群养护和管理措施的途径。

在《鱼类种群协定》中渔业合作机制分为三类——国家间直接合作、组织和安排。区域性渔业组织或安排中的"安排"是以合作机制的目的而规定的。它是一种"两个或两个以上国家根据《公约》和本协定制定的,目的在于除其他分区域或区域为一种或多种跨界鱼类种群或高度洄游鱼类种群制定养护和管理措施"的合作机制。"安排"是一种处于国家间直接合作和通过组织进行合作中间规模的合作模式,它既具有稳固的机制又不失灵活性。"安排"具有和"组织"类似的功能①,它必须有机构来履行职责,但是否应由正式的条约来成立这些机构并不是必需的要件,渔业安排如《1994 年中部白令海绿鳕养护和管理公约》年会;"组织"即政府间组织是更为人熟知的概念,和"安排"相比,"组织"具有更稳固的结构,它往往通过条约建立自己的内部机构,渔业组织的例子如东北大西洋渔业委员会(NEAFC)。至于各国根据《鱼类种群协定》第八条第五款是选择建立"组织"还是"安排",一般会把养护和管理区域的复杂性、鱼类种群和涉及国家的数量作为考虑因素。

值得注意的是,《鱼类种群协定》中的"区域性渔业组织或安排"仅指向分区域或区域性渔业组织或安排,而 1993 年粮农组织《公海渔船遵守协定》指向全球性、区域或分区域的渔业组织,涵盖更广泛。究其原因,在联合国跨界鱼类种群和高度洄游鱼类种群会议谈判中存在这样的顾虑,即养护和管理措施如果包含全球性安排就会涉及全球性安排及其条约特制,一些国家在讨论中表明更倾向于区域和分区域的方案;另一方面,该讨论又和"组织或安排"的加入问题有联系。一些国家坚持"组织或安排"对新加入的开放性和透明度,另一些国家强调确保沿海国的加入。最终的解决方案就是,渔业养护和管理措施的基于区域或分区域的渔业组织或安排,按照《公约》和《鱼类种群协定》的基本原则运作;而组织或安排的加入问题交给《鱼类种群协定》的其他部分解决。②

总之,《公约》把区域渔业管理组织在国际渔业管理中的作用明确化,《鱼类种群协定》也规定跨界鱼类和高度洄游鱼类的养护和管理要通过分区域和区域渔业管理组织或安排来进行。这些都使得区域渔业管理组织的成立具有了法律依据。③

---

① 《1982 年 12 月 10 日联合国海洋法公约有关养护和管理跨界鱼类种群和高度洄游鱼类种群的规定执行协定》第 10 条.

② Francisco Orrego Vicuna. The Changing International Law of High Seas Fisheries [M]. Cambridge: Cambridge University Press, 1999:137 - 138.

③ 刘丹. 海洋生物资源国际保护研究[D]. 上海:复旦大学, 2011:96 - 114.

第二节　IUU 捕鱼行为的国家责任

一、一切国家的责任[①]

(一)装备船舶监控管理系统

从事 IUU 捕捞的渔民为了避免被发现,往往出现在监测、管制和监视设备与措施松散的渔区。IPOA-IUU 提出了一系列打击 IUU 捕捞的监测措施,包括但不限于:(1)渔船追踪系统;(2)随船观察员;(3)渔获物记录本;(4)港口及海上渔船临检;(5)取消涉嫌 IUU 捕捞渔船所享受的入港许可或特权等。船舶监控管理系统(Vessel Monitoring and Management System,VMMS)若装备在渔船上,岸端指挥中心通过 VMMS 可以看到每艘渔船的实时图像,并通过多人视频会议,对船长进行实时指导。渔船上的 VMMS 装置也可以监视捕捞过程的细节,使渔船捕捞监测异常简单。装备 VMMS 能够极大地改善渔船管理与监控系统的运作实绩。只要在渔船上装备了 VMMS 装置,管理当局就可以轻松地追踪到渔船的位置。渔船也可以利用 VMMS 装置向渔政管理当局迅速传送捕捞信息,其费用低廉。若渔船在海上遭遇威胁,还可以利用该系统请求帮助。如今,有越来越多的国家责令在其水域捕鱼的该国渔船和外籍渔船装备 VMMS 系统。近年来,VMMS 系统的成本一降再降。因此,所有国家都应当考虑引进或者扩大使用 VMMS 系统。为了帮助那些对 VMMS 系统不太熟悉的国家,FAO 发布了相关的技术指南,可以从 FAO 网站下载或者直接向 FAO 办公室索取。

(二)教育捕鱼者和处罚违规者

各国政府应当鼓励自己管辖范围内的渔民遵守捕捞规则,可以采取的积极行动包括但不限于:(1)向渔民进行团体协作和对外联系意识教育;(2)确保渔船的股东能够参与捕捞规则的设计与构建进程;(3)增加渔民的同行压力以鼓励对捕捞规则的遵守;(4)创设信息收集系统,方便渔民利用之。对那些破坏捕捞规则的渔民,应当施加严厉的处罚。各国政府应当增强其监测渔船的能力。

(三)遵守国际渔业准则与协定

IUU 捕鱼对国际渔业资源的枯竭负有首要责任。国际合作打击 IUU 捕鱼活动,是一切负责任国家的义务。在目前国际社会尚未缔结普遍性的国际公约的条件下,对于一切国家而言首先要承担的责任是:自愿遵守有关捕鱼管理的国际文件中所倡导的原则、规则和制度,并切实贯彻和落实。诸多捕捞规则体现于联

---

① 参见:李良才.管制 IUU 捕捞的国家责任问题研究[J].河北农业科学,2009,13(1):169-170.

合国粮农组织（FAO）通过的《责任渔业的行动守则》中，其他规则见诸大量自愿性文件及国际条约，比如国家间缔结的有法律约束力的渔业协定。那些尚未缔结条约关系的国家应当尽快缔结条约。缔结或参加这些渔业协定的国家越多，将对改善和提高世界渔业资源的养护与管理越有利。许多海洋渔业资源是由区域渔业组织管理的。从事这些渔业捕捞活动的渔船所属的国家应该加入这些区域渔业组织。否则，这些国家至少要确保该国渔船捕捞的方式不会破坏区域渔业组织所制定的规则。

（四）参考 IPOA - IUU 完善国内渔业立法

考虑到目前国际社会唯有《预防、阻止与消除非法、未报告以及无管束捕捞的国际行动计划》（IPOA - IUU）是最具权威的有关打击 IUU 捕捞的国际文件，因此，各个国家的国内渔业主管当局应该优先审查该国法律和实践做法，以此判断该国是否可以在现行法律框架下运作 IPOA - IUU 所建议的管理工具。这类自我审查需要考虑的因素包括：

（1）是否需要另设法律机构实施 IPOA - IUU 的建议；

（2）打击 IUU 捕捞的现行惩罚措施是否足够强大、严厉；

（3）现行的法律和管理措施是否能确保控制自己国家渔船的捕捞活动；

（4）若一国自然人或公司拥有的渔船系在外国登记的，或者在外国渔船上担任船长之职，该国法律是否允许该国执法者对此类主体采取打击 IUU 捕捞的行动；

（5）若一国允许外国渔船进入该国水域捕鱼，允许此类捕鱼活动的协定是否需要被强化以应对 IUU 捕捞问题；

（6）若一国允许外国渔船在该国港口登陆或转运渔获物，该国法律是否允许通过诸如检验、检疫之类的措施对此类活动予以管制。

各国立法机构在参考 IPOA - IUU 建议的基础上制定的渔业监控制度将会是切实可行的，也与国际普遍做法一致，从而有利于开展国际监控合作。

二、沿海国的监控责任

（一）IUU 捕捞者违规的表现形式

世界上有 90% 以上的渔获物是在沿海国控制的水域捕捞的。大量 IUU 捕捞行为也是发生在这些水域。在沿海国注册的渔船参与了大多数的 IUU 捕捞活动，典型的表现形式是：少报、谎报捕获量。外国渔船在沿海国水域从事的 IUU 捕捞行为主要有两种：（1）未经沿海国渔业管理当局许可的捕鱼行为。比如越界捕捞和盗窃渔获物。（2）虽经许可进入沿海国渔区捕捞，但违反许可条件从事捕捞活动。在沿海国水域从事 IUU 捕捞从根本上损害了沿海国及其负责任的渔业人的利益。因此,沿海国应该尽力遏制在该国水域内实施的 IUU 捕捞行为,沿海国将是因打击 IUU 捕捞而最直接获益的国家。

(二)沿海国监控 IUU 捕捞的措施

如果实施 IUU 捕捞行为的渔船系沿海国注册的船舶,该国同时又是船旗国,那么,沿海国、渔船注册国兼船旗国就可以采取渔船注册制、渔船登记簿、渔船许可证等措施,执行防范、遏制与消除 IUU 捕捞的渔业政策;如果实施 IUU 捕捞行为的渔船系外国注册的船舶,沿海国可以采取许多其他可用的措施予以管制。[①] 沿海国监控外国渔船的措施主要有:(1) 对被授权在沿海国水域从事捕捞活动的外国渔船进行造册登记;(2) 责令外国渔船装备 VMS 系统,便于沿海国渔政当局实时掌握渔船的位置,并且几乎实时地接收由 VMS 系统传回的常规数据报告;(3) 责令外国渔船(或者要求一定比例的渔船)接受沿海国渔政管理当局派驻的独立观察员。正如渔船的船旗国应该对有过 IUU 捕捞劣迹的渔船不予登记一样,沿海国在授权外国渔船进入其水域从事捕捞活动之前,也应该审查该渔船的捕捞史。凡有过 IUU 捕捞经历的外国渔船,一概不予准许。在实际操作中,沿海国应与船旗国通过友好协商,建立信息共享与互助平台。换言之,借助政府间的协助,沿海国可以要求船旗国保证,已取得船旗国渔船许可证的船舶,过去没有从事任何一次 IUU 活动。基于船旗国的保证,沿海国向外国申请者颁发捕捞许可证。沿海国的捕捞许可证仅对外国渔船适用,是对其在沿海国水域合法从事捕捞活动的书面凭证。

此外,沿海国应尽可能地与船旗国达成书面协定,具体规定以下事项:(1) 船旗国的渔船若希望在沿海国水域捕鱼的,必须同时接受船旗国的属人管辖和沿海国的属地管辖;(2) 船旗国对于那些获准进入沿海国水域捕鱼的该国渔船,负有持续监管的责任;(3) 对于取得沿海国捕捞许可证的船旗国渔船,违反准入条件和要求的,船旗国应当承诺予以处罚;(4) 船旗国承诺协助沿海国执行渔船监控任务。由于海上发生的转船装运难以受到监控,IUU 捕捞者通常会尽力选择在海上转运渔获物,而不会选择在港口转运。因此,沿海国应该考虑责令渔获物的所有转运在沿海国港口进行,至少必须要求海上进行的渔获物转运系遵循适当控制规则而为的,并且允许监测官员在场查验被转船的渔获物的细节。

三、船旗国的责任[②]

船旗国是指渔船出海捕捞时悬挂的旗帜所属的国家。船旗国基于其管辖便利的现实因素,可以对 IUU 捕捞承担一定的国家责任。在国际法上国家责任是

---

① 王国平.动植物检疫法规教程[M].北京:科学出版社,2006.

② 参见:李良才.试析国家对 IUU 捕捞的管制措施[J].温州大学学报(社会科学版),2009,22(3).

指作为国际法主体之国家因其作为或不作为而引起的不利后果,具体表现形式包括但不限于恢复原状、赔偿损失、赔礼道歉。本文所指的船旗国责任是指船旗国对其船舶的管理责任,比如,对船舶予以注册、登记、标示、监督其捕获物情况等。船旗国对 IUU 捕捞的管制负有首要责任。IUU 捕捞对渔业资源枯竭负有主要责任。目前国家对 IUU 的管制主要依靠各个主权国家独立行动,它们制定国内渔业法并在其渔区执行严厉的制裁措施。由于国家管辖的渔区范围以外的公海往往出现情节恶劣的 IUU 现象,而鱼群的洄游习性导致它们通常逾越人为的渔区界限,进入为 IUU 所侵犯的区域,成为 IUU 肆意侵害的对象。因此,各个主权国家联合行动,以缔结国际公约或条约的形式确立管制 IUU 的国际义务、承担国家责任,成为必然要求,也是国际社会的共同理想。截至目前,在管制 IUU 方面,比较成功的国际实践有粮农组织的《责任渔业行动守则》及 2001 年在罗马缔结的《预防、阻止与消除非法、未报告以及无管束捕捞的国际行动计划》。

船旗国对悬挂其旗帜的船舶应当承担最基本的管理责任,控制其捕鱼行为。"船舶"包括渔船和协助捕鱼活动辅助船舶,比如,接收渔船上之捕获物的运输船、向渔船供给燃油和食物的补给船。船旗国如何加强对其船舶的控制? IPOA - IUU 提出了若干建设性措施,比如,渔船注册制度、渔船登记簿制度、渔船许可制等。要使这些措施发挥实际作用,首先取决于船旗国政府的政治意愿。遗憾的是,许多国家虽然对渔船实行了注册制度,但是它们并没有采取任何实质性的步骤对捕鱼活动予以管制。如果要成功地解决 IUU 捕鱼的问题、要改善渔业资源的养护与管理的现状,就必须改变目前的被动局面。

(一)渔船注册制度①

在奉行船舶注册自由主义的时代,虽然船舶注册可以带来一定的政府收入,但是,笔者认为渔船的注册应当谨慎为之。也就是说,在允许某船舶注册为该国船舶并允许某船舶悬挂该国旗帜之前,应该确信自己将来有能力控制该船舶从事的捕鱼活动。许多国家对小型渔船采取放任主义做法,根本不要求登记在册。然而,随着 IUU 捕鱼活动日益猖獗,小型渔船也参与其事。因此,国际社会呼吁各个国家政府尽可能多地将渔船予以注册,若能够悉数登记在册为最好的选择,同时要求保存渔船登记簿。尽管很难在渔船进行注册之时就准确地预测到它将从事 IUU 捕鱼活动,但是它将如此行为的可能性会因它的"前科"而增大。因此,建议各国政府在对船舶进行渔船类别的注册之前进行船史审核,确认它过去有没有从事过 IUU 捕鱼活动。如果认定该船舶曾经有过 IUU 捕鱼活动的历史,应当不予注册。这是从源头上治理 IUU 的预防措施之一。经验表明:同一船舶往往多

---

① 参见:李良才.船旗国对管制 IUU 捕捞的责任、现状、问题及对策[J].河北渔业,2009(1):13 - 15.

次参与 IUU 捕鱼活动——尽管它会变换船名和更改登记信息。因此,如果某船舶频繁地更换船旗(flag hopping),不难据此推断它有被用作 IUU 捕鱼的工具。如果发生这样的情形,船舶注册国政府至少有责任责令船舶所有人对此类频繁变更注册的行为作出合理解释。

(二)渔船登记簿制度

每一个国家都应该保存一份该国所有渔船的登记簿。渔船登记簿上所记载的信息应该是与船舶之物理特征相关的细节、船舶历史。至于具体记载哪些内容,由船舶登记国主管当局依据所在国法律而定。笔者认为,渔船登记簿的记载项目应该包括但不限于:(1)船名;(2)船舶主尺度、吨位或船舶种类;(3)船舶主机类型、数量或功率;(4)船舶所有人姓名、名称或地址(船舶所有权发生转移的除外);(5)船舶共有情况;(6)船舶抵押合同、租赁合同(解除合同的除外)。如果可能的话,渔船登记簿应该载明该船舶目前是否在从事捕鱼活动。

(三)渔船许可制

凡是计划从事海洋捕鱼活动的船舶必须事前获得政府主管部门的明确授权,此为"渔船许可制"。未经政府许可而擅自下海捕鱼者,一律予以禁止。渔船许可制实行准则制度,也即同时具备三个条件的才颁发许可证:一是船舶在该国领土上注册;二是船舶被登录渔船登记簿;三是船东或船长同意按照许可证上所规定的条件从事捕鱼活动,同时允许船旗国维持对该船捕鱼活动的控制权力。这些条件包括但不限于:允许捕捞的鱼种、允许使用的渔具、可捕捞的地点和期间。这些条件的选择与设定取决于船旗国立法者的意志。

2001 年 IPOA-IUU 在"渔船许可条件"第 47 段的建议非常值得借鉴。它列举了十项条件:(1)配备渔船追踪检测系统。(2)捕获物报告,即捕获物及捕获努力统计的时间连续性;在每一捕鱼期间分鱼种计算的捕获物总数、名义重量(或两者兼有),名义重量是指在捕获现场的重量;被丢弃的捕获物的总数、名义重量,包括估计数;在每一捕鱼期间的捕获努力统计;捕鱼地点、期日、时间的统计。(3)允许转船时对捕获物转船的报告及其他要求。(4)观察员的人员范围。(5)保存捕鱼及相关的航海日志。(6)航海装备以确保遵守有关边界及限制进入区域的规定。(7)遵守有关海事安全的国际公约、国内法律及规章、保护海洋环境、国家、区域及全球层面采取的养护和管理措施。(8)渔船系按照国际公认的标准标示的,比如《关于渔船标志与辨识的 FAO 标准与指南》[①];渔具也应以国际公认的标准标示。(9)遵守适用于船旗国的渔业安排的要求。(10)船舶拥有

---

① 该指南是由粮农组织制定的,英文全称是 The FAO Standard Specification and Guidelines for the Marking and Identification of Fishing Vessels。

独一无二、国际公认的身份编码——若可能的话,以使之无论其注册信息或名称发生怎样的更改都将被辨识出来。

需要强调的是,IPOA-IUU 第 47 段建议了一系列的颁证条件,当然,并非所有的条件在一切情形下都是可适用的。至于渔船许可证的域外效力,尚有争论。一般认为,渔船许可证在船旗国以外应当具备域外效力。这是便利国际渔业管理合作的需要。因此,沿海国在准许外国船舶进入其水域捕鱼之前,它应该验证该船舶的渔船许可证,以确定该船舶从其船旗国获得了在船旗国管辖范围以外捕鱼的许可。[①]

四、港口国的责任

虽然 IUU 捕捞者可以选择在海上转运渔获物以规避沿海国对渔获物的监测,但是它们最终是要登陆的。因此,我们认为,可以考虑在渔船拟登陆的港口国设置准入壁垒,以此防范 IUU 捕捞者上岸卸载其非法的渔获物。有些国家允许 IUU 捕捞者利用其港口卸载渔获物或转口运输。其他国家自主地或者与其他国家合作,开始限制和管理进入其港口的渔船及其渔获物,实行准入制,作为管制 IUU 捕捞行为的重要手段。

根据国际法原理,一国对其港口享有完全的主权。一般而言,一国可以采取以下措施对渔船实施管理:(1)拒绝外国船舶进入该国港口(遭遇紧急情况或陷入困境的除外);(2)禁止外国渔船在其港口卸载或转运渔获物;(3)责令寻求港口准入的渔船提供船舶身份及捕鱼活动的信息;(4)临检可自由出入其港口的船舶;(5)港口国可以要求寻求进入该国港口的外国渔船提供以下信息和材料:入港前发出合理的预通知、捕捞许可证的复印件、捕捞之旅的细节、在船渔获物的数量。与之同时,港口国可以要求其他参与捕鱼相关活动的外国渔船提供类似的信息,比如,转运船舶,以供港口国决定是否准许其入港。港口国在授权外国渔船进入其港口的时候,必须设定严格的准入条件,比如,仅当港口国能够对该渔船实施实际的临检,以核实其捕捞活动的性质,才颁发港口出入许可证。在此类检查期间港口国应该尽力收集有价值的信息,并向船旗国及任何相关的区域渔业组织。这些信息包括但不限于:(1)渔船的船旗国、渔船的身份信息详情;(2)渔船船长及负责捕捞作业的船长之姓名、国籍和资格证书;(3)渔具;(4)在船渔获物,包括来源地、种类、鱼体形状及数量;(5)若可能的话,区域渔业组织或国际渔业协定要求提供的其他信息;(6)登陆卸载的或转运的渔获物。如果港口国有合理理由怀疑进入其港口的渔船参与过 IUU 捕捞活动,港口国应该采取的措施包括:(1)不允许该船登陆或者在该港口卸载渔获物;(2)立即向船旗国报告此一事项;

---

① 李良才. 船旗国对管制 IUU 捕捞的责任、现状、问题及对策[J]. 河北渔业,2009(1):13-15.

（3）如果涉嫌 IUU 捕捞的行为很可能发生在另一国家或受区域渔业组织管辖的水域,港口国应当立即向该国或该组织报告。港口国还可以在经船旗国同意或者应船旗国请求的条件下,采取更多的行动,应对涉嫌 IUU 捕捞的渔船及其操作者。[①]

第三节　西非渔事咨询案各国对 IUU 捕鱼行为国际法责任的意见分析

一、新西兰的书面意见

新西兰 2013 年 11 月 27 日第一轮提交的意见包括七章,第一章是简介,第二章是管辖权和可受理性,第三章是船旗国义务,第四章是船旗国的责任,第五章国际组织的责任,第六章是沿海国家在保证共有种群和有共同利益的鱼群长期可持续性管理问题上的权利和义务,第七章是结论。

（一）关于船旗国的责任

分区域渔业委员会向法院提出的第一个问题是:

在第三方国家的专属经济区从事非法、未报告以及无管束捕捞活动的情况下,船旗国需要承担什么义务？

该问题限定在船旗国对于在第三方国家的专属经济区从事 IUU 捕捞活动的责任,并不涉及在公海上从事此类行为的责任。"非法、未报告以及无管束捕捞活动"未在请求中定义,但是在《MCA 公约》的第 2 条中有规定。该定义来自于 IPOA – IUU 第三段。[②] 该文中的在沿海国家专属经济区的捕鱼活动受该国的法律约束,因此不是该词定义中的"无管束"。因此,这个问题就限定在"非法、未报告以及无管束"的非法和未报告两方面。

1. 沿海国家对于专属经济区内的生物资源养护和管理的首要责任

沿海国家对于专属经济区内的生物资源的养护和管理负有首要责任。这体现在由 Fisheries Jurisdiction 案所认可的沿海国优先利益。[③] 沿海国针对专属经济区内的生物资源的首要责任在《公约》的草案中得到了承认。在海床洋底委员会（Sea-bed Committee）早期的澳大利亚和新西兰联合提案中,建议沿海国家基

[①] 李良才. IUU 捕捞对渔业资源的损害及进口国的管制措施分析[J]. 经济研究导刊,2009（41）:200 – 201.

[②] IPOA – IUU 原文 http://www. fao. org/docrep/003/y1224e/y1224e00. HTM(2017 – 10 – 10).

[③] 原文注:United kingdom v Iceland, Merits, Judgement, I/C/J Reports 1974 p. 3 at pp. 24 – 27 (paragraphs 55 – 60); and Fisheries Jurisdiction(Federal Republic of Germany v Iceland Merits, Judgment, ICJ Reports 1974, p. 175 at pp. 193 – 196(paragraphs 47 – 52).

于优先利益应扮演主要的法律规制角色。这个提案中的主要内容在《公约》中有所体现。①

《公约》的第 56 条第 1 款规定了沿海国家享有"以勘探和开发、养护和管理海床上覆水域和海床及其底土的自然资源(不论为生物或非生物资源)为目的的主权权利"。《公约》第 61 条和第 62 条规定,沿海国行使上述权利应决定其专属经济区内生物资源的可捕量,确保其专属经济区内的生物资源不受过度开发的危害。② 同时,以专属经济区内生物资源最适度利用为目的,准许其他国家进入其专属经济区。③

这种进入的权利是相对的权利,受到沿海国家协议的约束及沿海国家设置的条件的限制。④ 正如《公约》第 62 条第 4 款规定的,在专属经济区内捕鱼的其他国家的国民应遵守沿海国的法律和规章中所制定的养护措施和其他条款和条件。该规定构成了沿海国家规制在其专属经济区的外国捕捞活动的管辖权。⑤ 该项中可以包括无穷项外国捕捞需要遵守的法律和规章。《公约》第 73 条补充 62 条第 4 款规定了沿海国家可以在其专属经济区采取必要的措施以行使主权权利,包括登临、检察、逮捕和对违法从事捕捞活动的船舶执行司法程序。⑥

2. 船旗国的责任和有效控制的义务

沿海国家的首要责任并不解除船旗国国际法下对于在第三国专属经济区活动的悬挂其国旗的船舶的责任。因此,船旗国和沿海国在专属经济区的捕捞活动有竞合管辖权。⑦

船旗国责任的主要内容是长期的习惯法建立的原则,即船旗国必须对悬挂其国旗的船舶行使有效控制。⑧ 有效控制的义务是一个国家在公海航行船舶的必然结果。国际法协会的《1956 年海洋法条文草案》中规定,船旗国对于悬挂该国

---

① 原文注:Nordquist UNCLOS 1982:A Commentary (VolII)(Kluwer, The Hague, 1983) at [62.2] p. 616.

② 《公约》第 61 条。

③ 《公约》第 62 条。

④ Nordquist UNCLOS 1982:A Commentary(VolII)(Kluwer, The Hague,1993) at [62.16(g)] pp. 636 – 637.

⑤ Nordquist UNCLOS 1982:A Commentary (VolII)(Kluwer, The Hague, 1993) at [62.16(i)] p. 637.

⑥ 原文注:《公约》第 73 条第 1 款。

⑦ 原文注:Nordquist UNCLOS 1982:A Commentary (VolIII)(Kluwer, The Hague, 1995) at [92.6(c)] p. 126. 参看《1995 年联合国鱼群协定》第 20 条》。

⑧ 原文注:"可能海商法最重要和通用的规则是赋予了船旗国应有的重要性,任何遵循国际法的国家都有权决定商船获得该国公民的条件,也据此承担该行为的责任并因此获得管辖权。"Lauritzen v Larsen [1953] 345 US 571. Colombos, International Law of the Sea(4th ed, Longman, London 1961) at pp. 250 – 251.

旗帜的船舶有相应的控制责任。① 这项义务在《1958 日内瓦公海公约》②和《公约》第 94 条中都有所体现。③《公约》通过的《1995 年联合国鱼群协定》④和粮农组织主持通过的《1993 年合规协定》确认了该项义务对于渔船的适用。⑤ 两个协定都已经被船旗国和沿海国广泛接受。⑥

在第三国的专属经济区从事捕捞活动的有效控制义务有特别之处。《公约》的第 58 条第 3 款要求所有国家"在专属经济区内根据本公约行使其权利和履行其义务时,应适当顾及沿海国的权利和义务,并应遵守沿海国按照本公约的规定和其他国际法规则所制定的与本部分不相抵触的法律和规章"。因此,船旗国有义务保证其授权的船舶从事的活动符合沿海国关于养护、管理专属经济区的生物资源的相关法律规定。

一系列国际协定已经详细地解释了有效控制包含的要素。尽管这些协定明确规定了以自愿为原则,但是他们同时承认,协定中的要素是基于国际法的相关规定,包括《公约》中的规定而形成的。⑦《1995 年联合国鱼群协定》、粮农组织的《1993 年合规协定》《负责任渔业行为准则》、粮农组织的《预防、阻止与消除非法、

---

① 原文注:International Law Commission, Commentary to the articles concerning the law of the sea, Article 29, paragraph 3; Article 30, paragraph 1,1956, Yearbook of the International Law Commission 1956, VolII, p. 254 at p. 279. 参看 Churchill & Lowe The Law of the Sea(3rd ed, Manchester University Press,1999) at p. 209:"船旗国的管辖也包括责任"。

② 原文注:Convention on the High Seas, Geneva,29 April 1958, 450 UNTS 82,(1962 年 9 月 30 日生效). 参看第 5 条第 1 款。

③ 原文注:《公约》第 58 条第 2 款规定,第 94 条比照适用于专属经济区运营的船舶。

④ 原文注:Agreement for the Implementation of the Provisions of the United Nations Convention on the Law of the Sea of 10 December 1982 relating to the Conservation and Management of Straddling Fish Stocks and Highly Migratory Fish Stocks, New York, 4 December 1995,2167 UNTS 3(2001 年 12 月 11 日生效),参看第 18 条。

⑤ 原文注:Agreement to Promote Compliance with International Conservation and Management Measures on the High Seas, Rome,24 November 1993(2003 年 4 月 24 日生效),访问于 2013 年 11 月 17 日 http://www. fao. org/docerp/meeting/003/x3130m/X3130E00. HTM,参看第 3、4、5、6 条. 关于船旗国的有效控制参看 Vukas & Vidas "Flags of Convenience and High Seas Fishing" in Stoke ed Governing High Seas Fisheries(2001, Oxford University Press) pp. 53 - 90;Balton "The Compliance Agreement" and Hayashi "The Straddling and Highly Migratory Fish Stocks Agreement" in Hey ed. Developments in International Fisheries Law(Kluwer, The Hague, 1999). Nordquist UNCLOS 1982;A Commentary (VolIII)(Kluwer, The Hague,1995) at [94.8(a)] p. 144.

⑥ 截至 2013 年 9 月 18 日《1995 联合国鱼群协定》有 81 个缔约国(访问于 2013 年 11 月 17 日, http://www. un. org/depts/los/reference_files/status2010. pdf). 截至 2013 年 8 月 1 日 FAO Compliance Agreement 有 39 个缔约国(访问于 2013 年 11 月 17 日,http://www. fao. org/fileadmin/user_upload/legal/docs/1_012s-e. pdf)。

⑦ 原文注:Voluntary Guidelines on Flag State Performance, adopted by the Second Resumed Session of the Technical Consultation on Flag State Performance, 4~8 February 2013(访问于 2013 年 11 月 17 日, http://www. fao. org/fishery/nems/40262/en)。

未报告以及无管束捕捞的国际行动计划》和《船旗国绩效自愿性准则》,分别规定了船旗国履行有效控制义务的详细措施。一些区域渔业管理协定也设置了船旗国对在他们的区域内从事渔业活动的船舶需要采取的具体措施。①

为了回答请求中的问题,新西兰认为法庭应该特别考虑以下规定:

(1)《1995 年联合国鱼群协定》的第 18 条、第 19 条;

(2)粮农组织《1993 年合规协定》的第 3 条、第 4 条;

(3)《负责任渔业行为准则》的第 8.2 条;

(4)粮农组织《预防、阻止与消除非法、未报告以及无管束捕捞的国际行动计划》(IPOA - IUU)的第 34 - 50 段;

(5)《船旗国绩效自愿性准则》。

船旗国履行有效控制义务的具体措施取决于它参加的国际协定。但是,协定中可以归纳出一些共同的要素,这些共同的要素已经被各区域渔业管理协定采纳。新西兰认为船旗国最重要的责任包括:

(6)捕捞活动授权;②

(7)保证悬挂其旗帜的船舶有权在沿海国家水域捕捞;③

(8)保存捕捞船舶记录;④

(9)保证悬挂其旗帜的船舶正确标记;⑤

(10)监管悬挂其旗帜的船舶的活动;⑥

---

① 原文注:《中西部太平洋高度洄游鱼类种群养护与管理公约》第 24 条,honolulu,2000 年 9 月 5 日,2275 UNTS 43,(2004 年 6 月 19 日生效);《南印度洋渔业协定》第 11 条,Rome,2006 年 7 月 6 日,(2012 年 6 月 21 日生效)(http://www.siodfa.org/the-sio/the-southern-indian-ocean-fisheries-agreement-text/访问于 2013 年 11 月 17 日);《南太平洋公海渔业资源养护与管理公约》第 25 条,Auckland,2009 年 11 月 14 日(2012 年 8 月 24 日生效)http://www.southpacificrfmi.org/basic-documents/访问于 2013 年 11 月 17 日。

② 原文注:1993 FAO Compliance Agreement 的第 3 条第 2 款和第 3 款;《1995 联合国渔业协定》第 18 条第 3 款;FAO Code of Conduct for Responsible Fisheries 第 8.22 条;FAO IPOA - IUU 41,44&45 条;FAO Voluntary Guidelines for Flag State Performance 第 19 段。

③ 原文注:《1995 联合国渔业协定》第 3 条第 2、第 3 款;FAO Code of Conduct for Responsible Fisheries 第 8.2.2 条;FAO IPOA - IUU 第 45 段;FAO Voluntary Guidelines for Flag State Performance 第 19 段。

④ 原文注:1993 FAO Compliance Agreement 第 4 条;《1995 联合国鱼群协定》第 18 条第 3 款;FAO Code of Conduct for Responsible Fisheries 第 4 条;FAO IPOA - IUU 第 42 段;FAO Voluntary Guidelines for Flag State Performance 第 15&16 段。

⑤ 原文注:1993 FAO Compliance Agreement 第 3 条第 6 款;《1995 年联合国鱼群协定》第 18 条第 3 款 d 项;FAO Code of Conduct for Responsible Fisheries 第 8.2.3 条;FAO IPOA - IUU 第 47.8 段;FAO Voluntary Guidelines for Flag State Performance 第 10 段。

⑥ 原文注:1993 FAO Compliance Agreement 第 3 条第 7 款;《1995 年联合国鱼群协定》第 18 条第 3 款 g 项;FAO IPOA - IUU 第 47 段;FAO Voluntary Guidelines for Flag State Performance 第 22 段。

（11）监管捕获量等数据；①

（12）确保有效地管辖和控制；②

（13）确保悬挂其旗帜的船舶遵守沿海国法律；③

（14）调查和起诉违规活动，④并且对违规进行有效制裁，包括拒绝向有违规记录船舶颁发许可证。⑤

（二）其他国家的责任

国际法也同时规定了在一些情况下，除了船旗国，其他国家的义务。这种义务的设置是为了防止有些船舶经营人故意选择悬挂未良好履行有效控制义务的国家的旗帜。在这种情况下，经营船舶的人的国籍国有竞合管辖权。

法庭认为船旗国的义务只有通过对自然人、法人，如船长、其他船员、船舶所有人、经营人和从事相关活动的船舶的其他人行使合适的管辖权和控制才能够解除。⑥ 新西兰同意船上人员的国籍在船旗国行使诉讼权利时是无关的。⑦ 同时，新西兰认为船旗国对于其公民也有责任行使有效控制，包括船舶的受益所有人、经营人，以防止他们从事 IUU 捕捞活动。⑧

这个原则已经被多项国际协定认可了。《1995 年联合国鱼群协定》规定相关沿海国和"在毗连区内捕捞跨界鱼类种群或高度洄游鱼类种群的国家"之间的合作机制。⑨ 1980 年《南极海洋生物资源养护公约》的第 10 条规定，如果委员会认为某一非缔约方国家的公民或船只从事的任何活动，影响了本公约目标的实施，

---

① 原文注：1993 FAO Compliance Agreement 第 3 条第 7 款；《1995 年联合国鱼群协定》第 18 条第 3 款 e－g 项；FAO IPOA－IUU 第 47 段；FAO Voluntary Guidelines for Flag State Performance 第 22 段。

② 原文注：1993 FAO Compliance Agreement 第 3 条；《1995 年联合国鱼群协定》第 18 条第 2 款；FAO IPOA－IUU 第 35 段；FAO Voluntary Guidelines for Flag State Performance 第 2 段 f 项、7 段、20 段。

③ FAO IPOA－IUU 第 34 段和 47.9 段；FAO Voluntary Guidelines for Flag State Performance 第 8 段。

④ 原文注：1993 FAO Compliance Agreement 第 3 条第 8 款；《1995 年联合国鱼群协定》第 19 条；FAO Code of Conduct for Responsible Fisheries 第 8.2.7 条；FAO Voluntary Guidelines for Flag State Performance 第 2 段 g 项和 21 段。

⑤ 原文注：1993 FAO Compliance Agreement 第 3 条第 8 款；《1995 年联合国鱼群协定》第 19 条第 2 款；FAO Code of Conduct for Responsible Fisheries 第 8.2.7；FAO IPOA－IUU 第 36 段；FAO Voluntary Guidelines for Flag State Performance 第 2 段 g 项和 21 段；FAO IPOA－IUU 第 38 段和 39 段。

⑥ 原文注：M/V "Saiga"（No.2）Case（St Vincent and the Grenadines v Guinea），ITLOS Case No.2，1999，第 105 段。

⑦ 原文注：M/V "Saiga"（No.2）Case（St Vincent and the Grenadines v Guinea），ITLOS Case No.2，1999，第 106 段。

⑧ 原文注：OP 50 of the 2012 United Nations General Assembly Resolution on Sustainable Fisheries（A/Res/67/79）；and the earlier OP 47 of A/Res/66/68（2011）and OP 41 of A/Res/66/38（2010）。

⑨ 原文注：Convention on the Conservation of Antarctic Marine Living Resources（访问于 2013 年 11 月 17 日 http://www.ccamlr.org/en/organisation/camlr-convention）。

委员会应提请该国注意。① 在 2009 年,委员会在《养护措施》中呼吁缔约国确认其公民是否参与了非法、未报告以及无管束捕捞活动,并且对核实的活动采取合理的措施。②

《中西太平洋高度洄游鱼类种群养护与管理公约》规定了成员国对他们公民的捕捞活动行使控制的特别义务。③ 类似地,联合国粮农组织 IPOA - IUU 明确规定了"保证其管辖权内的公民不支持或参与非法、未报告以及无管束的捕捞活动"。④

新西兰认为回答第一个问题必须考量有效控制义务,基于该义务,在其他国家专属经济区从事渔业活动的船舶的船旗国需要采取措施保证船舶遵守了符合《公约》和其他相关国际法规定的沿海国法律和规定。船舶经营人的国籍国也负有相同的义务。关于该义务的详细指导规定可以在上文提到的协定中找到。

结论:新西兰认为船旗国未尽有效控制的义务是国际不法行为,将会产生相应的国际责任。对于悬挂其旗帜的船舶在沿海国水域从事 IUU 捕捞活动的情形,船旗国如果没有采取措施阻止和矫正该种活动,船旗国应该为它的不法行为承担国际责任。该种国际不法行为将会产生一定的法律后果。其他国家可能在未对其国民意图逃脱另外一个国家的有效控制的行为采取必要措施的情况承担一定程度的责任。

(三) 关于国际组织的责任

提交给法庭的第三个问题是:依据船旗国或者国际机构与沿海国达成的国际协议,颁发给船舶捕捞执照的情形下,如果船舶违反了沿海国的捕捞立法,船旗国或者国际机构是否需要负责?

这个问题提到了规定了具有捕捞执照的渔船在沿海国水域活动的国际协议。鉴于国际协议是国际法主体之间达成的,新西兰把第三个问题解读为在沿海国已经与某个国际组织缔结了协议,允许悬挂该国际组织成员国旗帜的有执照的船舶在其专属经济区从事捕捞活动,或通过双边方式与特定船旗国达成协议,允许悬挂其旗帜的船舶在专属经济区内从事捕捞活动。第三个问题想要表达的疑问是,在上述情况下,船旗国或者国际组织是否要对有执照的船舶违反沿海国捕捞立法的行为负责。

新西兰已经在回答前一个问题时讨论过船旗国的责任问题,因此这部分只讨

---

① 原文注:CCAMLR Conservation Measure 10 - 08 (2009): Scheme to Promote Compliance by Contracting Party Nationals with CCAMLR Conservation Measures(访问于 2013 年 11 月 17 日 http://www.ccamlr. org/en/measure - 10 - 08 - 2009).

② 原文注:《中西部太平洋高度洄游鱼类种群养护与管理公约》第 23 条。

③ 原文注:FAO, IPOA - IUU 第 18 段。

④ 原文注:《1995 年联合国鱼群协定》第 7 条第 1 款。

论国际组织的责任问题。

1. 适用的法律

国际组织受到加于其的国际法律义务的约束,包括他们参加的国际协议下的义务。① 主流观点是国际组织具有独立于其成员的主体资格。② 但是,问题是其成员国的行为或者疏忽在何种程度上可归责于国际组织。

新西兰认为国际法协会的《国际组织责任》条文草案有助于回答这个问题。③ 尽管国际法协会认为该条文草案不是单纯的法律汇编,而是具有进步性发展特点的文件,④但是他们对于法庭回答第三个问题并不是有用的引导。

国际组织有可能为其成员国的行为或者疏忽负责。产生这种结果的方式中,有两种与待解决的问题有关:通过依靠成员国实现某项义务或者通过成员国的行为归责于国际组织。新西兰并不打算讨论哪种方式更为合理,两种方式都规定了国际组织需要一方承担的责任。

联合国国际法委员会(International Law Commission of the United Nations, ILC)特别报告员 Giorgio Gaja 教授关于国际组织责任的第二份报告指出,在国际组织承诺履行某项义务,而该项义务依靠成员国的行为来实现时,如果成员国未按照预期的方式行为,违反了该项义务,那么国际组织应该承担责任。⑤ 报告中也指出,国际组织的成员国应该完成国际组织参与的国际协议中的义务,未完成上述承诺履行的义务将会导致国际组织承担责任,成员国也需承担相应的责任。即使成员国自身不是该协议的缔约方,此规则也适用。

国际法庭在对上述问题的处理方式也支持了这种观点。法庭审理的东南太平洋箭鱼种群养护和可持续捕捞争端案件的观点对于解决本问题也有一定帮助。该案是关于欧盟的成员国船舶与箭鱼养护有关的活动。尽管该案和解了,但是争端的各方还有法庭都没有意识到,该争端并不是在智利和欧盟之间,而是在智利和欧盟的成员国之间。

因此,如果国际组织缔结的一项捕捞协定中规定悬挂组织的成员国旗帜的船舶经授予执照可以进行捕捞活动,此时成员国是被期望确保悬挂其旗帜的船舶遵

---

① 原文注:Interpretation of the Agreement of 25 March 1951 between WHO and Egypt,ICJ Reports 1980,p. 73,at pp. 89 - 90(第 37 段).

② 原文注:Reparation for injuries suffered in the service of the United Nations,Advisory Opinion,ICJ Reports 1949,p. 174 at p. 179.

③ 原文注:Draft Articles on Responsibility of International Organizations with Commentaries,Report of the International Law Commission,Sixty-third session,26 April-3 June and 4 July-12 August 2011,A/66/10,p. 67.

④ 原文注:ILC,Draft Articles on Responsibility of International Organizations,General Commentary,para 5,ibid,p 68.

⑤ 原文注:Doc A/CN. 4/541. 6,2 April 2004,第 11 段.

守协定的条款：如果船旗国对船舶未行使有效管辖和控制，成员国和国际组织在国际法上都应该承担责任。

另外一个方式是基于可归责于组织的行为产生的国际组织的责任。《国际组织责任》条文草案的第6条规定，国际组织的机构或代理的行为可归责于国际组织。国际法庭对"代理"一词做了广义解释，例如包括"组织通过其行为的任何人"。① 该组织的规则，并不是唯一的标准，可能表明将组织的功能委托给组织的代理。② 这与同一行为可以归责于国际组织和其成员国的观点一致。③

在第6条规定的情形下，如果该成员国在扮演国际组织的代理时，国际组织成员国的行为可能归责于国际组织。在这种情况下，国际组织将会因为其成员国的行为而承担国际责任。在个案中，成员国是否是该国际组织的代理将是一个待解决的事实判定问题。

2. 结论

新西兰认为，如果国际组织缔结了一项捕捞协议，该协议规定悬挂国际组织的成员国旗帜的船舶经授权可以进入某水域捕捞，船旗国对于参与 IUU 捕捞活动的船舶未行使有效的管辖和控制，将会导致船旗国和国际组织承担国际法责任。

（四）关于沿岸国在保证共有种群以及有共同利益的种群长期可持续性管理问题上的权利和义务

第四个提交给法庭的问题是：沿岸国在保证共有种群以及有共同利益的种群，特别是小型远洋鱼类及金枪鱼类的可持续管理方面，享有何种权利，承担何种义务？

1. 适用的法律

（1）跨界鱼类和高度洄游鱼类养护和管理的合作义务

正如在回答第一个问题时所提到的，沿海国在专属经济区内享有以勘探和开发、养护和管理海床上覆水域和海床及其底土的自然资源为目的的主权权利。④《公约》的第61条、第62条规定了沿海国在海洋生物资源的养护和利用方面的权利和义务。在共有种群和高度洄游鱼群如金枪鱼的情形享有其他权利和义务。⑤

---

① 原文注：Reparation for injuries suffered in the service of the United Nations, Advisory Opinion, ICJ Reports 1949, p. 174 at p. 177.

② 原文注：ILC, Draft Articles on Responsibility of International Organizations with Commentaries, Commentary on Article 6, 第9段, Report of the International Law Commission, Sixty-third session, 26 April – 3 June and 4 July – 12 August 2011, A/66/10, p. 67, at p. 84.

③ 原文注：Ibid, Commentary Chapter Ⅱ, 第4段, at p. 81.

④ 原文注：《公约》第56条第1款。

⑤ 原文注：《公约》Annex Ⅰ定义了"高度洄游鱼"。

《公约》的第 63 条针对共有鱼群进行了规定,如果同一种群或有关联的鱼种的几个种群出现在两个或两个以上沿海国的专属经济区内,这些国家应直接或通过适当的分区域或区域组织,设法就必要措施达成协议,以便在不妨害本部分其他规定的情形下,协调并确保这些种群的养护和发展。同样的义务适用于沿海国和在邻接区域内捕捞这种种群的国家。①

《公约》第 64 条规定了高度洄游鱼种的问题,沿海国和其国民在区域内捕捞附件一所列的高度洄游鱼种的其他国家应直接或通过适当国际组织进行合作,以期确保在专属经济区以内和以外的整个区域内的这种鱼种的养护和促进最适度利用这种鱼种的目标。在没有适当的国际组织存在的区域内,沿海国和其国民在区域内捕捞这些鱼种的其他国家,应合作设立这种组织并参加其工作。②

第 63 条和第 64 条规定的合作义务在《1995 年联合国鱼群协定》中有较为详细的规定。根据该协定,沿海国和在毗邻公海区域捕捞共有鱼群公民的所属国必须合作,采取必要措施养护这些鱼群。③ 关于高度洄游鱼种,相关的国家必须合作以确保国家境内和以外区域鱼种的最适度利用为目标。④ 该协定中还规定了其他具体措施。

《公约》和《1995 年联合国鱼群协定》明确规定了沿海国和其他相关国家在共有鱼种和高度洄游鱼种的养护和管理方面合作的义务。这符合国际习惯法,特别是在环境方面合作的义务。国际法院在 Pulp Mills on the River Uruguay 案件中指出,合作的义务是"所有争议的共享资源的最重要问题"。⑤ 这样的合作在履行防止损害义务,包括履行防止对其他国家的环境损害义务是非常必要的。⑥

新西兰认为,合作义务中有几点因素对于待解决的问题是有关的。第一,合作的义务是实质的,不是形式的:"磋商和谈判必须是真挚的,本着善意的原则,不能仅仅是形式上的。"⑦第二,合作的义务要求参与者有共同的意愿来讨论问题,考虑互相的意见。⑧ 坚持己方意见不作任何修改,不是有意义的合作。⑨ 第三,在行为将会影响其他国家的利益时,合作的义务更加有必要,尤其是在涉及共享资

---

① 原文注:《公约》第 63 条第 2 款。

② 原文注:《公约》第 64 条第 1 款。

③ 原文注:《1995 年联合国鱼群协定》第 7 条第 1 款 a 项。

④ 原文注:《1995 联合国鱼群协定》第 7 条第 1 款 b 项。

⑤ 原文注:Pulp Mills on the River Uruguay(Argentina v. Uruguay),Judgment,ICJ Reports 2010,p. 14 at p. 51(第 81 段)。

⑥ 原文注:ibid,at p. 56(第 102 段)。

⑦ 原文注:Lac Lanoux Arbitration(France/Spain)(1957) 24 ILR,p. 101,at p. 119。

⑧ 原文注:Gabcikovo-Nagymaros Project(Hungary/Slovakia) Judgment,ICJ Reports,1997,p. 7 at p. 68(第 112 段)。

⑨ 原文注: North Sea Continental Shelf cases (Germany/Denmark; Germany/Netherlands),Judgment,ICJ Reports 1969,p. 3,at p. 47(第 85 段)。

源的利益问题上。①

（2）合作不影响沿海国主权权利

《1995 年联合国鱼群协定》规定，合作的义务"不能影响沿海国以勘探、开发、养护和管理其域内的海洋生物资源为目的的主权权利"。② 新西兰认为这包括三方面的法律后果。首先，合作的义务并不影响沿海国在其专属经济区内行使主权，采取尚未形成合作共识的养护和管理的措施。第二，合作措施必须与沿海国采纳的养护和管理措施相协调。第三，他们必须不能破坏沿海国采纳措施的有效性。

《1995 年联合国鱼群协定》的第 7 条第 2 款规定公海和国家管辖区域内的养护和管理措施影响应相互协调，以从整体上确保跨界鱼群和高度洄游鱼群的养护和管理。③ 对该种鱼群的养护和管理各方有协调合作的义务，④并在合理时间内努力达成一致协议。⑤

《1995 年联合国鱼群协定》强调各方养护和管理措施的协调性，同样也认可沿海国在其专属经济区内对海洋生物资源行使主权的重要性。缔约国必须确保采取的措施不破坏沿海国依据《公约》的第 61 条对此种鱼群采取的措施的有效性。⑥ 这确认了沿海国对其专属经济区内的海洋生物资源的主权的首要性。

（3）沿海国作为港口国的其他权利和义务

新西兰认为除了上述权利外，沿海国依据国际法在其内水和港口享有主权，可以对从事 IUU 捕捞活动的船舶行使港口国权利。粮农组织的《关于预防、阻止和消除非法、未报告以及无管束捕捞的国际行动计划》的第 52 段至 64 段、《负责任渔业行为准则》的第 8.3 条和《关于港口国预防、阻止与消除非法、未报告以及无管束捕鱼的措施协定》中都规定了港口国的这种控制权利。在《MCA 公约》中也有类似规定。⑦ 这种权利使沿海国可以拒绝参与 IUU 捕捞活动的船舶进入其管辖区内的港口。⑧ 在涉及跨界鱼群和高度洄游鱼群时，这种权利可适用于在临近专属经济区的公海捕捞，不过是在沿海国的港口登陆的情形。

2. 结论

新西兰认为沿海国有责任采取有效措施养护和管理其专属经济区内的海洋

---

① 原文注：Responsibility and Obligations of States Sponsoring Persons and Entities with respect to Activities in the Area，Advisory opinion，1 February 2011；ITLOS Case No. 17，at 147,148 和 150 段。

② 原文注：《联合国鱼群协定》第 7 条第 1 款。

③ 原文注：《联合国鱼群协定》第 7 条第 2 款。

④ 原文注：《联合国鱼群协定》第 7 条第 2 款。

⑤ 原文注：《联合国鱼群协定》第 7 条第 3 款。

⑥ 原文注：《联合国鱼群协定》第 7 条第 2 款 a 项。

⑦ 原文注：MCA 公约第 25－29 段。

⑧ 原文注：FAO Port State Measure Agreement 第 10 条。

生物资源,包括其他国家水域和公海也有此种鱼群的情形。这同样适用于跨界鱼群和高度洄游鱼群,例如金枪鱼的情形。在这种情况下,沿海国在有效养护和管理方面有义务与其他国家合作。合作的措施必须与沿海国采取的养护和管理措施相协调,不能破坏这些措施。当这种合作没有可能性时,沿海国依然有义务采取措施保护其管辖区域内的资源。未与其他国家在养护和管理措施方面达成协议不能成为未尽管理措施的理由。其他国家的不愿意合作不能够影响沿海国在其专属经济区对海洋生物资源采取的养护和管理措施。

总而言之,新西兰认为船旗国的义务——行使有效控制是来自于国际习惯法的原则,要求船旗国尽到应有的注意(due diligence),[①]履行该义务不仅是制定相应的法律规定,还包括其有效实施。新西兰认为,在区域渔业管理组织框架外单边采纳"黑名单"并伴随着贸易制裁与在区域渔业管理组织下统一对不遵守规定的船舶进行管制是不一样的,这样的措施产生的问题已经远远超出分区域渔业委员会请求咨询的问题的范围,因此法庭没必要具体列出"黑名单"这样的例子。[②]

二、日本的书面意见

关于分区域渔业委员会提出的四个问题的实质内容,日本认为只有第四个问题明确是针对小型中上层物种和金枪鱼,前三个问题没有这种限定,应该理解为前三个问题是针对所有鱼群,包括跨界鱼群和高度洄游鱼群。第二个问题没有明确 IUU 捕捞活动的水域,鉴于第一个问题明确限定在专属经济区,而第三个问题和第四个问题可以被推定也是如此,日本认为第二个问题也应限定在专属经济区水域内。

第一个问题涉及船旗国对于悬挂其旗帜的船舶在其他国家专属经济区从事 IUU 捕捞活动时船旗国的义务,问题中的"第三方国家"指代内容不清晰。[③] 日本认为根据《1995 年联合国鱼群协定》,如果船舶在其他国家专属经济区从事 IUU 捕捞跨界鱼群和高度洄游鱼群,船旗国应该建立法规通过行政、技术和社会事项对船舶进行管辖和控制。除了针对上述两种鱼群的义务外,船旗国也应该具有类似的义务。

第二个问题涉及的是船旗国在多大程度上对于悬挂其旗帜的船舶从事 IUU 捕捞活动的情形负责。日本回答该问题,限于船舶在其他国家专属经济区内水域的情形。日本认为船旗国对于悬挂该国旗帜的船舶在其他国家专属经济区从事 IUU 捕捞活动不负责任,只在其未履行《公约》的第 94 条行使管辖和控制的义务

---

① 参看原文第 2 页。
② 参看原文第 7－8 页。
③ 参看原文第 11 页。

时才有责任。根据《1995 年联合国鱼群协定》第 18 条这种管辖的行使是指建立法规以确保其国船舶不在他国专属经济区内从事 IUU 捕捞活动。根据《公约》的第 62 条第 4 款：“在专属经济区内捕鱼的其他国家的国民应遵守沿海国的法律和规章中所制定的养护措施和其他条款和条件。”船旗国负有上文提到的有效行使管辖和控制的义务，但对于其国民的行为不直接负责。①

日本认为第三个问题很难概括地回答，应该限定在某个具体公约的范围内。日本总体的观点是，船旗国不对其国民在其他国家专属经济区的违法行为负责，只要其已经履行了问题 1 和问题 2 提到的义务。在国际协议的框架内，即使依据国际协议，本不应该颁发给某船舶捕捞执照，但船旗国颁发了，船旗国对此也不应该负责。②

日本认为第四个问题与《公约》和《1995 年联合国鱼群协定》有关。《公约》的第 61 条、62 条、63 条、64 条和 73 条规定了沿海国在养护、管理和利用鱼群的义务。《1995 年联合国鱼群协定》的第 3 条、第 5 条至第 7 条细化了该种义务的规定。③

三、欧盟的书面意见

对于第一个问题，欧盟认为在公海上，船旗国对于从事 IUU 活动的船舶④具有管理和规制的义务。如果船舶在沿岸国的领水内从事 IUU 活动，船旗国仍然有义务对该船舶进行管理和控制，只要不影响沿岸国家的主权和其依据公约应承担的义务。在不影响沿岸国司法管辖权的情况下，船旗国还有针对从事 IUU 的船舶进行调查和诉讼的义务。在船舶从事 IUU 的情况下，船旗国也有与沿岸国家合作的义务。⑤

对于第二个问题，欧盟建议，如果从事 IUU 活动的船舶船旗国没有尽到管理IUU 活动的国际义务，可能面临被列入不合作国家名单中的责任，列入该名单的国家在贸易政策等方面将会受到直接影响。⑥

对于第三个问题，欧盟认为依据国际协议的框架，颁发了捕捞执照，沿岸国和缔约国的权利义务取决于该国际协议的具体内容。如果缺乏明确的责任规定，国际法上关于船旗国对船舶的管理等义务和责任适用于发生在第三方国家的专属

① 参看原文 13 - 14 页。
② 参看原文第 14 页。
③ 参看原文第 15 - 16 页。
④ 关于 IUU 活动的定义，参看原文第 9 - 12 页。
⑤ 参看原文第 16 - 17 页。
⑥ 参看原文第 18 - 23 页。

经济区内的情形。①

对于第四个问题,欧盟认为专属经济区内跨界鱼类和高度洄游鱼种保护等问题适用《公约》和《1995 年联合国鱼群协定》,各国也应履行良好合作的基本义务。②

总体上,欧盟认为各国由于缔结的国际公约不同,各自的权利义务因国而异。《公约》提供了最基本的国际合作法律框架,分区域渔业委员会的缔约国都是该公约的缔约国。国际上一部分国家是《1995 年联合国鱼群协定》的缔约国,分区域渔业委员会的某些国家也适用《1995 年联合国鱼群协定》。如果法庭决定以官方形式回复该咨询意见请求,应该特别注意考虑到不同国家的国际义务的差异性。

欧盟在 2014 年 3 月 13 日发表了第二轮意见:

欧盟认为在第一轮发表意见的过程中,部分国家意见③中涉及的问题和分区域渔业委员会的进一步请求④已经超出了最初咨询意见涉及的问题的范围,这些内容法庭都不应该受理。⑤

关于第一个问题,分区域渔业委员会认为无论沿岸国是否对 IUU 进行了制裁,船旗国都应该对 IUU 活动进行制裁。欧盟认为这会导致一事二罚的现象,或者引起罚金按比例支付的问题。在沿岸国已经制裁了 IUU 活动的情况下,船旗国没必要再进行额外的处罚,反之亦然。⑥

对于第二个和第三个问题,第一轮发表意见过程中,大多数国家认为船旗国只有在未尽勤勉义务时才有责任,从事 IUU 活动的船舶的责任不必然由船旗国承担。同理,国际组织仅在其自身未履行国际义务的情况下需要承担责任,悬挂其组织中国家旗帜的船舶从事 IUU 活动也不会必然使其承担责任。欧盟认为咨询意见中的第三个问题是在依据国际组织与沿岸国缔结的协议颁发了捕捞许可的情况下,该船舶从事违反沿岸国捕鱼法律的活动时,国际组织的责任问题,世界自然保护联盟(International Union for Conservation of Nature and Natural Resources)⑦的意见中详细分析了欧盟作为国际机构缔结协议的角色和主体适格性,以及欧盟和其成员国之间的内部组织的职能等问题是误解了第三个问题。

---

① 参看原文第 25 页 89 - 92 段。
② 参看原文第 26 - 27 页。
③ 例如新西兰在第一轮意见报告的第 15 - 16 页关于国籍、船舶受益所有人或者经营人的讨论。
④ 主要指 SRFC 报告的第 8 - 12、13、15、35 - 38 页。
⑤ 参看原文第 4 - 5 页。
⑥ 参看原文第 5 页第 21 - 23 段。
⑦ 也称为 World Conservation Union,常简称为 IUCNNR,原文简称为 IUCN,参看原文第 6 - 7 页第 25、27 段。

《渔业合作协定》①是纯粹的欧盟协定，而非一方是欧盟各成员国和欧盟，一方是沿岸国的情形。世界自然保护联盟关于此的讨论与咨询意见请求中的问题不相关。②

第四节 西非渔事咨询案法庭对 IUU 捕鱼行为国际法责任的意见分析

法庭在认定对本案具有咨询管辖权后，于 2015 年 4 月 2 日以全体成员方式对本案的四个问题发表了咨询意见。这四个问题主要涉及船旗国、相关国际组织对非法（Illegal）、未报告（Unreported）以及无管束（Unregulated）的捕鱼行为应承担何种义务和责任。通过法庭对这四个问题的咨询意见可以看出，船旗国和相关国际组织对 IUU 捕鱼行为应承担勤勉义务。

一、法庭对四个问题的咨询意见

对 SRFC 提出的四个咨询问题，法庭发表了如下的咨询意见。

对于第一个问题，法庭一致认为：船旗国有义务采取必要措施，包括采取强制措施，保证悬挂其旗帜的船舶，遵守分区域渔业委员会成员国为管理和养护其专属经济区内的海洋生物资源而颁布的法律、规章。前述的义务属于勤勉的义务。③

对于第二问题，法庭以 18 票赞成 2 票反对发表如下咨询意见（COT 法官，LUCKY 法官反对）：船旗国对于悬挂其旗帜的船舶在分区域渔业委员会成员国的专属经济区之内，因为非法、未报告以及无管束的捕鱼行为而违反沿岸国的法律、规章，船旗国对这种不当行为不承担责任，因为，船舶违反法律或规章的行为本质上不能归咎于船旗国。

倘悬挂其旗帜的船舶正在分区域渔业委员会成员国的专属经济区内从事非法、未报告以及无管束的捕鱼行为，而船旗国对此没有尽勤勉义务，则船旗国应当承担责任。倘船旗国为了防止悬挂其旗帜的船舶在分区域渔业委员会委员国专属经济区内从事非法、未报告以及无管束的捕鱼行为，已采取了必要、合适的措施，从而履行了勤勉义务，则该国免于承担责任。④

---

① Fisheries and Partnership Agreements，关于该类协定的介绍参看 http://ec. europa. eu/fisheries/cfp/international/agreements/index_en. htm.

② 参看原文第 6 - 7 页。

③ ITLOS/Press 227，para. 3. Available at https://www.itlos. org/fileadmin/itlos/documents/press_releases_english/PR_227_EN. pdf（2015 - 7 - 22）.

④ ITLOS/Press 227，para. 4.

对于第三个问题,法庭一致认为:国际组织唯有在因为违反基于渔业准入协定所产生的义务时,才承担责任,而不对单纯的成员国的行为负责。然而,倘若国际组织没有履行其应尽的勤勉义务,分区域渔业委员会的成员国,可以就悬挂该国际组织成员国旗帜的船舶,在分区域渔业委员会成员国专属经济区内,与双方渔业准入协议框架内有关的捕鱼行为违反分区域渔业委员会法律、规章的情势,要求该国际组织承担责任。^①

对第四个问题,法庭以 19 票赞成 1 票反对发表如下咨询意见(Ndiaye 法官反对票):依照《公约》规定(第 61 条、第 63 条、第 64 条),当共有种群处在分区域渔业委员会专属经济区时,该成员国有义务确保该种群的可持续管理。成员国的义务包括《公约》第 63 条第 1 款所规定的寻求一致的义务以及第 64 条第 1 款所规定的合作的义务。成员国的上述义务是一种"勤勉义务",要求相关国家之间,按照《公约》第 300 条的规定,善意进行协商。协商必须是具有实际意义的,所有相关国家必须以合作达成必要管理措施,促进共有种群的养护和发展的目的,进行实质性努力。

二、专属经济区内船旗国的勤勉义务

根据《公约》相关规定,沿岸国对其专属经济区内生物资源的保护和管理负主要责任。^②《公约》第 94 条虽然规定了船旗国义务,但主要涉及确保船舶适航、安全航行和可接受的劳工标准。《公约》并未明确规定当悬挂一国旗帜的船舶违反沿岸国法律和规章时,船旗国是否要对该违法行为负责或承担某种义务?一些国际公约虽然明确规定了船旗国的义务,比如 1995 年《联合国鱼类种群协定》,但是很多的船旗国都不是这些公约的缔约国。因此本案的意义在于在《公约》的框架下明确船旗国的相关义务。

咨询意见的结论认为船旗国有义务采取必要的措施"确保"(ensure)悬挂其旗帜和具有其国籍的船舶不从事 IUU 捕鱼行为。^③ 这种"确保"是一种勤勉义务,这在 2011 年海底争端分庭对第 17 号案发表的咨询意见中已有所体现。这意味着船旗国仅是一种达到特定标准的注意义务,而不是达到某种结果(比如消除 IUU 捕鱼行为)的义务。^④ 船旗国对涉及 IUU 捕鱼的国际不法行为承担的责任和船舶不遵守沿岸国法律规章造成损害而产生的国际责任有着本质差异,后者并不需要船旗国承担责任。笔者根据《公约》相关规定,将船旗国的勤勉义务概括为以下内容:

① ITLOS/Press 227,para.5.
② 参见《联合国海洋法公约》第 56 条第 1 款 a 项,第 73 条第 1 款,第 61 条和第 62 条。
③ Advisory Opinion on Case No.21,para.124.
④ Advisory Opinion on Case No.21,para.129.

（1）采取强制措施确保悬挂其旗帜的船舶遵守沿岸国（SRFC 成员国）法律和规章；

（2）采取必要措施确保悬挂其旗帜的船舶未经授权不在沿岸国（SRFC 成员国）专属经济区内捕鱼；

（3）采取措施确保悬挂其旗帜的船舶遵守沿岸国（SRFC 成员国）采取的海洋环境的保护和保全措施；

（4）合理登记船舶；

（5）采取有效机制监督确保悬挂其旗帜的船舶遵守船旗国法律和规章，并对悬挂其旗帜的船舶有效地行使行政、技术及社会事项上的管辖和控制；

（6）当沿岸国（SRFC 成员国）将在其专属经济区进行 IUU 捕鱼行为的事实通知船旗国时，船旗国接到通知后，应对这一事项进行调查，并于适当时采取任何必要行动，以补救这种情况。①

此外，法庭也希望就单独的捕鱼行为还是重复性的此类行为是否会构成船旗国违反"勤勉"义务的问题发表了意见。法庭认为如果未采取所需的必要和恰当措施履行"勤勉"义务，确保悬挂其国旗的船舶不在 SRFC 成员国的专属经济区进行 IUU 捕鱼行为，则船旗国违反了"勤勉"的义务。至于船舶在 SRFC 成员国的专属经济区内进行 IUU 捕鱼行为的频率与船旗国是否违反"勤勉"义务没有关系。②

三、相关国际组织的勤勉义务

第三个问题涉及向船舶签发捕鱼许可证的国际组织，对持有其所签发的捕鱼许可证在沿岸国专属经济区从事的 IUU 捕鱼行为应当承担何种义务和责任。实际上 SRFC 提出这一问题主要针对的国际组织是欧盟。

欧盟已同佛得角共和国、几内亚比绍共和国、毛里塔尼亚伊斯兰共和国和塞内加尔共和国签署了渔业准入协定。2014 年 1 月 1 日，欧盟开始实施新的《共同渔业政策》之后，这些欧盟签署的渔业准入协定被称为"可持续渔业伙伴关系协定"（Sustainable Fisheries Partnership Agreements，SFPAs）。欧盟因过去在外国专属经济区的过度捕捞饱受指责，过度捕捞同时也侵害了沿海国依据《公约》享有的剩余权。但是发展中国家由于条件限制难以对本国依《公约》享有的剩余权进行准确的评估。为了解决这一问题，欧盟"可持续渔业伙伴关系协定"旨在为沿海国的渔业资源保留最大的可持续发展空间。在"可持续渔业伙伴关系协定"之下，一项重要的变化是欧盟缩减了渔业行业准入的财政补偿，加大了渔业行业内

---

① 参见《联合国海洋法公约》第 58 条、第 62 条、第 94 条、第 192 条和第 193 条。

② Advisory Opinion on Case No. 21. para. 150.

的财政支持。欧盟对渔业财政支持的主要方面是帮助第三国(比如 SRFC)建设渔业可持续发展的设施,包括建立科研机构、促进相关方洽谈、控制和监督设施运行等。这种财政支持在评估"勤勉义务"时,应被认为是为沿海国渔业管理政策的实施作出了积极贡献,尽到了国际组织的勤勉义务。

本案中法庭意见认为,欧盟根据渔场准入协议在 SRFC 成员国专属经济区运营的捕鱼船的活动,根据这些协议,受到该国渔业法律法规管辖。在这点上,法庭指出欧盟在口头诉讼中做出的声明"捕鱼行为需要根据沿岸国法律进行授权和执行,随着与欧盟达成协议""这些协议要求欧盟'采取恰当措施确保其传播遵守协议和渔业管辖立法'"以及"在该基础上,EU 将调查所谓的欧盟船舶的违反行为,并在必要时根据协议内容和勤勉义务采取额外措施"。①

法庭坚持认为当国际组织履行专属渔业管辖权过程中与 SRFC 成员国达成准入协议,允许悬挂其成员国国旗的船舶进入该国专属经济区捕鱼时,船旗国的义务变成了国际组织的义务。国际组织,作为与 SRFC 成员国达成渔场准入协议的缔约方,必须确保悬挂成员国国旗的船舶遵守 SRFC 成员国的渔业法律法规并且在该国的专属经济区不进行 IUU 捕鱼行为。② 根据《公约》附录九第 6 条第 2 款,SRFC 成员国可以要求国际组织或其成员国提供关于对具体事项负责的信息。国际组织和成员国必须提供信息。若未在合理时间内提供或提供矛盾信息将导致国际组织和相关成员对损害承担连带责任。

---

① Advisory Opinion on Case No. 21,para. 171.
② Advisory Opinion on Case No. 21,para. 172.

第四章
西非渔事咨询案对中国的启示

在分析了西非渔事咨询案的程序问题和实体问题之后,本章将探讨西非渔事咨询案对中国的启示作用。本章将从中国管辖海域 IUU 捕鱼行为的现状与原因入手,探析西非渔事咨询案对中国相关国际法与国内法的启示作用。

第一节　中国 IUU 捕鱼现状与原因分析

一、日趋衰减的渔业资源

IUU 捕鱼造成我国渔业资源的衰减。仅以南海为例,南海总面积 350 万平方公里,90%以上被陆地包围,是一个半封闭的陆缘海域。海域范围内不规则地分布着西沙群岛、南沙群岛、东沙群岛、中沙群岛。南海纵跨 24 个纬度,形成兼具热带和亚热带地区特征的海洋生态系统。南海海域内存在大量的红树林、海草床、珊瑚礁等亚生态系,为南海鱼类生存繁殖提供了非常好的环境。南海的海洋地理特征及其生态系统决定了南海渔业资源的生物多样性。

从经济地理角度来看,越南、柬埔寨、泰国、马来西亚、新加坡、印度尼西亚、菲律宾、中国大陆和中国台湾分布在南海周边。相关国家和地区均有重视渔业经济开发的传统。自 20 世纪中后期以来,南海周边国家和地区先后进入经济发展上升阶段。经济发展对渔业资源的需求和不断扩大的捕捞能力为南海渔业资源带来了不小的影响。20 世纪 80 年代,南海渔业资源出现了迅速萎缩的迹象,而且这种资源萎缩的状况一直延续至今。目前,整个南海海域除中沙群岛和南沙群岛附近部分渔场部分海域还有丰富的渔业资源外,其余海域(包括南海北部大陆架渔场、北部湾渔场、西沙海域渔场、南沙海域多数渔场)传统渔场的渔业资源数量和质量相较 20 世纪中叶都呈现大幅度下降状态,而且部分海域渔业资源品种已经趋于枯竭。①

20 世纪 80 年代以来,南海海域渔业资源枯竭的态势已有目共睹。尽管周边

---

① 鞠海龙.南海渔业资源衰减相关问题研究[J].东南亚研究,2012(6):51-52.

国家和地区已意识到问题的严重性,并且采取了一些措施以延缓渔业资源枯竭的趋势,然而由于南海主权和海域管辖权争议等问题的存在,南海海域渔业资源的现状仍不是很乐观。以南海渔业资源消耗最为严重的南海北部大陆架渔场和北部湾渔场为例,南海北部大陆架渔场由于捕捞渔船数量过多且长期以来集中在近岸海域作业等原因,区域内渔业资源开发多年来一直呈现捕捞强度过大的状况。中越北部湾划界之后,传统渔场渔业资源海域污染日趋严重,近海底层渔业资源呈现日趋枯竭的趋势,捕捞效益大幅度下降。

据专家估算,北部湾渔业资源产量约为 140 万吨,可持续捕捞产量每年 70 万吨。[①] 然而,随着捕捞强度的加大和捕捞工具的不断改善以及捕捞渔船数量不断增加,北部湾渔场的实际捕捞量已经远远超过了渔场自然生态恢复所能承受的程度。20 世纪 90 年代以来,北部湾渔场的渔业资源密度已经由全湾密度的 1.3 吨/km² 下降到 2000 年之后的 1.0 吨/km²,呈现出渔业资源快速衰竭的态势。[②]

二、中国 IUU 捕鱼的原因分析

(一)追求捕捞成本的降低

我国在打击 IUU 捕鱼的过程中发现,许多从事 IUU 捕捞行为的渔船存在证件不全、手续不全的问题。我国渔船从事捕捞行为需要取得《渔业船舶检验证书》《渔业船舶登记证书》《渔业捕捞许可证》和《渔业船舶国籍证书》等。取得这些证书需要履行一系列的办证手续,渔民为了降低办证成本和尽快取得捕捞收益,会在手续不全的情况下从事捕捞行为。这暴露出了我国船舶监管制度不完善和办理许可证、执照等证件的程序过于烦琐的弊端。因此,加强船舶监管制度和简化办证程序势在必行。

(二)提高渔获收益

我国渔业法对从事捕捞作业的单位和个人关于作业类型、场所、时限、渔具数量和捕捞限额做出了规定,必须按照许可证上的规定进行捕捞行为,严格遵守国家保护渔业资源的相关规定。为了渔业资源的可持续健康发展、渔业资源的利用最大化,国家还根据捕捞量低于渔业资源增长量的原则,确定渔业资源的总可捕捞量,实行捕捞限额制度。无论是禁渔区、禁渔期、配额设定,还是船具限制和渔获量限制等管制措施都对捕捞收益有着至关重要的影响。不仅如此,国家还对渔民渔获物收益制定了一系列的税收制度。在会计学中,利润＝收入－支出－费

① 梁思奇,蒋桂斌.我国北部湾渔业资源衰退明显[N].中国海洋报,2006(6):3.
② 联合国粮食与农业组织水产与养殖部.世界渔业和水产养殖状况 2010[Z].罗马:联合国粮食与农业组织:35.

用。各种限制减少了渔民收入,增加了支出和费用,使得渔民的利润减少,降低了渔民的渔获收益。为了提高收益,渔民不顾渔业相关法律法规,做出了禁渔期捕鱼、使用限制渔具等一系列过度捕捞的违法行为。

(三) 对 IUU 捕鱼的处罚力度小

国家依法对 IUU 捕鱼进行处罚是管控 IUU 捕鱼的一种有效手段。处罚力度间接代表着国家打击 IUU 捕鱼的决心。较轻的处罚,可能不会达到彻底打击 IUU 捕鱼的目的。在我国,目前针对非法捕捞行为处罚较轻,不足以产生足够的威慑作用。根据我国 1998 年发布的《渔业行政处罚规定》,IUU 捕鱼行政处罚分为以下几类:(1) 罚款;(2) 没收渔获物、违法所得、渔具;(3) 暂扣、吊销捕捞许可证等;(4) 法律、法规规定的其他处罚。执法实践中的处罚额度远低于违法船舶捕捞所得。同时罚款数额较少使渔民为其违法行为支付的代价变得更低。即使严重到吊销许可证、执照,在我国只要符合某些条件,又可以重新取得。因此,增加违法船舶的违法成本,才能从根本上解决 IUU 捕鱼问题。[①]

第二节 西非渔事咨询案对中国的国际法启示

中国是一个拥有较长海岸线的国家。积极地保护海洋权益是在中国逐步成为世界强国的道路上所遵循的重要战略目标。目前,我国海洋安全依然受到严重威胁,海洋权益仍面对着不法侵害的事实。其重点表现在:(1) 对我国岛屿的侵略,例如钓鱼岛和南海海域的岛屿皆包括在内。(2) 海洋划界问题仍存在争议,海域管辖权被分割。在我国东海、黄海、南海海域与邻国的划界问题上仍存在界限不明的争端,此外邻国的单方面宣布专属经济区与大陆架划界成为我国海域管辖范围被缩小的主要原因。(3) 海洋资源(石油、天然气和渔业资源)被周边国家掠夺。(4) 海上航行作业受限。中国渔民曾多次在海上渔场作业时被其他国家政府无端拘留扣押。(5) 对于海洋环境的严重破坏,导致海洋资源受损。因此就上述海洋安全问题,西非渔业咨询方案从国际海洋法的角度给中国海洋治理带来了以下思考。

一、以法律方法弥补政治方法的弊端[②]

近年来,严峻的海洋形势导致我国海洋争端的数量不断上升,因此积极地做好准备利用海洋法法庭这一专门性的国际司法机构来解决海洋争端是当前必须研究和考虑的问题。作为和平解决国际争端的方法之一,政治方法存在着一定的

---

① 戴瑛,李新宇. 我国规制 IUU 捕捞的措施分析[J]. 中国渔业经济,2016(3):42.

② 张丽娜,王崇敏. 国际海洋法法庭咨询管辖权及其对中国的启示[J]. 学习与探索,2013(12):82 - 86.

弊端,与法律方法相比,政治方法中的第三方机构对国际法的理解缺乏经验,同时在专业水平上也与海洋法法庭这样的专门性国际司法机构有很大的差距。此外,从执行力来看,政治方法解决国际争端达成的协议也缺乏法律上的拘束力,导致很多争端的解决停留"协议"上而非"执行"上。基于以上的分析,长期采用政治方法来解决这些双方都不肯轻易退让的海洋争端的做法是不妥当的。以积极的态度接受海洋法法庭的管辖是弥补政治方法不足的需要。

长期以来,包括我国在内的亚洲国家一直不习惯利用法律方法来解决海洋争端,在这一问题上,我国一贯坚持,任何国家之间的争端应当在互相尊重主权和领土完整以及平等的基础上协商解决,而不是由第三方机构介入裁决。近年来,这一传统观念慢慢地被打破。在第三次联合国海洋法会议上,正是由于发展中国家的积极提议,海洋法法庭才得以产生,海洋法法庭不会像国际法院一样被西方国家的法官所垄断并作出不公正的判决。相反,从海洋法法庭成立以来处理的20个案件来看,绝大多数国家对其在国际社会发挥的作用持肯定的态度。与其他国际司法机构相比,海洋法法庭在解决海洋争端时具有以下优势:第一,更具专业性。海洋法法庭对法官的要求比起其他国际司法机构更高,每位法官都是海洋法领域的权威,这种专业性会使案件的审判结果更加合理。第二,高效率。海洋法法庭在处理案件时更注重效率和公正的统一,一般都会在较短的时间内审结案件。

可以预见的是,从未来国家之间海洋纠纷解决方式的发展模式来看,政治方法和法律方法结合、多种国际司法机构并存的模式无疑是大势所趋。从长远来看,我国拒绝接受国际海洋法法庭的咨询管辖虽然在法律上有据,但并不利于争端的和平解决。

二、运用法律方法解决海洋争端的对策建议

从不同的立场出发,国际社会的不同主体对咨询意见的效力有着不同的看法。在理论上,咨询意见确实没有拘束力,但在事实上它具有同判决一样的司法权威和调整国家行为的作用。[①] 另外,被提交国际海洋法法庭的咨询事项,日后也有可能递交法庭加以判决,从这个角度来看,法庭就此问题进行判决时不可能忽视以前所做的咨询意见,更不可能做出与咨询意见相悖的判决。因此,国际海洋法法庭的咨询管辖权具有重要意义,中国应积极采取应对措施。

(一)在咨询案件中积极表达中国对国际海洋法规则的立场

根据国际海洋法法庭咨询程序,任何一个咨询意见的请求都会通知所有缔约

---

① 刘芳雄.国际法院咨询管辖权研究[M].杭州:浙江大学出版社,2008:21.

国,并且缔约国有权对请求咨询问题提出书面意见,表达自己的观点、见解和主张。中国作为《公约》的缔约国有权利参与咨询程序并发表陈述意见,中国必须高度重视所有咨询意见的请求,及时表达对相关海洋法律问题的见解和主张。一般来讲,咨询请求中的法律问题要么是公约本身没有明确规定的,要么是规定得比较含糊易产生争议的。因此,各国都会从本国利益的角度出发表达对此问题的看法,此种表达如果理由充分、符合法理,有可能被法庭采信或影响法庭咨询意见的最终作出。

对于法庭有关咨询管辖程序和事项的参与,也是中国利用法庭咨询管辖权的必然途径,所谓"实践出真知",既然现阶段由于各种原因,中国一时间还只能是在一定程度上参加有关事项,那么将这一程度最大化,尽可能加强参与力度就显得十分必要。在对待法庭第 21 号案(西非渔事咨询案)的态度上,中国是坚决反对其可能对南海划界带来的影响的,并且认为法庭本身并无管辖权,这一点也体现在刘结一在第 68 届联大上的发言中,即中国不承认海洋法法庭自身具有自身管辖权,认为有关条约并未将该权限赋予法庭全庭,并希望法庭以其工作的合法性和权威性为念,充分考虑各方的态度,对法庭第 21 号案做出审慎的处理。站在中国的立场上,这些观点无可厚非,但这同时也说明了研究和参与的重要性,只有深入地研究、参与了,才能更好地运用。当然,这种反对的表态,也是参与的一种形式。

(二)密切关注和研究周边国家对法庭咨询管辖权的立场

目前,中国与邻国的海洋权益争端问题层出不穷,这必然涉及各国之间国际法和海洋法的规范和适用,而国家的"法律问题"是属于国际海洋法法庭的咨询管辖权管辖范围内的。

1. 法庭咨询管辖权的行使是否需要当事各方的一致同意

海洋法法庭行使咨询管辖权并不需要争端当事方的一致同意。这一点不同于国联时期常设法院的咨询管辖权。在国联时期,行政院如果就有关国联会员国之间的争端申请法院发表咨询意见,必须先确保得到所涉国家的同意,或者至少要保证各争端国不会反对参加咨询案件的审理。但联合国国际法院成立后,这种"国家同意原则"已被搁置,国际法院行使咨询管辖权并不需要当事国的一致同意。国际海洋法法庭在行使咨询管辖权时沿袭了国际法院的做法。《法庭规则》规定,法庭能够提供咨询意见的请求限于"法律问题",其他并不要求。所以,当中国周边国家向海洋法法庭提出咨询意见的请求时,如果法庭认为该请求是为了解决两个或两个以上当事方悬而未决的法律问题,即使中国不同意,法庭也具有咨询管辖权,可就此作出咨询意见。

2. 中国周边国家如何向国际海洋法法庭提出咨询管辖申请

国际海洋法法庭发表咨询意见是因为存在与《公约》目的相符的国际协定,且该协定规定了向法庭提交发表咨询意见的请求。从该规定我们可以做出如下推断：这种专门协定既可以是双边协议，也可以是多边协定。如果这类协定中规定将南海有关法律争议提请法庭作出咨询意见，法庭便有了行使咨询管辖权的依据，咨询管辖的申请便会得到受理。另外，从咨询管辖的历史案例看，利益相关方在咨询请求案中可以被视为"一方"，即被视为一个整体。如果南海周边国家共同就解决南海争端中的法律问题提出咨询请求，它们有可能会因为诉求相同，被视为当事"一方"，而中国则被视为当事"另一方"。在这种情形下，中国应对该咨询请求的压力会无形增加。

同时，在应对上述问题时我们必须明确，在国际海洋法法庭中可请求咨询的问题必须是"法律问题"，这一规定与国际法院咨询管辖权的规定相同。从国际法院的实践看，大会和安理会及其他有权申请咨询意见的主体都没有对"法律问题"做出过分析，但是，任何时候，在这些机关讨论有关申请咨询意见的建议时，支持方总会提到该事项本身或某些方面是法律问题或者体现了法律争议；而在反对提出咨询申请的场合，反对方常常会质疑有关问题的法律性质或者对是否存在法律争议提出质疑。[①] 国际法院的这种实践对中国处理周边国家提出的咨询请求案具有启发意义。

（三）适当利用国际海洋法法庭的咨询管辖权[②]

当海洋争端出现之时，中国一贯采取"谈判"的方式。这一方式被《联合国宪章》列为和平解决国际争端的方法之首。因此，中国以该方式来解决海洋争端，不仅方式最为友好，而且为双方皆留有余地，同时又符合联合国宪章解决争端的宗旨。通常来说，仲裁等司法途径则是解决争端的最后方式。

面对海洋争端，中国应采取更加积极主动的方式和态度。从以往海洋争端的解决情况来看，一个愈演愈烈的问题值得思考，即单方面依靠谈判来解决争端无法全面解决双方的问题，以这一方式解决就必然会通过双方让步来达成一致意见，这在理论与实践中都是难以达成的。以南海争端为例，与北部湾划界争端单纯涉及划界问题相比，其所涉及的问题包括划界争端、主权争端、资源开发争端，甚至还包括军事层面上的争端等，问题极其复杂。而且，在解决南海争端的问题上，由于统一的国际标准和法律依据一直处于缺失状态，于是造成了争端各方从各自的立场出发采取对己方有利的措施的局面。这一现状也是中国对通过司法途径解决该争端有所顾虑的缘由。

然而，谈判已然不足以解决中国所面临的海洋争端是不争的事实，那么，在面对纷繁复杂的局面时，在坚持和平友好原则的前提下，是否可以考虑利用提请咨

---

① Repertory of Practice of United Nations Organs(Article 96)(1995—1996),para. 37.

② 参见：刘婧洋. 国际海洋法法庭咨询管辖权研究[D]. 海口：海南大学,2015.

询管辖这一"软"处理的方式来解决问题呢？法庭行使其咨询管辖权，是一个全面的接收和分析有关信息、整合有关各方观点，最终提出权威性咨询意见的过程。最终发表的咨询意见不具有法律拘束力，且不影响日后进一步解决问题，同时又被有关各方所认可并执行。这是一种比谈判的效力要高，又不会达到判决的那种硬性高度的方式。对于中国所面临的局势，可以说是一种最好的选择，同时也是表达中国立场和态度的一种途径。既然已经签署并承认了《公约》的效力，就应充分利用公约的规定来解决争端和维护己方利益，而不能只是一味地规避可能出现的风险。至于如何利用法庭咨询管辖权解决中国海洋争端，我们完全可以尝试从争端的某一方面入手，先就分歧最小的一个问题提请咨询，这既有利于争端的逐步解决，也可从中总结经验，以期更好地解决更多的问题。

国际海洋法法庭的咨询管辖权在性质上不同于司法管辖权。中国在黄海、东海和南海等海域长期与周边国家存在海洋争端，而中国一直希望通过直接谈判或外交方法解决此类争端，但收效甚微。所以，在谈判无效、外交方法无法解决的情况下，通过某些途径向国际海洋法法庭提出"相关法律问题"的咨询请求也应该是可以考虑的争端解决方法。因为咨询管辖属于非司法性质，这也符合中国一贯主张的采用非司法途径解决国际争端的立场。另外，国际社会已经逐渐认识到更多利用咨询管辖权的必要性。

法庭咨询管辖权的行使推动着海洋法的发展，海洋法则直接影响着中国的和平发展。

法庭行使咨询管辖权的精华部分在于最终发表的咨询意见，以首例全体咨询案为例，其咨询意见在深入分析各方面立场的前提下，明确对沿海国、船旗国和相关国际组织的法律责任和义务做出了解释。这体现出法庭行使咨询管辖权能够直接对具体的海洋法律问题进行细致、深入的说明，能够弥补《公约》泛泛之处，直接影响具体海洋争端的解决。

法庭咨询意见的非拘束性和权威性，使其成为和平解决海洋争端方法中较为具有规范性的方法之一。中国一向坚持和平发展原则，坚定使用和平方法解决争端。法庭的咨询管辖权无疑有助于中国深入理解相关法律问题，更能够为中国和平解决海洋争端提供预期性的、解说性的具体意见，同时也避免了强制性程序可能带来的各种风险，有助于和平解决与中国有关的海洋争端，从而促进中国的和平发展。中国应掌握利用国际海洋法法庭咨询管辖权的方法。①

---

① 张丽娜，王崇敏.国际海洋法法庭咨询管辖权及其对中国的启示[J].学习与探索，2013(12)：82 - 86.

第三节　西非渔事咨询案对中国的国内法启示

一、加快渔业权制度的建设[①]

澳大利亚是在西非渔事咨询案中(第 21 号案)积极发表意见的国家之一。澳大利亚国内渔业管理制度值得中国借鉴。澳大利亚渔业管理的核心是捕捞权制度,其管理对象明确,便于渔业执法工作的展开。在澳大利亚,捕捞权是渔民开展捕捞活动的基础,一旦丧失捕捞权,便不能合法开展捕捞活动。在澳大利亚,捕捞权的取得、中止和撤销,捕捞权的登记和发证,捕捞权的拍卖和转让,都必须在渔业相关部门的监管之下,因此国家可以根据资源状况有效控制捕捞权的数量,避免因资源与捕捞能力的不平衡而导致的非法捕捞。2007 年通过的《中华人民共和国物权法》用益物权篇中设立了渔业权,从法律层面上确立了渔民的捕捞权,明确了渔业管理的执法对象,结束了我国渔业执法上分散、多头的局面。但是,我国在渔业权制度的建设刚刚起步,在渔业权登记时要特别注意有违规历史的渔民,加强渔业权发证的审批工作,维护渔业生产秩序。

二、运用经济杠杆来控制 IUU 捕捞

在整治 IUU 的捕捞行为的过程中,国家可以采取的手段不应局限于法律手段,同时也可以考虑从经济手段加以规制。通过运用经济学原理进行分析,我们可以就澳大利亚的渔民作业情况得出以下结论,即其进行渔业生产所得的利润＝(1－税率)(总收益－总成本)＋补贴－违规罚款。这个结论告诉我们,要想提高渔民生产作业的合法收入总值,可以从降低税率、降低其总成本、提高总收益、提高补贴额度等手段来实现。而对于进行 IUU 捕捞的渔民,则需对其增大处罚力度,通过提高处罚额度来增加其进行 IUU 捕捞的总体成本,限制其非法行为,从而达到减少 IUU 捕捞的目的。在现阶段,我国在渔业税收方面的法律法规尚不健全,对捕捞渔业资源税的收取还未有明文规定,主要通过收费的形式来保证国家渔业资源的有偿使用和公共服务的提供等。因此当各种收费项目增加渔民捕捞的成本而对其总体收益造成威胁时,IUU 捕捞则会随之增长。这样来看,减少渔民捕捞成本,降低其负担,调整渔业收费政策和标准,给予遵纪守法的渔民和渔业公司一定的奖励补贴,减少合法捕捞者的生产作业成本对于减少 IUU 都将起到促进作用。

---

① 袁华,唐建业,黄硕琳.澳大利亚控制 IUU 捕捞的国家措施及其对我国渔业管理的启示[J].上海海洋大学学报,2008,17(3):361－366.

此外,在各项渔业管理的规制管理措施实施的过程中,最基础的需要仍是渔民的积极参与配合。这些措施能否顺利实施与渔民是否积极配合有着密不可分的关系。如果渔民能够在这些措施实施过程中做到互相监督,按照要求和规定进行合法作业,那么这些措施的实施就是极其必要和有效的。例如澳大利亚鼓励渔民拍摄海上可疑渔船的照片并交给渔业管理部门,渔民这样做,一方面保护了其自身的合法权益,另一方面会获得渔业管理部门的奖励。这样看来,将遵守法律法规的捕捞的典范树立在大众眼前,给予那些提供违法捕捞行为有效证据的守法渔民合理的奖励,以实现渔民对于渔业捕捞治理的认同和配合,从而有效规制IUU捕捞行为。

三、建立健全非法捕捞的法律责任制度

自 20 世纪 80 年代中期以来,随着我国远洋渔业的不断发展,涉外渔业案件也随之层出不穷。因违反沿海国法律法规进行捕捞作业的我国渔船,在其被沿海国按照当地法律法规进行处罚后,还被要求由中国政府对其进行二次处罚。按国际法一般原则,渔船在外国领海、专属经济区、群岛国的群岛水域等国家管辖范围内的海域,受沿海国的管辖,也受船旗国的管辖,即受沿海国的属地和船旗国的属人双重管辖。[①] 我国《渔业法》第 23 条 3 款规定,到他国管辖水域从事捕捞作业的应遵守中华人民共和国缔结的或者参加的有关条约、协定和有关国家的法律,但是在法律责任章节中没有对处理此类案件适用法律法规的冲突提供适合的冲突适用规范,缺乏相对应的法律责任和处罚规定。此外,由于各地区的发展状况不同,其经济发展水平参差不齐,对于非法捕捞的处罚力度也因此会受到这些因素的影响与限制,不同地区对于非法捕捞的处罚力度存在一定的差异。例如从2001 年起浙江省共立案查处北太平洋非法捕捞案件 80 余起,涉案金额超过 2 000 万元,而我国其他地区的该项数据就乏善可陈了。因此,我国应尽快努力完善与海洋渔业相关的法律法规和各项渔业管理制度,提高立法的严谨性、技术性和有效性,让规制管理能够落到实处,为处理好涉外渔业案件提供有力的依据,树立我国法律的威严,维护我国的权益和渔业大国形象。

四、完善渔业许可制度

我国现行的渔业许可制度包括渔业船舶许可制度、渔业捕捞许可制度、渔业养殖许可制度和渔业经营许可制度四大类,其中渔业经营许可制度中的水上渔获物收购许可,不利于对限额捕捞的鱼种实施管理。因为,当渔民取得水上渔获物的收购许可时,随之等同于允许其转运和接收货物,这样一来渔民便可以将其非

---

① 韩立新,宣行,刘东铖. 对我国远洋渔船行政处罚问题研究[J]. 中国海商法年刊,2007(17):59 - 69.

法捕捞的或超过额定数量的渔获物通过转运的方式转交给拥有该许可的人员,从而让渔获物的合法转移上岸。此外,对于渔船的捕捞许可更注重于专门用于捕捞的机动捕捞渔船,而对于那些小型机动和非机动的捕捞渔船尚未普遍实行事先许可制度,而这些渔船恰恰是 IUU 捕捞当中无管束的捕捞"大部队"。综上,我国更应对渔业许可制度进行进一步的建设与完善,进一步规范渔民的捕捞行为,减少 IUU 捕捞的数量从而促进合法捕捞。

五、加强对非法捕鱼的监管

我国与邻国还未对各自的专属经济区做出清晰的划界,渔业活动主要还是通过渔业协定来进行协调和管理。在我国涉外渔业案件层出不穷的原因主要可以归咎于国家相关部门对于渔船的监管还存在一定的漏洞和问题。因此,在我国与邻国的协定水域或者管辖范围内应要求大型渔船配备 VMMS 装置,以便国家对管辖范围内的渔船作业活动情况进行监管。其次就派遣观察员随船的费用而言,虽然对于小规模作业的渔船目前仍是个难以解决的问题,但可以尝试以邻国之间就在协定水域内作业的大型渔业船舶通过互派观察员的形式进行监督和管制,以此来规范其捕鱼行为和对渔获物进行管理,从而避免违法捕捞等不法行为的发生。同时,我国也应该对渔获物的捕捞上岸进行进一步的管制,避免渔获物随意上岸,可以采用奖励机制来对到指定渔港卸货的渔民进行奖励和补贴,从而加强港口的监管作用,促进港口制度的建立。

六、细化举证责任的分配

我国《渔业法》的立法目的主要是为了合法地开发和利用资源,对于渔业资源本身的环境功能没有给予足够的重视。[①] 因此对资源的保护必须体现预防性为主的原则。国际社会呼吁各国采取对捕捞种渔业的预防性做法。[②] 其中对举证责任以及证据标准的问题提出,除非证明捕捞目标种的行为对环境是无害的,否则就被推定为是有害的,为此捕鱼行为者需要承担一定的举证责任。由于查处渔业违法案件的特殊性,执法部门必须收集到确凿的证据才可对渔船进行处罚,因而许多违法案件因证据不足而不能立案,影响国家维护正常的渔业生产秩序。在举证责任的分配上,要求捕鱼者适当承担证明自己的行为属于合法行为的责任,包括合法取得捕捞许可证、在指定区域从事渔业生产和捕捞指定的品种等行为,从而使得从业者时刻注意自己的行为,避免违规操作的发生。[③]

---

① 吕忠梅,高利红,余耀军.环境资源法[M].北京:科学出版社,2004:2,184.

② FAO. Precautionary approach to capture fisheries and species introductions[R]. FAO, 1996:6-7.

③ 袁华,唐建业,黄硕琳.澳大利亚控制 IUU 捕捞的国家措施及其对我国渔业管理的启示[J].上海海洋大学学报,2008,17(3):361-366.

第五章
国际海洋法法庭的咨询意见①

国际海洋法法庭

2015 年 4 月 2 日

> 案例列表：第 21 号案件

分区域渔业委员会（SRFC）咨询意见请求
（向法庭所提交之咨询意见请求）
咨询意见

咨询意见

出席的有：YANAI 主席，HOFFMANN 副主席，NELSON，CHANDRASEKHARA RAO，AKL，WOLFRUM，NDIAYE，JESUS，COT，LUCKY，PAWLAK，TÜRK，KATEKA，GAO，BOUGUETAIA，GOLITSYN，PAIK，KELLY 法官；GAUTIER 书记总长。

根据分区域渔业委员会提交给法庭的请求，由上述人员组成的国际海洋法法庭给出了下列咨询意见：

第一节　序　言

请求

1. 分区域渔业委员会（以下称为"SRFC"）的常务总长，根据由 2013 年 3 月 27 日和 28 日举行的 SRFC 部长会议第十四次会议上采纳的决议，通过落款日期

---

① 《国际海洋法法庭咨询意见》英文版原文参见：https://www.itlos.org/fileadmin/itlos/documents/cases/case_no.21/advisory_opinion_published/2015_21-advop-E.pdf(2015 年 5 月 31 日访问)。

为 2013 年 3 月 27 日的信函,向法庭请求咨询意见,法庭秘书处在 2013 年 3 月 28 日通过电子方式,接收了该信函。在 2013 年 4 月 2 日,秘书处将信函和决议的原件存档。

2. SRFC 部长会议所采取的决议的内容:

部长会议第十四次会议于 2013 年 3 月 27 日和 28 日在塞内加尔首都达喀尔召开,并根据《关于分区域渔业委员会成员国的海岸带渔业资源准入和开发定义的公约》(《MAC 公约》)第 33 条的规定授权常务总长寻求(国际海洋法法庭的)咨询意见。

SRFC 部长会议鉴于以下理由:

考虑到联合国公约于 1982 年 12 月 10 日在蒙特哥湾签署《联合国海洋法公约》;

重申了他们支持联合国粮农组织负责任渔业行为准则所规定的原则和标准的承诺;

呼吁他们致力于实施联合国粮农组织于 2001 年采纳的为预防、阻止和消除非法、未报告以及无管束捕鱼行为的决定;

考虑到 1985 年 3 月 29 日关于 SRFC 的建立的公约,该公约在 1993 年的修改中,为了成员国各国全体居民的福祉,重点对关于加强成员国间的合作的条款进行了修改;

考虑到 1993 年 7 月 14 日《关于分区域渔业委员会成员国的海岸带渔业资源准入和开发定义的公约》(《MAC 公约》),对次区域成员国渔业政策和立法的协调一致,起到关键性作用;

根据国际法,希望对 1993 年 7 月 14 日公约自它被采用以来的技术性的和法律性的变化进行调整,尤其对可信赖渔业条款的定义,对为使渔业资源得到合理管理的生态系统方法的使用,以及对抵制非法、未报告以及无管束捕鱼行为作出调整;

考虑到 2012 年 6 月 8 日签署并于 2012 年 9 月 16 日生效的有关分区域渔业委员会成员国管辖海域海洋资源准入与开发最低条件定义的公约(CMAC),以及该公约对《MAC 公约》的肯定与回顾;

考虑到 2012 年 6 月 8 日 CMAC 第 33 条(国际海洋法法庭咨询意见的获取)的规定:分区域渔业委员会的部长会议应授权分区域渔业委员会的常务总长,来获得国际海洋法法庭就特定法律事项的咨询意见;

考虑到《国际海洋法法庭规约》第 20 条和《国际海洋法法庭规则》第 138 条。

鉴于以上理由,SRFC 部长会议作出决定:

根据 CMAC 第 33 条的规定,授权分区域渔业委员会的常务总长根据《国际海洋法法庭规则》第 138 条规定获得国际海洋法法庭关于下列事项的咨询意见:

（1）当非法（Illegal）、未报告（Unreported）以及无管束（Unregulated）捕鱼行为（IUU 捕鱼行为）发生在第三国的专属经济区内时，船旗国应承担何种义务？

（2）当船舶悬挂一国旗帜进行非法、未报告以及无管束的捕鱼行为时，船旗国应在何种范围内承担责任？

（3）当船旗国或国际机构在国际协议的框架下，向船舶签发捕鱼许可，船旗国或国际机构是否应对捕鱼船舶违反沿岸国法律的行为承担责任？

（4）沿岸国在保证共有种群以及有共同利益的种群，特别是小型远洋鱼类及金枪鱼类的可持续管理方面，享有何种权利，承担何种义务？

（签署）
阁下 Moussa CONDE
几内亚共和国渔业和水产养殖部长
分区域渔业委员会部长会议办公室主席
（签署）
阁下 Adalberto VIEIRA
佛得角共和国海洋资源国务秘书
（签署）
阁下 Axi GYE
冈比亚共和国渔业、水资源和国民议会部长
（签署）
阁下 Jose BIAI
几内亚比绍共和国经济和区域一体化部长
（签署）
阁下 Aghdhefna Ould EYIH
毛里塔尼亚伊斯兰共和国渔业和海洋经济部长
（签署）
阁下 Papa DIOUF
塞内加尔共和国渔业和海洋事务部长
（签署）
阁下 Charles ROGERS
塞拉利昂共和国渔业和海洋资源副部长

3. 在 2013 年 3 月 27 日的来信中，SRFC 的常务总长说明了 SRFC 部长会议已经授权他，根据《国际海洋法法庭规则》（以下简称"《法庭规则》"）第 138 条和《国际海洋法法庭规约》（以下简称"《法庭规约》"）第 20 条，向国际海洋法法庭提交咨询意见请求。在 2013 年 4 月 9 日的来信中,SRFC 常务总长纠正其为规约的第 21 条。

4. 在 2013 年 3 月 27 日的来信中,SRFC 常务总长通知国际海洋法法庭,任命渔业政策和永久立法协调部门负责人 Diénaba Bèye Traorén 女士为 SRFC 的代表,出席该程序。

5. 在 2013 年 3 月 28 日,该请求被命名为"由分区域渔业委员会提交的咨询意见请求",作为 21 号案进入案件列表。

程序列表

6. 在落款日期为 2013 年 3 月 28 日的信件中,书记官长通知 SRFC 常务总长,秘书处已在 2013 年 3 月 28 日将请求存档,并将它列为案件列表的第 21 号案。在该信件中,书记官长根据《法庭规则》第 131 条,请求 SRFC 常务总长尽可能地将所有文件发送给国际海洋法法庭,以阐明包含于请求中的问题。在该信件中,书记官长也请求 SRFC 的常务总长将请求中所提到的文件发送给国际海洋法法庭。

7. 在 2013 年 4 月 4 日的信件中,书记官长根据 1997 年 12 月 18 日的《联合国与国际海洋法法庭合作关系协定》,将请求通知了联合国秘书长。

8. 在 2013 年 4 月 8 日的普通照会中,书记官长根据《法庭规则》第 133 条第 1 款的规定,将该请求通知了《联合国海洋法公约》所有缔约国(以下简称"缔约国")。

9. 在 2013 年 4 月 9 日的信件中,SRFC 常务总长向国际海洋法法庭提交了支持请求的文件。在 2013 年 4 月 18 日和 5 月 23 日的信件中,SRFC 常务总长提交了其他的文件。法庭官方网站公布了所有这些文件。

10. 根据《法庭规则》第 133 条第 2 款的规定,国际海洋法法庭在 2013 年 5 月 24 日的指令中决定:"SRFC 和列于该指令附件中的政府间组织,可以提供关于提交给国际海洋法法庭申请咨询意见问题的信息。"因此,国际海洋法法庭根据《法庭规则》第 133 条第 3 款的规定,邀请缔约国、SRFC 和上面提到的政府间组织,提供关于这些问题的书面陈述,并将 2013 年 11 月 29 日定为向国际海洋法法庭提供书面陈述的最后期限。

11. 在 2013 年 5 月 24 日的指令中,国际海洋法法庭根据《法庭规则》第 133 条第 4 款的规定,决定将进行口头审理。已将该指令通知给成员国、SRFC 和该指令附件中所列的政府间组织。

12. 在 2013 年 11 月 28 日,秘书处收到了美国的书面陈述,但美国不是《联合国海洋法公约》(以下简称《公约》)的成员国。

13. 在 2013 年 11 月 29 日寄给书记官长的信件中,世界自然基金会(以下简称"WWF")请求允许其作为法庭之友,向法庭递交关于程序的陈述。陈述复印件附在信件当中。

14. 在 2013 年 12 月 3 日的信件中,书记官长将美国提交书面陈述一事通知已经提交书面陈述的缔约国、SRFC 和政府间组织,告知他们美国的书面陈述将在法庭官方网站上公布,但会在有关此案文档的其他版面进行公布。在接下来的一段时期,国际海洋法法庭将对美国陈述的地位进行界定。在 2013 年 12 月 4 日的信件中,书记官长将同样的信息通知给了美国。

15. 上面提到的 2013 年 12 月 3 日的信件,将世界自然基金会提交陈述一事通知给了已经提交书面陈述的缔约国、SRFC 和政府间组织。应国际海洋法法庭主席的要求,书记官长在 2013 年 12 月 4 日的信件中通知世界自然基金会,因其所提交的陈述不符合《法庭规则》第 133 条的规定,将不会包含在案件文档中。然而,世界自然基金会的陈述将发送给已经提交书面陈述的缔约国、SRFC 和政府间组织,并且会在法庭官方网站上公布,但会在有关此案文档的其他版面进行公布。

16. 在 2013 年 12 月 3 日的指令中,国际海洋法法庭主席根据提交的请求和《法庭规则》第 133 条第 3 款的规定,将提交书面陈述的最后期限延长至 2013 年 12 月 19 日。该指令已通知给了缔约国、SRFC 和 2013 年 5 月 24 日指令附件所列的政府间组织。

17. 在国际海洋法法庭主席规定的期限内,下列的 22 个缔约方提交了书面陈述:沙特阿拉伯、德国、新西兰、中国、索马里、爱尔兰、密克罗尼西亚联邦、澳大利亚、日本、葡萄牙、智利、阿根廷、英国、泰国、荷兰、欧盟、古巴、法国、西班牙、黑山共和国、瑞士和斯里兰卡。在上述期限内,SRFC 和下列 6 个组织也提交了书面陈述:论坛渔业局、国际自然及自然资源保护联盟(以下简称"自然保护联盟")、加勒比区域渔业机制、联合国、联合国粮食与农业组织(以下简称"粮农组织")和中美洲渔业和水产养殖组织。

18. 在 2013 年 12 月 3 日的信件中,书记官长根据《法庭规则》第 133 条第 3 款的规定,将所有书面陈述复印件送递给了已提交书面陈述的缔约国、SRFC 和政府间组织。

19. 根据《法庭规则》第 134 条的规定,所有的书面陈述在法庭官方网站上向公众公开。

20. 在 2013 年 12 月 20 日的指令中,国际海洋法法庭主席根据《法庭规则》第 133 条第 3 款的规定决定,已提出书面陈述的缔约国、SRFC 和政府间组织可提交书面陈述,并且将 2014 年 3 月 14 日定为向国际海洋法法庭提交这些陈述的最后期限,同时将该指令通知给了已提交陈述的缔约国、SRFC 和政府间组织。

21. 在 2014 年 3 月 14 日的期限内,另外 5 个缔约国提交了书面陈述,它们分别是欧盟、荷兰、新西兰、泰国和英国。并且在上述期限内,SRFC 也提交了一份书面陈述。

22. 在 2014 年 3 月 20 日的信件中,书记官长根据《法庭规则》第 133 条第 3 款的规定,将这些增加的书面陈述递送给了已提交书面陈述的缔约国、SRFC 和政府间组织。另外,根据《法庭规则》第 134 条的规定,在法庭官方网站上将这些陈述向公众公开。

23. 在 2014 年 3 月 14 日的信件中,WWF 请求国际海洋法法庭允许其作为法庭之友,进一步提交关于程序的陈述。该陈述复印件附在上面的信件中。在 2014 年 3 月 20 日的信件中,书记官长应国际海洋法法庭主席的要求,通知 WWF 因其提交的声明不符合《法庭规则》第 133 条的规定,将不会包括在案件文档中,但会将其陈述声明通知给已提出书面陈述的缔约国、SRFC 和政府间组织,并且会在法庭官方网站上进行公布,但会在有关此案文档的其他版面进行公布。在 2014 年 3 月 20 日的信件中,书记官长将上述信息传递给了已提出书面声明的缔约国、SRFC 和政府间组织。

24. 2014 年 4 月 1 日,国际海洋法法庭决定美国提出的陈述应被视为案件文档的一部分,并且应该在法庭官方网站上公布,但会在有关此案文档的其他板块公布,板块题为"1995 年跨界鱼类种群协定的缔约国"。在 2014 年 4 月 2 日的信件中,书记官长将该信息通知了美国,在 2014 年 4 月 7 日的信件中,将该信息通知了已提交书面陈述的缔约国、SRFC 和政府间组织。

25. 在 2014 年 4 月 14 日的指令中,国际海洋法法庭主席根据《法庭规则》第 133 条第 4 款的规定,将 2014 年 9 月 2 日定为口头审理的开始时间,并且邀请缔约国、SRFC 和 2013 年 5 月 24 日指令附件中所列的政府间组织参加该审理程序。2014 年 4 月 14 日的指令,也邀请上面所提到的缔约国、SRFC 和 2013 年 5 月 24 日指令附件所列的政府间组织,在 2014 年 8 月 5 日之前(包括该日)向书记官长表明他们在审理的过程中是否打算做口头声明。已将该声明通知给了缔约国、SRFC 和 2013 年 5 月 24 日附件所列的政府间组织。

26. 在上面所提到的时间限制内,10 个缔约国表达了他们参加口头审理的意愿,即阿根廷、澳大利亚、智利、欧盟、德国、密克罗尼西亚联邦、新西兰、西班牙、泰国和英国。在上面的时间限制内,SRFC、加勒比区域渔业机制和国际自然保护联盟也表达了他们参加口头审理的意愿。

27. 在 2014 年 6 月 23 日给书记官长的信件中,WWF 向法庭提交了一份请求,请求在案件的口头审理过程中作为法庭之友作出陈述。在 2014 年 6 月 24 日的信件中,书记官长通知 WWF,国际海洋法法庭主席根据《法庭规则》第 133 条和第 138 条的规定,决定不赋予其参加审理的资格。

28. 口头审理开始之前,在 2014 年 8 月 29 日和 9 月 1 日,国际海洋法法庭进行了初步的研究。

29. 国际海洋法法庭分别于 2014 年 9 月 2 日、3 日、4 日和 5 日举行了 4 次公开审理，并且按照下面的顺序听取了口头陈述：

SRFC：

Louseny Camara 先生，系几内亚共和国渔业和水产养殖部部长，分区域渔业委员会部长会议办公室主席；

Dienaba Beye Traore 女士，系 SRFC 政策和立法协调部门首长；

Papa Kebe 先生，远洋物种专家；

德国：

Martin Ney 先生，联邦外交部法律事务总监，法律顾问；

阿根廷：

Holger F. Martinsen 先生，系外交和宗教事务部法律顾问办公室副法律顾问；

澳大利亚：

William McFadyen Campbell QC，先生，系律师总署国际法办公室总法律顾问（国际法）；

Stephanie lerino 女士，系律师总署国际法办公室委托法律干事；

智利：

Eduardo Schott S. 先生，系智利驻汉堡总领事；

西班牙：

Jose Martin y Perez de Nanclares 先生，系外交事务与合作部国际法部门主任；

密克罗尼西亚联邦：

Clement Yow Mulalap，Esq. 先生，系在纽约的密克罗尼西亚联邦常驻联合国法律顾问；

新西兰：

Penelope Ridings 女士，外交事务与贸易部国际法律顾问；

大不列颠及北爱尔兰联合王国：

Michael Wood 先生，系英国律师协会成员和国际法委员会成员；

Nicola Smith 女士，系外交和联邦事务部助理法律顾问；

泰国：

Kriangsak Kittichaisaree 先生，系泰国贸易与经济部执行董事，国际法委员会成员；

欧盟：

Esa Paasivirta 先生，系欧洲委员会法律服务成员；

加勒比区域渔业机制：

Pierter Bekker 先生，英国邓迪大学自然资源法律、政策与管理研究院国际法教授；

国际自然保护联盟：

Cymie Payne 女士，系美国罗格斯大学卡姆登法学院和布斯坦计划与公共政策学院助理教授；

Nilufer Orai 女士，系土耳其伊斯坦布尔比尔基大学法学院教师；

Anastasia Telesetsky 女士，系爱达荷大学法学院自然资源和环境法副教授。

30. 庭审通过互联网进行直播。

31. 在 2014 年 9 月 2 日的庭审的过程中，Cot、Pawlak 和 Gao 法官根据《法庭规则》第 76 条第 3 款的规定，向 SRFC 提出了问题。随后，在 2014 年 9 月 2 日的信件，书记官长通过书面形式与 SRFC 就此问题进行了沟通。

32. 通过 2014 年 9 月 5 日的信件，SRFC 对法官提出的问题进行了书面答复。这些答复刊登在了法庭官方网站上。

33. 在 2014 年 9 月 9 日的信件中，书记官长邀请参加口头审理的缔约国和政府间组织在 2014 年 9 月 16 日之前对 SRFC 的书面答复提交评论。在 2014 年 9 月 16 日的信件中，接到了来自澳大利亚的评论。在 2014 年 9 月 19 日的信件中，书记官长将这些评论递送给了口头审理程序的参与者。

34. 在 2014 年 9 月 4 日的庭审中，欧盟主张，应"坚持国际海洋法法庭来处理"以修正"针对不合作第三国的特别措施的地位"和"援引的相关决定"这两方面的问题。秘书处在 2014 年 10 月 21 日接收到的 2014 年 10 月 20 日信件中，收到了欧盟递送的一些附加的文件。在这些文件中，欧盟主张这些文件之所以提交给法庭，"是为了使法庭得到相应的信息，这一观点已经在 2014 年 9 月 4 日欧盟发表的庭审意见中体现"。在 2014 年 10 月 23 日的信件中，书记官长邀请已参加该口头审理程序的缔约国、SRFC 和政府间组织在 2014 年 11 月 3 日前提交关于那些文件的评论。

35. 在 2014 年 11 月 3 日的电子通信中，SRFC 请求延长提交关于欧盟所递送的附加文件的评论的期限。在 2014 年 11 月 4 日的信件中，书记官长通知 SRFC，国际海洋法法庭主席已经同意将期限延长至 2014 年 11 月 5 日。相应地，该内容也通知给了参加口头审理的缔约国和政府间组织。在 2014 年 11 月 6 日的信件中，SRFC 提交了关于附加文件的评论，国际海洋法法庭主席决定并接受了该评论。在 2014 年 11 月 11 日的信件中，书记官长将这些评论递送给了口头审理程序的参与者。在 2014 年 11 月 13 日的信件中，书记官长应国际海洋法法庭主席的要求，通知 SRFC，国际海洋法法庭认为 2014 年 11 月 6 日信件中的评论在一定程度上，与 SRFC 在 2013 年 3 月 28 日提交的请求有关。

36. 根据《法庭规则》第 16 条第 2 款的规定,由于 2014 年 9 月 30 日结束任期的国际海洋法法庭主席 Yanni,继续主持该案件直至结束。根据《法庭规则》第 17 条的规定,于 2014 年 9 月 30 日结束任期的 Nelson 和 Turk 法官,已经出席了《法庭规则》第 68 条所指的会议,继续出席案件直至结束。

第二节　管辖权

37. 国际海洋法法庭将要首先考虑其是否具有给出 SRFC 所请求的咨询意见的管辖权。

38. 国际海洋法法庭希望提请注意《法庭规约》第 16 条、第 21 条和《法庭规则》第 138 条关于国际海洋法法庭提供咨询意见管辖权的规定。

《法庭规约》第 16 条规定:法庭应制定执行其职务的规则。法庭应特别订立关于其程序的规则。

《法庭规约》第 21 条规定:法庭的管辖权包括按照本公约向其提交的一切争端和申请,和将管辖权授予法庭的任何其他国际协定中具体规定的一切事项。

《法庭规则》第 138 条规定:

(1) 如果一个符合《公约》宗旨的国际协定特别规定了可以向国际海洋法法庭提交咨询意见申请,那么法庭可以对所提交的法律问题发表咨询意见。

(2) 请求咨询意见的申请应由符合该国际协定或经该国际协定授权的机构向法庭提起定。

(3) 法庭应适用修订后的《法庭规则》第 130 条至第 137 条。

39. 一些参与方认为国际海洋法法庭对咨询请求有管辖权,另一些参与方则认为国际海洋法法庭对咨询请求没有管辖权。法庭将进一步审查这些意见。

40. 反对国际海洋法法庭具有咨询管辖权的主要理由是,《公约》没有明示或默示地提及由国际海洋法法庭全体成员所提供的咨询意见。倘若国际海洋法法庭行使此类咨询管辖权,将构成对《公约》的僭越。

41. 反对者还认为,国际海洋法法庭没有暗含的权力使其作为一个独立授权者授予其自身本不具备的咨询管辖权。

42. 反对者认为,《法庭规则》第 138 条不能作为任何提供咨询意见管辖权的基础,因为《法庭规则》作为程序条款,不能优先于《公约》实体条款。

43. 反对者认为,《法庭规约》第 21 条旨在规定《公约》(尤其是《公约》第 288 条)赋予国际海洋法法庭诉讼管辖权。因此,《法庭规约》第 21 条的解释应与《公约》第 288 条第 2 款一致。《公约》第 288 条规定:国际海洋法法庭《法庭规约》第 287 条所指的法院或法庭,对于按照与本公约的目的有关的国际协定向其提出的有关该协议的解释或适用的任何争端,也应具有管辖权。

44.《公约》第 15 部分(争端的解决)的第 288 条明确规定了国际海洋法法庭的诉讼管辖权。因此,《法庭规约》第 21 条也应仅指诉讼管辖权。

为法庭诉讼管辖权提供了清晰与明示的条款,并且《法庭规约》21 条也是如此。

45. 反对者认为,假使《公约》的缔约国试图赋予国际海洋法法庭咨询管辖权,它们完全可以在《公约》中订立这样一个内容明确的条款,但事实上它们并未如此。

46. 反对者认为,《法庭规约》第 21 条规定的"事项"一词,即"其他任何协定赋予国际海洋法法庭管辖权的一切事项",是指诉讼案件。正如"事项"一词在《国际法院规约》第 36 条第 1 款和《国际常设法院规约》第 36 条中的用法一样。

47. 更有反对者认为,咨询请求根本不符合《法庭规则》第 138 条的实质性条件。

48. 另有一些参与方赞同国际海洋法法庭具有咨询管辖权。它们认为《法庭规约》第 21 条本身即构成法庭全体成员具有接受咨询意见请求资格的充分法律基础,尤其是当某一相关国际协定规定了法庭具有管辖权。没有任何理由认为《法庭规约》第 21 条"一切事项"不包含请求咨询意见。《法庭规约》第 21 条"一切事项"仅指"一切争端"且法庭的管辖权仅限于《公约》第 288 条第 2 款的观点不能被接受。《法庭规约》(包括第 21 条)是对《公约》第 288 条的补充。

49. 赞同者还认为,《法庭规约》第 21 条的目的是为了塑造法庭使其成为充满活力的机构,特别是给各国通过缔结双边或多边协定赋予法庭管辖权提供空间。

50. 赞同者指出,《法庭规则》第 138 条没有创造出一种新的管辖权,只是指明确了法庭行使管辖权的先决条件。

51. 赞同者认为,倘若《公约》的起草者意图通过《法庭规约》第 21 条将法庭的管辖权限制在诉讼管辖权,那么他们应当在《法庭规约》第 21 条明确使用"授权法庭诉讼管辖权"的表述。但《法庭规约》第 21 条事实上使用了"授权法庭管辖权"的表述。

52. 国际海洋法法庭希望首先澄清《公约》附件六与《公约》之间的关系。《公约》第 318 条明确规定各附件"为本公约的组成部分"。《法庭规约》第 1 条第 1 款规定:"国际海洋法法庭应按照《公约》和《法庭规约》的规定组建并履行职责。"鉴于以上规定,《法庭规约》与《公约》享有同等的地位。相应地,不应认为《法庭规约》第 21 条是《公约》第 288 条的附属条款,它有独立地位,不应被理解为从属于《公约》第 288 条。

53.《公约》和《法庭规约》都没有明确提及国际海洋法法庭的咨询管辖权。反对和赞同法庭咨询管辖权的双方将争议的焦点集中在了《法庭规约》第 21 条。

54.《法庭规约》第 21 条(在本意见第 38 段已引述)解决的问题是法庭的"管

辖权"。该条规定了法庭管辖权适用的三种情况：(1)根据《公约》提交给法庭的一切"争端"；(2)根据《公约》提交给法庭的一切"申请"；(3)根据其他协议授权法庭管辖的一切"事项"。

55．《法庭规约》第 21 条中的"争端"一词明确规定了法庭的诉讼管辖权。相似地，"申请"一词是指根据《公约》提交给法庭的诉讼案件的申请。这一点在《法庭规约》第 23 条中得以明确规定："法庭应按照《公约》第 293 条裁判一切争端和申请。"《公约》第 293 条规定在公约第 15 部分"争端的解决"。"申请"一词指诉讼案件申请也可以从《公约》第 292 条"船只或其船员迅速释放"和第 294 条"初步程序"中对"申请"一词的使用找到依据。

56．法庭管辖权的第三种情况引起了争议。"事项"一词不应仅指"争端"。如果真是这样的话，《法庭规约》第 21 条可以简单地使用"争端"一词。《法庭规约》第 21 条使用"事项"一词则意味着法庭管辖权不仅限于"争端"，还包括"按照其他任何协议授权提交法庭的管辖"咨询意见申请。

57．那种认为《法庭规约》第 21 条一切"事项"一词应该与《国际法院规约》和《常设国际法院规约》中"事项"一词具有相同含义的观点是站不住脚的。正如国际海洋法法庭在 MOX Plant 案的判决中提到的那样：

"鉴于各个条约在文本、目的以及缔约国实践中存在差异，适用国际法规则解释不同条约中相同或相似条款可能产生不同的解释结果。"①

58．法庭希望澄清，《法庭规约》第 21 条"根据其他协议授权法庭管辖的一切事项"的规定本身并不能确立法庭的咨询管辖权。根据《法庭规约》第 21 条，是"其他协议"授予了法庭咨询管辖权。当"其他协议"规定法庭享有咨询管辖权时，法庭依据《法庭规约》第 21 条"根据其他协议授权法庭管辖的一切事项"获得咨询管辖权。《法庭规约》第 21 条和"其他协议"紧密相连，共同构成了法庭咨询管辖权的实质法律基础。

59．那些认为《法庭规则》第 138 条确立了法庭的咨询管辖权，以及《法庭规则》第 138 条作为程序性条款不能作为法庭咨询管辖权基础的观点均有失偏颇。《法庭规则》第 138 条并未确立法庭的咨询管辖权，而只是确立了法庭行使咨询管辖权必须满足的先决条件。

60．法庭行使咨询管辖权的先决条件是：一个符合《公约》宗旨且特别规定了可以向国际海洋法法庭提交咨询意见申请的国际协定；咨询意见申请必须由符合该国际协定或经该国际协定授权的机构向法庭提起；并且咨询意见是针对"法律问题"。

---

① 参见 MOX Plant 案（爱尔兰诉英国），临时措施，2001 年 12 月 3 日法令，《2001 年国际海洋法法庭报告》第 95 页，第 106 页第 51 段。

61. 在本案中,《法庭规则》第 138 条规定的先决条件已经满足。

62. 法庭指出,在本案中《分区域渔业委员会成员国管辖下海域海洋资源准入与开发最低条件确定公约》(以下简称《MCA 公约》)是一个由 7 个国家缔结的国际协定。[①]《MCA 公约》第 33 条规定:"SRFC 部长会议可以授权 SRFC 的常务总长就特定的法律事项请求国际海洋法法庭发表咨询意见。"法庭进一步指出,SRFC 部长会议在第 14 届特别会议上通过了一项决议,决定根据《MCA 公约》第 33 条授权 SRFC 的常务总长向法庭请求咨询意见。SRFC 部长会议的这项授权决议文本已于 2013 年 3 月 27 日随 SRFC 常务总长信件提交法庭,并于 2013 年 3 月 28 日被秘书处接收。

63. 就像《MCA 公约》序言中所声明的,该公约的目的是为了《联合国海洋法公约》的实施,"尤其是为了实施号召签署区域和次区域在渔业区合作协定和其他相关的国际条约的条款",并且为了确保成员国的政策和立法,"为了当代和后代的利益,更有效地与在他们各自的管辖海域内寻求更好渔业资源开发的愿望达成一致"。《MCA 公约》就这样与《公约》的宗旨紧密相连。

64. 更进一步的问题是请求法庭发表咨询意见的事项在性质上是否属于法律问题。这些事项包括:

(1) 当非法(Illegal)、未报告(Unreported)以及无管束(Unregulated)捕鱼行为(IUU 捕鱼行为)发生在第三国的专属经济区内时,船旗国应承担何种义务?

(2) 当船舶悬挂一国旗帜进行非法、未报告以及无管束的捕鱼行为时,船旗国应在何种范围内承担责任?

(3) 当船旗国或国际机构在国际协议的框架下,向船舶签发捕鱼许可,船旗国或国际机构是否应对捕鱼船舶违反沿岸国法律的行为承担责任?

(4) 沿岸国在保证共有种群以及有共同利益的种群,特别是小型远洋鱼类及金枪鱼类的可持续管理方面,享有何种权利,承担何种义务?

65. 这些问题是依据法律框架提出的。为了回答这些问题,国际海洋法法庭需要解释《公约》和《MCA 公约》的相关条款以及国际法中的其他相关规则。正如国际海洋法法庭海底争端分庭("以下简称海底争端分庭")在其咨询意见中所述:

提交海底争端分庭的问题涉及《公约》的解释和提出一般国际法问题。海底争端分庭援引国际法院在相关判例中的表述:"问题'根据法律形成且提出了国际

---

① 《MCA 公约》英文全称是 The Convention on the Determination of the Minimal for the Access and Exploitation of Marine Resources within the Maritime Areas under Jurisdiction of the Member States of the Sub-Regional Fisheries Commission。《MCA 公约》是分区域渔业委员会成员国在 2012 年签订的公约,公约主要规定了成员国在 200 海里专属经济区内的捕鱼行为,同时包含了对非法、未报告以及无管束捕鱼行为的部分条款。(译者注)

法问题'……按照它们的性质依据法律回应这些问题才易于被接受。"①

66. 鉴于上述理由,国际海洋法法庭认为 SRFC 提出的问题具有法律性质。

67. 另一个问题是法庭的咨询管辖权可以扩展至何种事项。《法庭规约》第 21 条规定咨询管辖权扩展至"按照其他协议授权提交法庭管辖的一切事项"。法庭有必要评估 SRFC 提出的问题是否构成《MCA 公约》框架下的事项。

68. 法庭认为,与申请咨询意见的四个问题相关的活动均属于《MCA 公约》的调整范围。没有必要将这四个问题局限在《MCA 公约》特定条款的解释或适用上。只要这四个问题与《MCA 公约》的目的和原则具有 ICJ 咨询意见中所说的"实质性的联系"就足够了。② 在这一点上,没有理由对《法庭规约》第 21 条"其他协议授权提交法庭管辖的一切事项"进行严格解释。

69. 综上,国际海洋法法庭认为其对 SRFC 提交的请求具有管辖权。正如法庭在随后的咨询意见中提及的那样,法庭对于本案的管辖权仅限于 SRFC 成员国的专属经济区。

第三节　自由裁量权

70. 法庭现在考虑法庭的自由裁量权问题,据此确定是否就本案发表咨询意见。

71. 根据《法庭规则》③第 138 条规定:"法庭可以发表咨询意见",这一措辞应当解释为,法庭在具有管辖权的情况下,仍可以拒绝发表咨询意见。关于这个问题,(国际法院的)成案清楚表明,在原则上,除非有强制性的理由,法庭不应拒绝发表咨询意见。④ 当前的问题是,当前是否存在强制性的理由,致使法庭不应依分区域渔业委员会的请求发表咨询意见。

72. 有争论认为,虽然分区域渔业委员会所提的问题属于法律问题,但这些问题模糊(Vague)、笼统(General)、不确定(Unclear)。对于这一争议,法庭认为,就法庭发表咨询意见所需而言,这些问题已足够清晰。另外,"咨询意见应只针对

---

① 参见:Accordance with International Law of the Unilateral Declaration of Independence in Respect of Kosovo, Advisory Opinion, 22 July 2010, paragraph 25; Western Sahara, Advisory Opinion, ICJ Reports 1975, p. 12, at paragraph 15. 参见:Responsibilities and Obligations of States with Respect to Activities in the Area, Advisory Opinion, 1 February 2011, ITLOS Reports 2011, p. 10, at p. 25, para. 39.

② 有关 ICJ 咨询意见中实质性的联系,参见 Legality of the Use by a State of Nuclear Weapons in Armed Conflict, Advisory Opinion, ICJ Reports 1996, p. 66, at p. 77, para. 22。

③ 《国际海洋法法庭规则》(Rules of the International Tribunal for the Law of the Sea),简称《法庭规则》,该规则于 1997 年通过,2001 年与 2009 年曾两次修订。(译者注)

④ 参见国际法院"威胁使用或使用核武器案的合法性案"之咨询意见(Legality of the Threat or Use of Nuclear Weapons, Advisory Opinion, ICJ Reports 1996, P. 226 at p. 235, para. 14)。

法律问题做出,无论问题是抽象的法律问题还是具体的法律问题",这一点已清楚无疑义。①

73. 还有争论认为,即使本案中的四个问题可被视为法律问题,但分区域渔业委员会所寻求的,并非对现行法问题的答复,而是对未来法问题的答复,这一请求已经超出了法庭作为司法机关的职能范围。

74. 法庭并不认为分区域渔业委员会希望通过提交咨询请求,使法庭扮演立法性的角色。法庭同时希望澄清,它不希望在司法的职能范围之外扮演其他角色。

75. 有争论认为,在涉及第三国权利义务方面的事项时,倘没有第三国的同意,法庭不应该发表意见。但本案中有一点值得注意,本案并不涉及潜在争议,故在咨询程序中不涉及国家同意的问题。

76. 在这个方面,法庭希望澄清,在本案中非分区域渔业委员会成员国的同意与本案并不相关(参见"保加利亚、匈牙利与罗马尼亚和平条约解释案"咨询意见)。② 如该案的咨询意见一样,本案的咨询意见同样不具有拘束力,而且本案的咨询意见只针对分区域渔业委员会做出,"旨在为其应采取的行动提供向导。"③ 分区域渔业委员会的请求,目的在于对其自身可采取的行动寻求向导。

77. 法庭深切注意到,法庭所做的答复将对分区域渔业委员会的行动提供帮助,并为《公约》的施行作出贡献。④

78. 以上所述,法庭没有发现任何需要行使自由裁量权、做出不发表咨询意见决定的强制性理由。

79. 据此,法庭裁定,将依据分区域渔业委员会的请求发表咨询意见。

第四节　法律适用

80. 法庭接着将确定此咨询管辖所适用的法律。上文已经注意到,依据《法庭规则》第 138 条第 3 款的规定,"法庭在行使与咨询管辖有关的职能时,应灵活适用(Mutatis Mutandis)《法庭规则》第 130 条至第 137 条的规定。"这些条款确定

---

① 参见国际法院"接纳一国加入联合国会员条件案(《联合国宪章》第 4 条)"咨询意见(Conditions of Admission of a State to Membership in the United Nations (Article 4 of the Charter),Advisory Opinion,1948,ICJ Reports 1957—1948,P. 57,at P. 61.)。

② 参见保加利亚、匈牙利与罗马尼亚和平条约解释案(Interpretation of Peace Treaties with Bulgaria,Hungary and Romania,First Phase,Advisory Opinion,ICJ Reports 1950,P. 65,at P. 71.)。

③ Idbd。71.

④ 参见"关于国家在'区域'内活动的责任与义务案"咨询意见(Responsibility and Obligations of States in Respect to Activities in the Area,Advisory Opinion,1 February 2011,ITLOS Reports 2011,P. 10,at P. 24,para. 30)。

了海底争端分庭在行使咨询管辖相关职能时应适用的规则。

81.《法庭规则》第 130 条规定：

在行使与咨询管辖有关的职能时，海底争端分庭可适用本部分的规则，并以本部分规则为依据，适用其认为适当的，《法庭规约》[①]与《法庭规则》中适用于诉讼案件的相关规则。

82. 据此，法庭认为《法庭规约》第 23 条应当适用，第 23 条规定："法庭应依据(《公约》)第 293 条处理所有的争端与申请。"

83.《公约》第 293 条规定：

第 293 条

（1）根据本节具有管辖权的法院或法庭应适用本公约和其他与本公约不相抵触的国际法规则。

（2）如经当事各方同意，第 1 款并不妨害根据本节具有管辖权的法院或法庭按照公允和善良的原则对一项案件作出裁判的权力。

84. 据此，法庭认为，《公约》《MCA》公约以及其他与《公约》不相排斥的国际法规则构成本案适用的法律。

第五节 问题 Ⅰ

85. 向法庭提交的第一个问题是：

当非法、未报告以及无管束的捕鱼行为发生在第三国的专属经济区内时，船旗国应承担何种义务？

86. 在处理船旗国所应承担的义务之前，法庭希望考查一些基本问题。关于问题 1 的适用范围即"非法、未报告以及无管束的捕鱼行为……发生在第三国的专属经济区内"的含义，非法、未报告以及无管束的捕鱼行为的定义以及专属经济区内的海洋生物资源的管理与养护问题。

87. 根据《MCA 公约》第 1 条第 2 款和第 2 条第 11 款的规定，该公约"适用于分区域渔业委员会成员国管辖的海域"。因此，法庭认为第一个问题所涉及的地理范围仅仅指分区域渔业委员会成员国的专属经济区，而"非法、未报告以及无管束的捕鱼行为……发生在第三国的专属经济区内"是指在此类行为发生在分区域渔业委员会成员国的专属经济区内。

88. 法庭指出《MCA 公约》第 2 条第 9 款将"非成员国或第三国的渔船"定义为"运营渔船的船旗国不是分区域渔业委员会成员国"。因此，第一个问题中的

---

① 《国际海洋法法庭规约》(Statute of the International Tribunal for the Law of the Sea)，简称《法庭规约》。(译者注)

"船旗国"指的是非分区域渔业委员会成员国,所以《MCA 公约》强调关于非成员国的渔船在分区域渔业委员会成员国专属经济区内获取渔业资源的问题。

89. 法庭因此得出结论,第一个问题仅仅涉及悬挂国旗的船舶在分区域渔业委员会成员国的专属经济区内进行非法、未报告以及无管束的捕鱼行为时,非分区域渔业委员会成员国的船旗国的义务。这一问题并不涉及船旗国在公海等其他海域进行非法、未报告以及无管束的捕鱼行为时的义务。

90. 《MCA 公约》在第 2 条第 4 款中对"IUU Fishing"进行了定义,该条款规定如下:

非法、未报告以及无管束捕鱼行为或者说 IUU 捕鱼行为:

(1)"非法捕鱼"是指以下捕鱼行为:

本国或外国渔船未经某个国家同意或违反该国法律法规在该国管辖的海域进行的捕鱼行为;

悬挂相关区域性渔业管理组织成员国国旗的船舶违反该组织制定的管理和养护措施、违反该国承认的或适用的相关国际法律规定进行的捕鱼行为;

或违反本国法律或国际义务,包括违反相关区域性渔业管理组织的合作国家所要承担的义务进行的捕鱼行为。

(2)"未报告捕鱼"是指以下捕鱼行为:

在违反本国法律法规的情况下未向国家相关机构报告或虚假报告的捕鱼行为;

或在相关区域性渔业管理组织管辖的海域,违反该组织的报告程序未进行报告或虚假报告的捕鱼行为。

(3)"无管束捕鱼"是指以下捕鱼行为:

在相关区域性渔业管理组织管辖海域内无国籍船舶或悬挂非该组织成员国国旗的船舶或捕鱼实体未按照该组织的管理和养护措施进行的捕鱼行为;

或在没有适用管理和养护措施的鱼群海域进行的或违反国际法规定的保护海洋生物资源的国家责任进行的捕鱼行为。

91. 《MCA 公约》中附加的申请书中的"技术说明"解释说,《MCA 公约》被修订时,分区域渔业委员会成员国具体由 2001 年联合国粮食与农业组织(FAO)颁布的《预防、阻止与消除非法、未报告以及无管束捕捞的国际行动计划》(以下简称"IPOA - IUU")和《2009 年关于预防、阻止与消除非法、未报告以及无管束捕鱼行为的港口国措施协议》(以下简称《港口国措施协议》)指导。

92. 法庭指出,2012 年 6 月 8 日签订并于 2012 年 9 月 16 日生效的修订版《MCA 公约》在第 2 条第 4 款中逐字逐句地再现了已载于 IPOA - IUU 第 3 款中的非法、未报告以及无管束的捕鱼行为的定义。尽管依据 1995 年 FAO《负责任渔业行为守则》框架的内容拟定的 IPOA - IUU 是自愿性的,但是,正如该行为守则第 2(d) 条所设想的,应注意的是,非法、未报告以及无管束的捕鱼行为的定义随后就为《港口国措施协议》第 1(e) 条吸收和重申了。这一定义已经被纳入某些区域渔业管理组织的决议中(以下简称"RFMOs")、许多国家的国家立法和欧盟的法律中。

93. 法庭进一步指出,《MCA 公约》在第 31 条第 1 款中规定,非法、未报告以及无管束的捕鱼行为构成了"应该纳入成员国的国家立法中"的条款所列举的侵权行为。《MCA 公约》在第 25 条第 1 款进一步要求,"成员国应采取所有必要措施预防、阻止和消除非法、未报告以及无管束捕鱼行为。"

94. 从《MCA 公约》的上述条款得出,正如第 2 条第 4 款所定义的,非法、未报告以及无管束的捕鱼行为不仅是一种违反本公约的行为,而且是违反分区域渔业委员会成员国国家立法的行为。

95.《MCA 公约》第 2 条第 4 款中关于非法、未报告以及无管束的捕鱼行为的定义,对非分区域渔业委员会成员国的船旗国在《MCA 公约》适用海域内所承担的义务有重要影响。正如上文所述,该海域围绕分区域渔业委员会成员国专属经济区。

96. 关于《MCA 公约》第 2 条第 4.3 款中所指的"无管束捕鱼",法庭希望指出的是,根据《公约》,沿海国对其专属经济区内的生物资源采取养护和管理措施是强制性义务。《公约》第 61 条第 2 款规定沿海国"应通过适当的养护和管理措施,确保维持专属经济区内的生物资源不受过度开发的危害"。

97.《MCA 公约》第 9 条规定"在准许捕鱼船进入时,成员国应考虑其国家的管理和养护措施及政策"。从《MCA 公约》第 9 条得出,分区域渔业委员会成员国因此必须相应地具备关于渔业资源的国家管理和保护措施及政策。根据《MCA 公约》第 2 条第 5 款,养护和管理措施是指"旨在养护和管理海洋生物资源而采取和应用的且符合相关国际法规则包括符合公约现有规定的措施"。

98. 根据上述《MCA 公约》条款的规定,法庭认为应重申 M/V"Virginia G"案中得出的结论,即根据公约,相关行为可由行使主权的沿海国进行管制,目的在于养护和管理专属经济区的生物资源。法庭声明:

《公约》第 56 条对"养护"和"管理"术语的使用表明,从严格意义上来说,沿海国的权利远不止保护。事实上养护和管理涉及了各个不同方面,正如其标题一样,第 61 条重在保护问题,而第 62 条则针对管理和养护两方面。

法庭强调,根据《公约》,沿海国行使主权对专属经济区的生物资源进行勘探、开发、养护和管理,有权根据《公约》通过制定法律法规对外国渔船进入其专属经济区设定条款和条件(《公约》第 56 条第 1 款和第 62 条第 4 款)。根据《公约》第 62 条第 4 款,沿海国所制定的法律和规章必须符合本《公约》,且除其他外,还可能涉及《公约》中列出的事项。法庭指出,《公约》第 62 条第 4 款中列出的事项包含沿海国可以采取的若干措施。这些措施可以被认为是管理。法庭进一步指出，《公约》第 62 条第 4 款的措辞表明，该列出的事项是非穷尽的。（M/V "Virginia G"（巴拿马/几内亚比绍）案，2014 年 4 月 14 日判决，第 212 款和 213 款）

99. 关于前一条（即 98 条）提到的外国渔船进入沿海国专属经济区获取生物资源的问题，《MCA 公约》第 3 条第 1 款明确规定，非成员国的渔船进入分区域渔业委员会成员国管辖的海域获取盈余资源时必须通过"协议和其他协定"得到成员国授权。鉴于此，《MCA 公约》第 2 条第 6 款定义"渔船"包括"用于捕鱼或以捕鱼为目的的任何船舶，包括支援船、商船和任何其他直接参与捕鱼活动的船舶"，而该条第 8 款中规定"支援船"是指"为进行捕鱼活动的船只运送燃料和食物的船舶"。

100. 在 M/V "Virginia G"案中，法庭总结得出："从《公约》第 62 条第 4 款列出的事项显然可以看出，沿海国可以管制的所有活动必须直接与捕鱼有关。"（M/V "Virginia G"（巴拿马/几内亚比绍）案，2014 年 4 月 14 日判决，第 215 款）

101. 法庭现在以非法、未报告以及无管束的捕鱼行为的负面影响的视角，来讨论专属经济区内生物资源的养护和管理问题。

102. 正如其序言所述，《公约》的目标之一是建立"海洋法律秩序……促进"，尤其是"公平和有效利用资源、养护生物资源，以及研究、保护和维护海洋环境"。因此，沿海国根据《公约》规定为养护其专属经济区内生物资源和保护、维护专属经济区内的海洋环境而制定的法律法规构成了本《公约》设立的海洋法律秩序的一部分，因此其船舶在该经济区进行捕鱼行为的其他缔约国必须予以遵守。

103.《公约》第 55 条规定，专属经济区是领海以外并邻接领海的一个区域，受《公约》第五部分规定的特定法律制度的限制。"在这个制度下，沿海国的权利和管辖权以及其他国家的权利和自由均受本《公约》有关规定的支配。"

104. 根据《公约》，在专属经济区内养护和管理生物资源职责由沿海国承担，根据《公约》第 56 条第 1 款，这些国家在该区域拥有勘探、开发、养护和管理生物或非生物自然资源方面的主权。鉴于此，根据《公约》第 61 条第 1 和 2 款，沿海国被委以责任决定其专属经济区内生物资源的可捕量，并"通过适当的养护和管理措施，确保维持专属经济区内的生物资源不受过度开发的危害"。根据《公约》第 62 条第 2 款，在没有能力捕捞全部可捕量的情况下，沿海国需要通过协议或其他协定允许其他国家获取可捕量的剩余部分。根据《公约》第 62 条第 4 款，为了履行职责，沿海国需要制定必要的法律法规，包括执行程序，这些均必须与本《公约》一致。

105. 根据《公约》第 73 条第 1 款，为了确保关于养护和管理生物资源措施的法律法规被遵守，沿海国可采取包括登船、检查、逮捕和司法程序在内的措施。同时，沿海国有必要确保其制定的被遵守的法律法规符合《公约》。

106. 因此,根据《公约》规定的关于沿海国在专属经济区的专属权利和责任,采取必要措施预防、阻止及消除非法、未报告及无管束捕鱼行为的主要职责由沿海国来承担。

107. 《MCA公约》中也认可了沿海国的上述这一职责,并在《公约》第25条中指出,分区域渔业委员会成员国确保会应依据国际法的规定采取此类措施,并且要加强合作,抵制非法、未报告以及无管束的捕鱼行为。

108. 法庭希望强调的是,沿海国对于其专属经济区内非法、未报告以及无管束的捕鱼行为方面的主要职责并不能免除其他国家对此的义务。

109. 法庭现在将考查船旗国在分区域渔业委员会成员国专属经济区内所应承担的与这些区域内的生物资源有关的义务。这一问题将从两个方面来考虑:《公约》规定的各国关于养护和管理海洋生物资源的一般义务以及船旗国在沿海国专属经济区内的具体义务。

110. 法庭认为,《公约》中并未直接规定船旗国对非法、未报告以及无管束的捕鱼行为的责任问题。因此,这个问题由法庭根据《公约》规定的船旗国对海洋生物资源养护和管理的一般和具体义务来考查。

111. 《公约》规定了船旗国在《公约》管辖的所有海域,包括在沿海国的专属经济区内应履行的一般义务。这些一般义务具体规定在《公约》第91、92、94条以及第192和193条。同时,《公约》第58条第3款和第62条第4款规定了船旗国在沿海国专属经济区进行活动的具体义务,特别是关于船旗国的国民进行捕鱼活动方面的义务。

112. 法庭希望看到,《公约》设定的船旗国在养护和管理海洋生物资源方面的具体义务在沿海国和相关船旗国之间达成的渔场准入协议中得到进一步明确。法庭也看到,对此,《MCA公约》列载了获取和开发分区域渔业委员会成员国管辖的海洋区域内海洋资源的最低条件的具体规定。

113. 法庭指出,《MCA公约》条款要求,非成员国的渔船应获得相关分区域渔业委员会成员国签发的捕鱼许可证并且将所有捕获物运往签发捕鱼许可证的分区域渔业委员会成员国的港口。这些规定还要求在分区域渔业委员会成员国指定港口进行转运的渔船应在日志中填写捕获物声明,并且避免使用禁止的装置或设备。另外,《MCA公约》要求渔船在进入和离开分区域渔业委员会成员国管辖的海洋区域时发出通知并且接受分区域渔业委员会成员国的登船和检查。

114. 法庭进一步指出,分区域渔业委员会成员国之间达成的双边渔场准入协议规定了船旗国和悬挂其国旗的船舶的义务。该义务要求船旗国,尤其是要做到:确保其船舶遵守分区域渔业委员会成员国关于分区域渔业委员会成员国管辖海洋区域的法律法规以及相关的渔场准入协议;确保其船舶在可持续开发渔业资源的基础上进行负责任的捕鱼行为;而且,对于高度洄游鱼种,确保遵守《国际大西洋金枪鱼资源保护委员会》(以下简称"ICCAT")的措施和建议。船旗国的船舶被要求应拥有分区域渔业委员会成员国签发的有效的捕鱼授权;向分区域渔业委员会成员国递交关于捕获物的声明;向分区域渔业委员会成员国报告他们进入和离开海域的日期和时间;允许来自分区域渔业委员会成员国的官员登船检查和管控捕鱼行为;接纳分区域渔业委员会成员国任命的船舶观察员;配备卫星监控系统。另外,此类船舶在分区域渔业委员会成员国管辖的海域时被要求向这些成员国发送位置信息。

115.《公约》第 92 条规定,除了国际条约或《公约》明确规定的特例,船舶在公海受到船旗国专属管辖;根据第 58 条,只要不与《公约》第五部分相矛盾,这同样适用于专属经济区。

116.《公约》第 94 条第 1 款要求船旗国对悬挂其国旗帜的船舶在"行政、技术及社会问题"方面行使有效的管辖和管制。为了达到该目的,第 94 条第 2(b)款规定船旗国"根据国内法对悬挂其国旗的每艘船舶和其船长、职员和船员在船舶有关行政、技术和社会问题方面行使管辖权"。第 94 条第 2(a)、3 和 4 款规定,船旗国进行的管辖和管制应该包括,尤其应该包括,载列悬挂其国旗的船舶的名称和详细情况的登记册,并采取必要措施;保证航海安全并定期接受合格的船舶检验人的检查;保证每艘悬挂其国旗的船舶都由具备适当资格的船长和高级船员负责;并保证船员的资格和人数与船舶种类、大小、机械和装备都是相称的。

117. 法庭认为,既然《公约》第 94 条第 2 款以"特别是"开始,船旗国为确保在行政、技术和社会问题方面对悬挂其国旗的船舶进行管辖和管制而采取的一系列措施只是指示性的,而非穷尽的。

118. 而且,根据《公约》第 94 条第 6 款,一个国家如有明确理由相信对某一船舶未行使适当的管辖和管制,可将这项事实通知船旗国。后者(船旗国)接到通知后,有义务对这一事项进行调查,并于适当时采取任何必要措施以补救这种情况。法庭认为,船旗国有义务就所采取的措施向发出报告的国家进行通知。

119. 根据《公约》第 94 条的规定,就捕鱼行为而言,船旗国在履行其行政事务方面进行的有效管辖和管制的责任时,应该采取必要的行政措施,确保悬挂其国旗的渔船的活动不违反《公约》规定的关于船旗国在管理和养护海洋生物资源方面的责任。如果发生违法行为或者由其他国家汇报出现违法行为,船旗国有义务进行调查,并于适当时采取一切必要行动,以补救这种情况。

120.《公约》第 192 条规定了所有成员国保护和维护海洋环境的义务。《公约》第 193 条指出:"成员国有权根据其环境政策以及保护和维护海洋环境的职责开发其自然资源。"在南方蓝鳍金枪鱼案中,法庭认为"保护生物资源是保护和维护海洋环境的一个元素"。因为第 192 条适用于所有海洋区域,包括专属经济区周围的海域,所以船旗国有义务确保悬挂其国旗的船舶遵守沿海国为其专属经济区制定的有关生物资源保护的措施,正如法庭总结的,这些措施构成了保护和维护海洋环境的不可分割的元素。

121. 关于船旗国在沿海国专属经济区的具体义务,《公约》第 58 条第 3 款规定:在专属经济区行使其权利和履行职责……时,各个国家应尊重沿海国的权利和职责并且应遵守沿海国根据《公约》和本部分外的其他国际法制定的法律法规。

122.《公约》第 62 条 4 款进一步规定:"在专属经济区捕鱼的其他国家的国民应遵守沿海国的养护措施及其根据法律法规制定的其他条款。"

123. 法庭认为,《公约》第 62 条第 4 款规定,各国有义务确保其国民在沿海国专属经济区内从事捕鱼活动时应遵守沿海国的养护措施及其根据法律法规制定的其他条款。

124. 由《公约》第 58 条第 3 款和第 62 条第 4 款以及第 192 条得出,船旗国有义务采取必要措施确保其国民和悬挂其国旗的船舶不从事非法、未报告以及无管束的捕鱼行为。根据《MCA 公约》和分区域渔业委员会成员国的国家立法,此类活动构成违反这些国家为其专属经济区制定的管理和养护措施。换句话说,根据《公约》,尽管管理和养护专属经济区内生物资源的主要责任由沿海国来承担,这其中包括采取可能是必要的措施确保其对此类问题颁布的法律法规得到遵守,船旗国依然有责任确保悬挂其国旗的船舶不在分区域渔业委员会成员国的专属经济区内进行非法、未报告以及无管束的捕鱼行为。

125. 关于这点,法庭提请注意海底争端分庭在《担保国在担保个人和实体进行海底活动中的责任和义务》的咨询意见中的说明。尽管担保国和订约人之间的关系并不能完全与船旗国和悬挂其国旗在沿海国专属经济区从事捕鱼活动的船舶之间存在的关系相对应,法庭认为海底争端分庭关于"确保责任"的内涵以及"勤勉"义务的概念和第 129 条提到的"行为"义务之间的相互关系作出的阐明完全适用于本案。

126. 关于"确保责任"的内涵,海底争端分庭在其咨询意见中指出:

> "确保责任"是指基于国际法的担保国的义务。依据《公约》中规定的在海域进行活动的规则建立一种机制,尽管依据条约该机制只对国际法认可的事项构成约束,但是对于在一国的国内法中可以找到依据的被赞助的承包商来说同样是有效的。这一机制在于规定了各成员国必须完成的义务,即必须对拥有其国籍以及在其控制下的实体进行约束管辖。

127. 在本案中,正如之前解释的,根据《公约》第 58 条第 3 款和第 62 条第 4 款,船旗国有"确保责任",确保悬挂其国旗的船舶遵守沿海国关于采取保护措施的法律和规章。船旗国必须通过采取第 134～140 款规定的措施以及根据《公约》

第 94 条第 1 款的规定,在"行政、技术和社会问题"方面对悬挂其国旗的船舶进行有效的管辖和管制来履行该责任。

128. 关于"确保"的含义,海底争端分庭在咨询意见中指出:

(1)担保国的"确保"义务并非指(担保国)在每个案例中都有义务去达到让被担保的订约人履行上述义务的结果。而是,(担保国)有义务采取合适方法、进行最合理的尝试、尽最大努力去获得这种结果。用国际法中现行术语来说,这一义务具有"行为"义务而非"结果"义务的特征,或具有"勤勉"义务的特征。

(2)"勤勉"义务和"行为"义务两者的概念有关联。这清楚地出现在国际法院对乌拉圭河沿岸的纸浆厂案的判决中:"采取管理或行政措施的义务……并且实施,这便是行为义务。"因此,根据《乌拉圭河规约》第 36 条,双方会恪尽职责通过乌拉圭河委员为保护河流的生态平衡而采取必要措施(判决第 187 款)。

(3)"确保"一词经常用于国际法律文书中,用来指这样的相关义务:让一个国家为其管辖的人的每一个违法行为负责是不合理的,同样依靠仅仅应用根据国际法原则来判断个人或实体的行为不归因于该国家也是不让人满意的(见国际法委员会关于国家责任的条款,第 8 条第 1 款的注释)。

129. 就在分区域渔业委员会成员国的专属经济区进行非法、未报告以及无管束的捕鱼行为来说,如果船旗国不是《MCA 公约》成员,那么船旗国确保悬挂其国旗的船舶不涉入非法、未报告以及无管束的捕鱼行为的义务也是一种"行为"义务。换句话说,正如海底争端分庭在咨询意见中所述,这项义务是(船旗国)"采取合适方法、进行最合理的尝试、尽最大努力"去阻止悬挂其国旗的船舶进行非法、未报告以及无管束的捕鱼行为。但是,由于"行为"义务是一种"勤勉义务",因而不是"结果"义务。这意味着,并不是在每种情况下,船旗国都有义务达到悬挂其国旗的捕鱼船遵守关于不在分区域渔业委员会成员国的专属经济区进行非法、未报告以及无管束的捕鱼行为的要求。船旗国应本着"勤勉义务"采取所有必要措施,确保悬挂其国旗的渔船守法并防止其进行非法、未报告以及无管束的捕鱼行为。

130. 法庭现在将谈论在本案中船旗国"勤勉义务"的内容。

131. 关于"勤勉义务"的含义,海底争端分庭参考了国际法院(简称 ICJ)在乌拉圭河沿岸的纸浆厂案中的解释:

它是一种不仅仅需要采取合理规则和措施而且在一定程度上谨慎实施并对公共和私有运营者进行合适的行政控制的义务,例如监控此类运营者的活动,以保障对方的权利。如果结果显示其未尽职尽责以及未采取所有适当措施对管辖下的公共和私有运营者进行相关规制,那么根据 1975 年法令,责任方将承担相关责任。[①]

---

① 乌拉圭河沿岸的纸浆厂案(阿根廷诉乌拉圭),根据第 79 页第 197 款《2010 年 ICJ 报告》第 14 页判决。

132. 海底争端分庭在其咨询意见中指出：

"勤勉"义务的内容无法很精确地被描述。令其难以被描述的一个事实是，"勤勉"是一个变动概念。它的概念随时间变化，譬如，在某一时段被认为是足够勤勉的程度会因为科学或技术知识的新发展而变得不够勤勉。它的概念也随着活动中涉及的风险而变化……。对于风险较大的活动来说，勤勉的标准更为严格。

133. 法庭坚持认为，在本案中，《公约》是为船旗国采取措施提供指南的关键文书，让船旗国确保履行"勤勉"义务以防止悬挂其国旗的船舶在分区域渔业委员会成员国的专属经济区进行非法、未报告以及无管束的捕鱼活动。

134. 法庭指出，根据《公约》第 58 条第 3 款和第 62 条第 4 款，船旗国有义务采取必要措施，包括强制措施，以确保悬挂其国旗的船舶遵守分区域渔业委员会根据《公约》条款制定的法律法规。

135. 《公约》的上述条款也规定，船旗国有义务采取必要措施阻止其船舶在分区域渔业委员会成员国的专属经济区进行捕鱼活动，除非经过分区域渔业委员会成员国授权。

136. 根据《公约》第 192 和 193 条，船旗国有义务采取必要措施确保悬挂其国旗的船舶遵守分区域渔业委员会成员国制定的保护和维护措施。

137. 《公约》第 94 条第 1 和 2 款规定船旗国有义务对悬挂其国旗的渔船进行有效的行政上事项的管辖和管制，特别是确保此类船舶应有适当标记。

138. 尽管船旗国制定的法律、规章和措施的性质有待每个船旗国根据其法律体系确定，不过船旗国有义务将执法机制纳入其法律体系中，以便监控并使这些法律和规章得到遵守。对于参与非法、未报告以及无管束的捕鱼活动适用的制裁必须足以制止该违法行为并足以剥夺该违法者从非法、未报告以及无管束的捕鱼活动中所得的收益。

139. 根据《公约》第 94 条第 6 款，"一个国家有明确理由相信对某一船舶未行使适当的管辖和管制，可将这项事实通知船旗国"，"船旗国接到通知后，应对这一事项进行调查，并于适当时采取必要行动对这种情况进行补救"，法庭认为，这种义务同样适用于其船只被沿海国指控涉及非法、未报告以及无管束的捕鱼行为的船旗国。船旗国有义务进行调查并于适当时采取必要行动对这种情况进行补救，同时将采取的措施通知给发出报告的国家。船旗国采取的行动不能侵害沿海国根据《公约》第 73 条采取措施的权利。

140. 法庭希望提起注意，正如在 MOX Plant 案中所述：根据《公约》第七部分

和一般国际法,合作的职责是防止海洋环境受到污染的基本原则。……①

法庭坚持认为该义务也应延伸到所谓的非法、未报告以及无管束的捕鱼行为的案例中。

第六节 问题 Ⅱ

141. 向法庭提交的第二个问题是:

当船舶悬挂一国国旗进行非法、未报告以及无管束的捕鱼行为时,船旗国应在何种范围内承担责任?

142. 法庭希望指出,《公约》和《MCA 公约》均未就船旗国对悬挂其国旗的船舶进行的非法、未报告以及无管束的捕鱼行为的责任问题提供指导。

143. 根据《公约》第 293 条,法庭在考查该问题后将根据相关国际法规则判定国家对其国际不法行为应承担的责任。

144. 根据国际法学理论和国际法,法庭发现,反映在国际法委员会关于各国国际不法行为责任条文草案中(以下简称《ILC 各国责任条文草案》),与第二个问题相关的一般国际法的规则如下:

(1) 一个国家应对其每个国际不法行为承担国际责任(《ILC 各国责任条文草案》第 1 条);

(2) 根据国际法,一个国家的国际不法行为包括做出的行为或疏忽:(a) 可归因于该国,(b) 构成该国违反国际义务(《ILC 各国责任条文草案》第 2 条);以及

(3) 负有责任的国家有义务全面赔偿由其国际不法行为造成的损害(《ILC 各国责任条文草案》第 31 条第 1 款)。

145. 在回答第二个问题时,法庭发现需要澄清该问题中“责任”一词的含义。法庭指出,在国家责任的背景下,英文中的“责任”一词是指第二义务,也就是违反主要义务的结果。而法语中“责任”通常是指第一义务和第二义务。对于第二和第三个问题,法庭希望澄清,法语中的“责任”一词包含了第二义务。②

146. 在本案中,船旗国对于悬挂其旗帜的船舶在分区域渔业委员会成员国的专属经济区之内,因为非法、未报告以及无管束的捕鱼行为而违反沿海国的法律法规,船旗国对这种不当行为不承担责任,因为,船舶违反法律法规的行为本质上不能归咎于船旗国。倘悬挂其旗帜的船舶在分区域渔业委员会成员国的专属经济区内从事非法、未报告以及无管束的捕鱼行为,而船旗国对此没有尽“勤勉”

---

① MOX Plant(爱尔兰对英国),《2001 年 ITLOS 报告》第 95 页 2001 年 12 月 3 日命令中临时措施,依据 110 页第 82 款。

② 各国对于海域活动的责任和义务,《2011 年 ITLOS 报告》第 10 页 2011 年 2 月 1 日咨询意见,依据第 30 - 31 页第 64 - 71 款。

义务,则船旗国应当承担责任。

147. 法庭认为,分区域渔业委员会成员国可以要求在其专属经济区进行非法、未报告以及无管束的捕鱼行为的船舶的船旗国,在该行为可归因于该船旗国或船旗国违反其国际义务的情况下承担责任。[①]

148. 但是,如果船旗国已经采取所有必要和恰当措施履行"勤勉"义务,确保悬挂其国旗的船舶不在分区域渔业委员会成员国的专属经济区进行非法、未报告以及无管束的捕鱼行为时,船旗国不承担责任。

149. 第131条和第132条已经说明了"勤勉"义务的含义。

150. 构成船旗国违反"勤勉"义务是否包括单次的非法、未报告以及无管束的捕鱼行为还是只限于重复性的此类行为,法庭也希望对此问题进行说明。正如第146条到148条解释的,法庭认为如果未采取所有的必要和恰当措施履行"勤勉"义务,确保悬挂其国旗的船舶不在分区域渔业委员会成员国的专属经济区进行非法、未报告以及无管束的捕鱼行为,则船旗国违反了"勤勉"义务。因此,船舶在分区域渔业委员会成员国的专属经济区内进行非法、未报告以及无管束的捕鱼行为的频率并不与船旗国是否违反"勤勉"义务的问题相关。

第七节 问题 Ⅲ

151. 向法庭提交的第三个问题是:

当船旗国或国际机构在国际协议的框架下,向船舶签发捕鱼许可证,船旗国或国际机构是否应对捕鱼船舶违反沿海国法律的行为承担责任?

152. 法庭希望澄清的是第三个问题的范围。在这点上,法庭注意到该问题涉及船旗国或国际机构的责任,即对持有由船旗国或国际机构基于国际协议框架签发的捕鱼许可证的船舶违反沿海国渔业立法的行为的责任。在本案中,"国际机构"等同于"国际组织"。

153. 第三个问题一方面是关于船旗国的责任的问题,另一方面是关于国际组织的责任问题。

154. 法庭认为,根据本案中的管辖权局限于分区域渔业委员会成员国的专属经济区的结论,该问题的范围局限于与《MCA 公约》成员国签订渔场准入协议的船旗国或国际组织。

155. 关于船旗国因悬挂其国旗的船舶持有基于沿海国和船旗国之间渔场准入协议框架而签发的许可证,在分区域渔业委员会成员国的专属经济区违反该沿

---

① 见第 109 - 140 款,M/V "SAIGA"(2 号)案(圣文森特和格林纳丁斯对几内亚),《1999 年 ITLOS 报告》第 10 页判决,依据第 65 页第 170 款。

海国法律法规的责任,法庭认为第 146～150 条的结论适用于此种情况。

156. 基于分区域渔业委员会成员国和国际组织之间的渔场准入协议的框架签发了捕鱼许可证,法庭现在将讨论此种情形下的国际组织的责任问题。

157. 法庭强调,第三个问题并非针对一般的国际组织,而仅限于《公约》第305 条第 1(f)款和第 306 条和《公约》的附录九所指的国际组织,其成员国是《公约》的缔约国,且向该国际组织转移了其管辖事项的权限。在本案中,这些事项是渔业问题。

158. 根据第 305 条第 1(f)款和 306 条以及附录九,《公约》对国际组织的参与是开放的。国际组织在提交正式确认或加入的文书后可以成为《公约》的一员。在此基础上,欧洲委员会(以下简称"EC")在递交正式确认的文书后于 1998 年 5月 1 日成为《公约》的一员。

159. 目前,《公约》中唯一的组织成员是欧盟(以下简称"EU"),它于 2009 年成功替代了 EC。①

160. 根据《公约》附录九第 4 条第 1、2 和 3 款的规定:

(1)一个国际组织所交存的正式确认书或加入书应载有接受本《公约》就该组织中为本《公约》缔约国的各成员国向其转移权限的事项所规定的各国权利和义务的承诺。

(2)一个国际组织应按照本附件第五条所指的声明、情报通报或通知所具有的权限范围,成为本《公约》缔约一方。

(3)这一国际组织应就其为本《公约》缔约国的成员国向其转移权限的事项,行使和履行按照本《公约》其为缔约国的成员国原有的权利和义务。该国际组织的成员国不应行使其已转移给该组织的权限。

161. 在提交正式确认文书时,EC 声明在执行第十一部分"在其为《公约》缔约国的成员国转让权利的事项上,其接受《公约》和协议规定的其成员国的权利和义务"。欧洲委员会还声明:"此类委员会权利的范围和履行,从本质上讲,取决于不断的发展,必要时,委员会将根据《公约》附录九第 5(4)条完善或修改本声明。"

162. 法庭指出,EC 根据附录九第 5 条第 1 款,将相关权限附加到正式确认文书中的声明,明确了关于本《公约》所规定的各种事项的权限,已由其为本《公约》缔约国的成员国转移给该组织。

163. 在本声明中,EC 规定了某些专属管辖的事项以及与其成员国共同管辖的事项。相关部分的声明如下:

(1)委员会专属管辖的事项:

委员会指出其成员已经将关于海洋渔业资源管理和养护的权限转交给它。

---

① 见《欧盟统一条约(TEU)》第 1 条,欧盟官方期刊,C 326,2012 年 10 月 26 日第 16 页。

因此,在该领域,委员会有权采用相关规则和规章(将由成员国执行),并有权就此项权限与第三方国家或有决定权的国际组织达成外部承诺。该权限适用于国家渔业管辖的海域和公海。然而,关于对船舶进行管辖、船舶悬旗和登记以及刑罚和行政制裁的实施的措施,权限取决于成员国同时尊重委员会的法律。委员会的法律也对行政制裁做出了规定。

(2)委员会与其成员国共同管辖的事项:

在渔业方面,对于某些不直接与海洋渔业资源管理和养护有关的事项,例如研究、技术开发和开发合作,(委员会与其成员国)具有共同管辖权。

164.法庭指出,在本案中,根据 EU 关于"海洋生物资源管理和养护"的声明,EU 只有相关专属管辖权。

165.法庭认为,《欧盟共同渔业政策》列载了"欧盟渔船"的定义,也就是"悬挂成员国的国旗和在欧盟登记的渔船"。①

166.法庭认为,关于国际组织的成员国的国民拥有或经营的且悬挂非该国际组织成员国国旗的船舶的责任问题不在第三个问题之列。

167.法庭注意到欧盟在口头诉讼中声明:"在欧盟,欧盟达成的国际协议对其机构和成员国有约束力。"欧盟补充道"正如问题 3 涉及的,欧盟是沿海国唯一的缔约方,对欧盟成员国行使管辖权",并且"由此得出,只有欧盟这一组织根据国际法可能对违反这些协议的行为负责"。

168.法庭希望指出,在本案中,国际组织对国际不法行为的责任与其管辖权有关。《公约》附录九第 6 条第 1 款明确规定,根据该附录第 5 条有管辖权的成员国对不履行义务或违反《公约》的行为负责。由此得出,国际组织对其管辖权承担义务,是否遵守该义务取决于其成员国,如果其成员国未履行义务并且该国际组织未履行"勤勉"义务,则其应承担责任。

169.法庭进一步指出,在口头诉讼中 EU 声明渔场准入协议"是 EU 法令的不可分割的一部分……由欧盟内成员国当局执行",并且"如果欧盟成员国未履行本协议下的义务,依然是由欧盟来承担国际责任"。

170.欧盟认为,国际组织对于悬挂成员国国旗持有基于渔场准入协议框架签发的捕鱼许可证的船舶违反沿海国渔业立法的行为是否应承担责任取决于相关协议是否列载关于此类违法行为责任的具体规定,如果协议中没有此类规定,则适用国际法的一般规则。法庭指出在诉讼过程中欧盟表达了类似观点,指出:

船旗国或国际机构对违反沿海国渔业立法行为的责任取决于其适用的国际

---

① See:article 4,para.5,Regulation(EU)No 1380/2013 of the European Parliament and of the Council of 11 December 2013 on the Common Fisheries Policy,Amending Council Regulations(EC)No 1954/2003 and(EC)No 1224/2009 and Repealing Council Regulations(EC)No 2371/2002 and(EC)No 639/2004 and Council Decision 2004/585/EC.

协议内容,可能包括关于船旗国的责任的具体规定。若无具体规定,则适用国际法关于违反国际义务的国家责任的一般规则。

171. 根据分区域渔业委员会成员国与欧盟的渔场准入协议,在其专属经济区内依据这些协议运营的欧盟渔船的活动,受该国渔业法律和规章管辖。鉴于此,法庭指出欧盟在口头诉讼中做出的声明指出:"捕鱼行为需要被授权并遵照沿海国的法律进行,而这些协议根据欧盟的一贯的规定得出","这些协议承诺欧盟'采取恰当的必要措施确保其船舶遵守协议和管辖渔业的立法'",并且"在该基础上,EU 将调查欧盟船舶的涉嫌违反此类立法的行为,并在必要时根据协议内容和勤勉义务采取额外措施"。

172. 法庭坚持认为,当国际组织履行其专属渔业管辖权过程中与分区域渔业委员会成员国达成准入协议,允许悬挂其成员国国旗的船舶进入该国专属经济区捕鱼时,船旗国的义务就变成了国际组织的义务。该国际组织作为与分区域渔业委员会成员国达成渔场准入协议的唯一缔约方,必须确保悬挂成员国国旗的船舶遵守分区域渔业委员会成员国的渔业法律和规章,并且在该国的专属经济区不进行非法、未报告以及无管束的捕鱼行为。

173. 相应地,对违反渔场准入协议规定的义务的行为,只是该国际组织承担责任,而并非其成员国承担责任。因此,如果该国际组织没有尽到"勤勉"义务,则对悬挂该组织成员国国旗并且基于该组织和分区域渔业委员会成员国之间的渔场准入协议框架,在该国的专属经济区捕鱼的船舶违反该国渔业法律和规章的行为,该国有权要求该国际组织承担责任。

174. 根据《公约》附录九第 6 条第 2 款,分区域渔业委员会成员国可以要求国际组织或其为《公约》缔约国的成员国提供关于对具体事项由谁负责的信息。该组织和该成员国必须提供此类信息。若未在合理时间内提供或提供矛盾信息将导致该国际组织和相关成员国承担连带责任。

第八节　问题Ⅳ

175. 提交给法庭的第四个问题是:沿海国在保证共有种群以及有共同利益的种群,特别是小型远洋鱼类及金枪鱼的可持续管理方面,享有何种权利,承担何种义务?

176. 在所提交的书面请求中,分区域渔业委员会对其提交法庭的问题背景作了如下详细说明:

小型远洋鱼类以及金枪鱼是依据环境条件,在若干沿海国管辖水域中,季节性聚集的洄游鱼种。相应的,沿海国应依据协议,为其可持续管理采取行动。

必须强调,一般而言,沿海国在对这些资源设置管理措施时并未相互协商。

事实上,这些远洋资源受沿海国与外国公司签订的渔业协议所确定的渔业许可所管辖,(签订协议的沿海国)并未与这些资源迁徙路线途径的沿岸国家进行协商。

177. 分区域渔业委员会补充道:"有一部分成员国继续采取单独行动,对共有资源签发捕鱼执照,损害了邻国的利益以及分区域渔业委员会的目的。"分区域渔业委员会认为:"当前,这种行为体现了分区域渔业委员会的成员国在共有利益种群以及共有种群的可持续管理上缺乏合作。"

178. 在确定沿海国的权利义务之前,必须澄清若干先决性事项,这些事项是:哪些国家是本案中所指的沿海国,权利与义务的范围,所提交问题中"共有种群""共同利益种群"以及"可持续管理"这些术语有何含义。

179. 法庭回顾上文,认定本案的管辖权只限于分区域渔业委员会成员国的专属经济区。故而,第四个问题中所指的沿海国的权利义务,只限于分区域渔业委员会成员国的权利义务。

180. 法庭注意到,《公约》包含若干关于沿海国在确保专属经济区内生物资源的养护与管理方面的一般权利义务的条款,具体包括第 61 条、第 62 条、第 73 条、第 192 条及第 193 条。

181. 法庭注意到,第四个问题特别提出了分区域渔业委员会的成员国在保证共有种群以及共同利益种群方面,特别是小型远洋鱼类以及金枪鱼的可持续管理方面的权利义务。

182. 第四个问题的焦点在于,当鱼类种群为分区域渔业委员会的成员国所共有,或者为成员国与在成员国专属经济区外的邻接区域内,捕捞该鱼群的非成员国所共有时,分区域渔业委员会的成员国在其专属经济区内保证鱼类种群的可持续管理方面的权利义务。

183. 法庭希望澄清"共有种群"与"共同利益种群"这两个用语的含义。

184. 法庭注意到,这些表述并未出现在《公约》中,但《MCA 公约》第 2 条第 12 款对"共有种群"做了如下界定:"出现在两个或两个以上沿海国的专属经济区或出现在专属经济区外的邻接区域内的种群。"

185. 法庭注意到,当前并无关于"共有利益种群"的现成定义。但是,法庭注意到,分区域渔业委员会在口头程序所做的说明中,对"共有利益种群"这一表述做了如下说明:

在东大西洋腹地,数量可观的远洋洄游物种在若干沿海国的专属经济区来回巡游("跨境种群"或者"共同利益种群")并且/或者在若干专属经济区以及邻接水域巡游("跨界种群")。因此,这些种群为两个相邻的沿海国,或两个虽非沿岸,但处于与海湾或海洋两侧的国家,或沿海国与从事捕鱼的船舶的船旗国所共有。

186. 由于《MCA 公约》第 2 条第 12 款中所述的"共有种群"的定义适用于《公约》第 63 条第 1 款与第 2 款的情形,法庭认定(共有种群)这一表述,以及"共同利益种群"涵盖了上述《公约》条款中所包含的所有种群。

187. 法庭希望澄清"可持续管理"这一用语的含义。

188. 法庭注意到,《公约》并未对"可持续管理"这一术语下定义。《公约》第63条并未涉及就确保共有种群可持续管理的必要措施进行合作的问题。这一条款针对的是同一种群出现在两个或两个以上(国家)的专属经济区中,国家应采取必要措施,合作确保"种群的养护和发展"问题;与"当同一种群出现在专属经济区,又出现在专属经济区以外的邻接区域内时"就"在邻接区域内养护这些种群"采取必要措施进行合作的问题。

189. 然而,法庭认为,《公约》第61条为专属经济区关于生物资源的养护与管理设定了基本框架,该条款为阐述"可持续管理"的含义提供了向导。在这种情况下,该条的第2、第3以及第4款与本问题息息相关,这些条款如下:

> 第61条 生物资源的养护
>
> (2) 沿海国参照其可得到的最可靠的科学证据,应通过正当的养护和管理措施,确保专属经济区内生物资源的维持不受过度开发的危害。在适当情形下,沿海国和各主管国际组织,不论是分区域、区域或全球性的,应为此目的进行合作。
>
> (3) 这种措施的目的也应在包括沿海渔民社区的经济需要和发展中国家的特殊要求在内的各种有关的环境和经济因素的限制下,使捕捞鱼种的数量维持在或恢复到能够生产最高持续产量的水平,并考虑到捕捞方式、种群的相互依存以及任何一般建议的国际最低标准,不论是分区域、区域或全球性的。
>
> (4) 沿海国在采取这种措施时,应考虑到与所捕捞鱼种有关联或依赖该鱼种而生存的鱼种所受的影响,以便使这些有关联或依赖的鱼种的数量维持在或恢复到其繁殖不会受严重威胁的水平以上。

190. 法庭注意到可持续管理鱼群的最终目的在于将其作为一种可再生以及可持续的资源进行养护和发展。

191. 法庭因此将第四个问题中的"可持续管理"按照《公约》第63条第1款的规定解释为"养护与发展"。

192. 法庭将确定分区域渔业委员会成员国,对出现在其专属经济区内,以及既出现在其专属经济区内,又出现在专属经济区外的邻接区域内的共有种群,特别是小型远洋鱼类,在可持续管理方面的权利义务。法庭首先确定《公约》中可适用的条款。

193. 依据法庭的观点,这些条款是《公约》第63条第1款,该款规制同一种群或有关联的鱼种的几个种群出现在两个或两个以上国家的专属经济区的情形;

第 2 款,该款规制同一种群或有关联的鱼种的几个种群既出现在专属经济区,又出现在专属经济区之外的邻接区域内的情形;第 64 条第 1 款,该款规制《公约》附件一所列举的高度洄游鱼类。

194.《公约》第 63 与出现在两个或两个以上国家专属经济区的种群,以及既出现在专属经济区,又出现在专属经济区外的邻接区域内的种群有关,该条的内容涵盖了《MCA》公约第 2 条第 12 款所界定的共有种群。

195.《公约》第 63 条第 1 款如下:

如果同一种群或有关联的鱼种的几个种群出现在两个或两个以上沿海国的专属经济区内,这些国家应直接或通过适当的分区域或区域组织,设法就必要措施达成协议,以便在不妨害本部分其他规定的情形下,协调并确保这些种群的养护和发展。

196.《公约》第 63 条第 2 款如下:

如果同一种群或有关联的鱼种的几个种群出现在专属经济区内而又出现在专属经济区外的邻接区域内,沿海国和在邻接区域内捕捞该种群的国家,应直接或通过适当的分区域或区域组织,设法就必要措施达成协议,以养护在邻接区域内的这些种群。

197. 法庭注意到《公约》第 63 条第 1 款表明有关的沿海国"应当设法就合作采取必要措施达成协议",以确保共有种群的"养护与发展"。同时,《公约》第 61 条对"养护"与"发展"这两个术语的解释所提供的指引必须加以澄清。

198. 法庭认为,《公约》第 63 条第 1 款中所使用的表述为"发展这些种群"表明这些种群应该在可持续渔业管理的框架体系内作为一种渔业资源使用。这可能包括通过发展对应渔业,开发未开发的种群,或者增加对未充分开发的种群的开发,同时通过更高效的渔业管理计划保证种群开发的长期可持续性。

199.《公约》第 63 条第 2 款为沿海国与捕鱼国在邻接区域内捕捞相同或有关联的鱼种的几个种群时,如何就养护邻接区域内的种群采取必要措施达成的协议设定了框架。

200. 由于法庭的管辖权仅限于解答分区域渔业委员会所提出的,其成员国专属经济区内的问题,《公约》第 63 条第 2 款规定的"国家在邻接区域内捕捞这种种群"的相关内容不适用于分区域渔业委员会成员国专属经济区内的事项。

201. 尽管《公约》第 63 条第 2 款不适用于分区域渔业委员会成员国专属经济区内的事项,但这并非意味着在这些区域内出现的跨界种群不受保护。当这些种群出现在分区域渔业委员会成员国的专属经济区内时,它们受到《公约》第 63 条第 1 款规定的合作制度的保护。

202. 第四个问题所涉及的金枪鱼问题必然涉及《公约》第 64 条第 1 款。该条款如下：

> 沿海国和其国民在区域内捕捞附件一所列的高度洄游鱼种的其他国家应直接或通过适当国际组织进行合作，以期确保在专属经济区以内和以外的整个区域内的这种鱼种的养护和促进最适度利用这种鱼种的目标。在没有适当的国际组织存在的区域内，沿海国和其国民在区域内捕捞这些鱼种的其他国家，应合作设立这种组织并参加其工作。

203. 这一条款为《公约》附件一所列举的高度洄游鱼种的养护确立了合作体系。金枪鱼是这一附件所列举的高度洄游鱼种之一，因而这一条款与本问题有关。

204. 本案的管辖权不涉及其他国家的专属经济区以及公海方面的问题，本问题中所提到的金枪鱼群问题，仅限于出现于分区域渔业委员会成员国专属经济区中的金枪鱼群。

205. 对于沿海国的权利义务，法庭认为，虽然《公约》从义务的角度规定了沿海国在养护与管理方面的问题，但这些义务衍生了对应的权利。所以，下文所界定的分区域渔业委员会成员国的义务衍生了对应的权利。

206. 根据《公约》第 63 条第 1 款规定，分区域渔业委员会的成员国有权直接或者通过合适的分区域或区域组织与上述种群所在的分区域渔业委员会成员国，就采取必要措施协调与保证这些种群的养护与发展达成协议的实施。

207. 依据《公约》，当上述种群出现在其专属经济区时，分区域渔业委员会的成员国有义务保证共有种群的可持续管理，这些义务包括：

（1）合作的义务，在适当的情形下，与有资格的国际组织合作，无论是分区域、区域或者全球性的国际组织合作，确保专属经济区内种群维持不受过度捕捞的威胁（《公约》第 62 条第 1 款）。

（2）关于出现在两个或两个以上分区域渔业委员会成员国专属经济区内的同一种群或者有关联的鱼种的几个种群，沿海国有必要"设法就必要措施达成协议，……协调并确保这些种群的养护和发展"（《公约》第 63 条第 1 款）。

（3）对于金枪鱼，沿海国有义务采取直接合作或者通过分区域渔业委员会进行合作，确保实现对在专属经济区以内和以外的整个区域对这些鱼种的进行养护，并促进最适度利用这些鱼种的目标（《公约》第 64 条第 1 款）。依据此义务采取的措施必须与适当的区域国际组织，及 ICCAT 在整个区域内采取的措施，包括在分区域渔业委员会成员国专属经济区以内及以外所采取的措施，保持一致或与之相容。

208. 为了与上述义务保持一致，分区域渔业委员会的成员国依据《公约》第

61 条与第 62 条，必须保证：

（1）通过养护与管理措施，维持种群数量不受过度捕捞的危害。

（2）养护与管理措施建立在分区域渔业委员会可获得的最佳科学证据基础上，若该证据不充分，则沿海国应当依据《MCA 公约》第 2 条第 2 款采取预防措施。

（3）养护和管理措施旨在使种群维持在或恢复到能够产生最高持续产量的水平，最高持续产量水平依据相关的环境与经济因素确定，这些因素包括参与捕捞沿海国家的经济需求，以及分区域渔业委员会成员国的特别需求，同时考虑捕鱼模式、种群的相互依存，以及普遍认可的分区域或区域最低标准。

209．这些措施应当：

（1）应考虑到与所捕捞鱼种有关联或依赖该鱼种生存的鱼种所受的影响，以便使这些有关联或依赖的鱼种的数量维持在或恢复到其繁殖不会受严重威胁的水平之上。

（2）经常提供和交换可获得的科学情报、渔获量和渔捞努力量统计，以及其他有关养护共有种群的资料。

210．法庭注意到《公约》第 63 条第 1 款以及第 64 条所规定的"设法达成协议"的义务是一种"勤勉义务"，该义务要求相关国家根据《公约》第 300 条的规定，善意与彼此进行协商。该协商必须是有意义的协商，这要求所有有关国家均需参与其中，为设定有效的必要措施，保证共有种群的养护与发展而进行实质性的努力。

211．法庭认为，养护与发展共有种群的义务要求分区域渔业委员会的成员国采取措施，防止可能破坏种群可持续开发，损害相邻成员国利益的过度捕捞行为。

212．根据上述意见，当共有种群既出现在本国专属经济区内，又出现在他国专属经济区内时，捕捞上述种群的分区域渔业委员会成员国，在采取管理措施以协调和确保共有种群的养护与发展时，应当与其他成员国进行协商。悬挂非成员国旗帜并捕捞该种群的船舶也受此措施约束。

213．法庭认为，相关国家就共有渔业资源的养护与管理，及促进该资源的合理利用开展合作，是《公约》中一项确定的原则。这一原则体现在《公约》中的诸多条款，如第 61 条、第 63 条与第 64 条中。

214．尽管法庭将对沿海国权利与义务的讨论范围限制在分区域渔业委员会成员国的权利义务范围以内，法庭注意到，为了有效起见，渔业的养护与管理措施应当及于整个种群单元，覆盖其分布与迁徙的路径。法庭同样注意到，本案中所涉的种群，特别是远洋小型鱼种与金枪鱼，同时分布在分区域渔业委员会成员国的专属经济区与若干其他国家的大西洋沿岸区域。但是，受本案的管辖权范围所限，法庭仍将其讨论与结论限制在分区域渔业委员会成员国专属经济区的范围内。

215. 法庭希望强调,为了确保分区域渔业委员会成员国在其专属经济区内所采取并适用的养护与发展共有种群措施的有效性,这些国家可以直接或通过有关的分区域或区域国际组织,与同一种群迁徙路线沿线的非成员国寻求合作,以保证整个地理分布区间或迁徙区间内,该种群的养护与可持续管理。尽管法庭注意到其对本案的管辖范围,法庭仍认为,对于共有资源的养护与管理,《公约》为所有有关成员国设定了相互合作的义务。

216. 法庭注意到,尽管分区域渔业委员会的成员国以及《公约》的其他成员国有在其专属经济区勘探、开发、养护与管理生物资源的主权权利,这些国家在行使《公约》项下对专属经济区的权利义务时必须适当注意彼此的权利与义务。这一点可见于《公约》第56条第2款以及第58条第3款,同时也可见于国家保护与保持海洋环境的义务,这一义务已经成为一项基本原则,包含于《公约》第192条、第193条以及序言的第四段中。法庭在此处提起注意,海洋生物资源以及海洋生物是海洋环境的一部分,如法庭在"蓝鳍金枪鱼案"中所述:"养护海洋生物资源是保护与保持海洋环境的要素之一。"①

217. 据此,法庭注意到,虽然本案的管辖权限于《MCA公约》的适用范围,即限于既出现在分区域渔业委员会成员国专属经济区内,又出现在专属经济区外的邻接区域内的鱼类种群,这些国家以及在邻接区域内捕捞该种群的国家必须按照《公约》第63条第2款的规定,就在该邻接区域内养护这些种群设法达成协议。

218. 法庭进一步注意到,对于金枪鱼,分区域渔业委员会的成员国依据《公约》第64条第1款的规定,有权要求国民在该区域捕捞金枪鱼的非成员国直接或通过适当的国际组织进行合作,确保鱼种的养护以及促进该鱼种的积极利用。

219. 基于上述理由,

(1)法庭全体成员一致认为,法庭对分区域渔业委员会所提交的案件享有管辖权,法庭的管辖权限于分区域渔业委员会成员国专属经济区内的事项。

(2)法庭以19票赞成,1票反对决定对分区域渔业委员会所提交的案件发表咨询意见。

赞成:主席 YANAI;副主席 HOFFMANN;法官 NELSON,CHANDRASEKHARA RAO, AKL, WOLFRUM, NDIAYE, JESUS, LUCKY, PAWLAK, TÜRK, KATEKA, GAO, BOUGUETAIA, GOLITSYN, PAIK, KELLY, ATTARD, KULYK;

反对:法官 COT

---

① Southern Bluefin Tuna Case(New Zealand v. Japan; Australia v. Japan),Provisional Measures,Oder of 27 August 1999,ITLOS Reports 1999,P. 280, at P. 295, para. 70.

（3）一致对第一个问题做如下回复：

船旗国有义务采取必要措施，包括采取强制措施，保证悬挂其旗帜的船舶，遵守分区域渔业委员会成员国，为管理和养护其专属经济区内的海洋生物资源而颁布的法律、规章。

依据前述《公约》第58条第3款①，第62条第4款②以及第192条③之规定，船旗国有义务采取必要措施，保证悬挂其旗帜的船舶不在分区域渔业委员会成员国的专属经济区内，从事《MCA公约》所规定的非法、未报告以及无管束的捕鱼行为（illegal，unreported and unregulated（IUU）fishing activities）。

船旗国为了履行《公约》第94条④所规定的、对行政事项行使有效管辖与控制

---

① 《公约》第58条第3款：各国在专属经济区内根据本公约行使其权利和履行其义务时，应适当顾及沿海国的权利和义务，并应遵守沿海国按照本公约的规定和其他国际法规则所制定的与本部分不相抵触的法律和规章。（译者注）

② 《公约》第62条第4款：在专属经济区内捕鱼的其他国家的国民应遵守沿海国的法律和规章中所制定的养护措施和其他条款和条件。这种法律和规章应符合本公约，除其他外，并可涉及下列各项：（a）发给渔民、渔船和捕捞装备以执照，包括交纳规费和其他形式的报酬，而就发展中的沿海国而言，这种报酬可包括有关渔业的资金、装备和技术方面的适当补偿；（b）决定可捕鱼种和确定渔获量的限额，不论是关于特定种群或多种种群或一定期间的单船渔获量，或关于特定期间内任何国家国民的渔获量；（c）规定渔汛和渔区，可使用渔具的种类、大小和数量以及渔船的种类、大小和数目；（d）确定可捕鱼类和其他鱼种的年龄和大小；（e）规定渔船应交的情报，包括渔获量和渔捞努力量统计和船只位置的报告；（f）要求在沿海国授权和控制下进行特定渔业研究计划，并管理这种研究的进行，其中包括渔获物抽样、样品处理和相关科学资料的报告；（g）由沿海国在这种船只上配置观察员或受训人员；（h）这种船只在沿海国港口卸下渔获量的全部或任何部分；（i）有关联合企业或其他合作安排的条款和条件；（j）对人员训练和渔业技术转让的要求，包括提高沿海国从事渔业研究的能力；（k）执行程序。（译者注）

③ 《公约》第192条：各国有保护和保全海洋环境的义务。（译者注）

④ 《公约》第94条：1.每个国家应对悬挂该国旗帜的船舶有效地行使行政、技术及社会事项上的管辖和控制。2.每个国家特别应：（a）保持一本船舶登记册，载列悬挂该国旗帜的船舶的名称和详细情况，但因体积过小而不在一般接受的国际规章规定范围内的船舶除外；（b）根据其国内法，就有关每艘悬挂该国旗帜的船舶的行政、技术和社会事项，对该船及其船长、高级船员和船员行使管辖权。3.每个国家对悬挂该国旗帜的船舶，除其他外，应就下列各项采取为保证海上安全所必要的措施：（a）船舶的构造、装备和适航条件；（b）船舶的人员配备、船员的劳动条件和训练，同时考虑到适用的国际文件；（c）信号的使用、通信的维持和碰撞的防止。4.这种措施应包括为确保下列事项所必要的措施：（a）每艘船舶，在登记前及其后适当的间隔期间，受合格的船舶检验人的检查，并在船上备有船舶安全航行所需要的海图、航海出版物以及航行装备和仪器；（b）每艘船舶都由具备适当资格，特别是具备航海术、航行、通信和海洋工程方面资格的船长和高级船员负责，而且船员的资格和人数与船舶种类、大小、机械和装备都是相称的；（c）船长、高级船员和在适当范围内的船员，充分熟悉并须遵守关于海上生命安全，防止碰撞，防止、减少和控制海洋污染和维持无线电通信所适用的国际规章。5.每一国家采取第3和第4款要求的措施时，须遵守一般接受的国际规章、程序和惯例，并采取为保证这些规章、程序和惯例得到遵行所必要的任何步骤。6.一个国家如有明确理由相信对某一船舶未行使适当的管辖和管制，可将这项事实通知船旗国。船旗国接到通知后，应对这一事项进行调查，并于适当时采取任何必要行动，以补救这种情况。7.每一国家对于涉及悬挂该国旗帜的船舶在公海上因海难或航行事故对另一国国民造成死亡或严重伤害，或对另一国的船舶或设施、或海洋环境造成严重损害的每一事件，都应由适当的合格人士一人或数人或在有这种人士在场的情况下进行调查。对于该另一国就任何这种海难或航行事故进行的任何调查，船旗国应与该另一国合作。（译者注）

的义务,有义务采取必要的行政措施,保证悬挂其旗帜的船舶,不在分区域渔业委员会成员国的专属经济区内,从事违反船旗国依据《公约》第 192 条①所承担的、保护与保持海洋环境之义务的行为,而养护海洋生物资源,则是海洋环境的保护与保持过程中不可分割的因素。

前述的义务属于勤勉的义务。

船旗国以及分区域渔业委员会成员国,有义务就船旗国船舶在分区域渔业委员会相关成员国的专属经济区内,从事非法、未报告以及无管束的捕鱼行为问题进行合作。

当船旗国接收到来自分区域渔业委员会成员国的报告,声称悬挂其旗帜的船舶在分区域渔业委员会成员国的专属经济区内从事非法、未报告以及无管束的捕鱼行为时,船旗国有义务就事件发起调查,在适当情况下可以采取任何措施对该情势进行救济,并通知分区域渔业委员会的成员国其所采取的措施。

(4) 以 18 票对 2 票对第 2 个问题做出如下回复:

由于船舶违反法律或规章的行为本质上不能归咎于船旗国,船旗国对于悬挂其旗帜的船舶在分区域渔业委员会成员国的专属经济区内,因为非法、未报告以及无管束的捕鱼行为而违反沿海国的法律、规章,船旗国对这种不当行为不承担责任。

倘悬挂其旗帜的船舶正在分区域渔业委员会成员国的专属经济区内从事非法、未报告以及无管束的捕鱼行为,而船旗国对此没有尽勤勉义务,则船旗国应当承担责任。

倘船舶悬挂其旗帜,并在分区域渔业委员会成员国的专属经济区内从事非法、未报告以及无管束的捕鱼行为,这种违法行为可以归因于船旗国,且违反了本意见在第一个问题所述的、船旗国所应承担的国际义务,则分区域渔业委员会的成员国可以追究船旗国的责任。

倘船旗国为了防止悬挂其旗帜的船舶在分区域渔业委员会成员国专属经济区内从事非法、未报告以及无管束的捕鱼行为,已采取了必要、合适的措施,从而履行了勤勉义务,则该国免于承担责任。

赞成:主席 YANAI;副主席 HOFFMANN;法官 NELSON,CHANDRASEKHARA RAO, AKL, WOLFRUM, NDIAYE, JESUS, PAWLAK, TÜRK, KATEKA, GAO, BOUGUETAIA, GOLITSYN, PAIK, KELLY, ATTARD, KULYK;

反对:法官 COT, LUCKY。

---

① 《公约》第 192 条:各国有保护和保全海洋环境的义务。(译者注)

对于第三个问题,仲裁庭一致认为:

该问题仅与《公约》第 305 条第 1 款(f)①、第 306 条②以及附件九③所指的国际组织有关,这些条款及附件所指的成员国必须为《公约》的成员国,且已经就相关事项向国际组织作了完全授权。在本案中,相关事项为渔业。本案中,该类国际组织仅指欧盟,相关的成员国为欧盟成员国中,已加入《公约》的成员国,这些成员国已经就"海洋渔业资源的养护和管理"事项向国际组织进行了授权。

若国际组织在行使其对渔业的专属权利时,与分区域渔业委员会已就渔业准入问题签署协议,允许悬挂其成员国旗帜的船舶进入分区域渔业委员会成员国的专属经济区捕鱼,船旗国的义务则成为国际组织的义务。国际组织作为与分区域渔业委员会成员国签署渔业准入协议的唯一成员方,必须确保悬挂其成员国旗帜的船舶在分区域渔业委员会成员国专属经济区之行为,符合分区域渔业委员会成员国法律与规章的规定,且不从事非法、未报告以及无管束的捕鱼活动。

据此,国际组织只在违反基于渔业准入协定所产生的义务时,才承担责任,而不对单纯的成员国的行为负责。然而,倘国际组织没有履行其应尽的勤勉义务,分区域渔业委员会的成员国,可以就悬挂该国际组织成员国旗帜的船舶,在分区域渔业委员会成员国专属经济区内,与双方渔业准入协议框架内有关的捕鱼行为,违反分区域渔业委员会法律、规章的情势,要求该国际组织承担责任。分区域渔业委员会成员国可以按照《公约》附件九第 6 条第 2 款④的规定,要求同为《公约》以及国际组织成员国的国家,提供何者为特定事件的责任方之信息。国际组

---

① 《公约》第 305 条第 1 款(f):(条约签字)的国际组织,按照附件九。(译者注)

② 《公约》第 306 条:本公约须经各国和第 305 条第 1 款(b)、(c)、(d)和(e)项所指的其他实体批准,并经该条第 1 款(f)项所指的实体按照附件九予以正式确认。批准书和正式确认书应交存于联合国秘书长。《公约》第 305 条第 1 款:本公约应开放给下列各方签字:(a) 所有国家;(b) 纳米比亚,由联合国纳米比亚理事会代表;(c) 在一项经联合国按照其大会第 1514(XV)号决议监督并核准的自决行动中选择了自治地位,并对本公约所规定的事项具有权限,其中包括就该等事项缔结条约的权限的一切自治联系国;(d) 按照其各自的联系文书的规定,对本公约所规定的事项具有权限,其中包括就该等事项缔结条约的权限的一切自治联系国;(e) 凡享有经联合国所承认的充分内部自治,但尚未按照大会第 1514(XV)号决议取得完全独立的一切领土,这种领土须对本公约所规定的事项具有权限,其中包括就该等事项缔结条约的权限;(f) 国际组织,按照附件九。(译者注)

③ 《〈公约〉附件九》专门对公约与国际组织的问题进行规定,按照该附件,与"签字"有关的条款为附件的第 1 条与第 2 条。该条款如下:第 1 条:为第 305 条和本附件的目的,"国际组织"是指由国家组成的政府间组织,其成员国已将本公约所规定事项的权限,包括就该等事项缔结条约的权限转移给各该组织者。第 2 条:一个国际组织如果其过半数成员国为本公约签署国,即可签署本公约。一个国际组织在签署时应作出声明,指明为本公约签署国的各成员国已将本公约所规定的何种事项的权限转移给该组织以及该项权限的性质和范围。(译者注)

④ 《〈公约〉附件九》第 6 条第 2 款:任何缔约国可要求某一国际组织或其为缔约国的成员国提供情报,说明何者对特定事项负有责任。该组织及有关成员国应提供这种情报。未在合理期限内提供这种情报或提供互相矛盾的情报者,应负连带责任。(译者注)

织以及相关的成员国必须提供此类信息。在合理期限内未提供此类信息或者提供矛盾信息者,将承担连带责任。

（6）以 19 票赞成 1 票反对,对第 4 个问题发表如下回复:

关于《公约》第 63 条第 1 款①所涉及的种群,分区域渔业委员会成员国,有权直接或者通过分区域性或区域性的国际组织,与分区域渔业委员会的其他成员国,在上述种群所涉的专属经济区内,就调整、养护及发展上述种群所应采取的必要措施达成一致。

依照《公约》规定,当共有种群处在分区域渔业委员会专属经济区内,该成员国有义务确保该种群的可持续管理。详言之,成员国的义务如下:

（1）合作的义务,在适当的时候,与有资格的国际组织,包括分区域性的、区域性的、全球性的国际组织合作的义务,确保通过合理的养护与管理措施,保证专属经济区内的共有种群不因过度捕捞而受到威胁。（《公约》第 63 条第 1 款②）

（2）关于同一种群或有关联的鱼种的几个种群出现在两个或两个以上分区域渔业委员会成员国专属经济区内的情况,成员国负有义务,"直接或通过适当的分区域或区域组织,设法就必要措施达成协议,以便在不妨害本部分其他规定的情形下,协调并确保这些种群的养护和发展"。（《公约》第 63 条第 1 款③）。

（3）关于金枪鱼类,国家有义务直接或者通过与分区域渔业委员会成员国合作,以期确保实现在专属经济区内对这种鱼种的养护和促进最适度利用这种鱼种的目标（《公约》第 64 条第 1 款）。为此目的所采取的措施,必须与适当的区域性国际组织,即与养护大西洋金枪鱼国际委员会（International Commission for the Conservation of Atlantic Tuna）,在分区域渔业委员会成员国的专属经济区内及以外海域所采取的措施协调一致。

---

① 《公约》第 63 条第 1 款:如果同一种群或有关联的鱼种的几个种群出现在两个或两个以上沿海国的专属经济区内,这些国家应直接或通过适当的分区域或区域组织,设法就必要措施达成协议,以便在不妨害本部分其他规定的情形下,协调并确保这些种群的养护和发展。（译者注）

② 《公约》第 63 条第 1 款:如果同一种群或有关联的鱼种的几个种群出现在两个或两个以上沿海国的专属经济区内,这些国家应直接或通过适当的分区域或区域组织,设法就必要措施达成协议,以便在不妨害本部分其他规定的情形下,协调并确保这些种群的养护和发展。（译者注）

③ 《公约》第 63 条第 1 款:如果同一种群或有关联的鱼种的几个种群出现在两个或两个以上沿海国的专属经济区内,这些国家应直接或通过适当的分区域或区域组织,设法就必要措施达成协议,以便在不妨害本部分其他规定的情形下,协调并确保这些种群的养护和发展。（译者注）

依据《公约》第 61 条[①]和第 62 条[②]规定，分区域渔业委员会为与上述义务保持一致，必须保证：

（1）通过养护与管理措施维持共有种群不受过度捕捞的危害；

（2）所采取的养护与管理措施，基于分区域渔业委员会成员国所能获得的最可靠的科学证据，倘证据并不充分，则应按照《MCA 公约》第 2 条第 2 款的规定[③]，采取预防措施；

（3）养护与管理措施旨在维持与恢复种群水平，即将种群水平维持在可持续的最大捕捞量。该捕捞量按照相关的环境与经济因素确定，这些因素包括沿海国的渔业需求以及分区域渔业委员会成员国的需求，同时考虑渔业模式、种群之间

---

① 《公约》第 61 条：1. 沿海国应决定其专属经济区内生物资源的可捕量。2. 沿海国参照其可得到的最可靠的科学证据，应通过正当的养护和管理措施，确保专属经济区内生物资源的维持不受过度开发的危害。在适当情形下，沿海国和各主管国际组织，不论是分区域、区域或全球性的，应为此目的进行合作。3. 这种措施的目的也应在包括沿海渔民社区的经济需要和发展中国家的特殊要求在内的各种有关的环境和经济因素的限制下，使捕捞鱼种的数量维持在或恢复到能够生产最高持续产量的水平，并考虑到捕捞方式、种群的相互依存以及任何一般建议的国际最低标准，不论是分区域、区域或全球性的。4. 沿海国在采取这种措施时，应考虑到与所捕捞鱼种有关联或依赖该鱼种而生存的鱼所受的影响，以便使这些有关联或依赖的鱼种的数量维持在或恢复到其繁殖不会受严重威胁的水平以上。5. 在适当情形下，应通过各主管国际组织，不论是分区域、区域或全球性的，并在所有有关国家，包括其国民获准在专属经济区捕鱼的国家参加下，经常提供和交换可获得的科学情报、渔获量和捕捞努力量统计，以及其他有关养护鱼的种群的资料。（译者注）

② 《公约》第 62 条：1. 沿海国应在不妨害第 61 条的情形下促进专属经济区内生物资源最适度利用的目的。2. 沿海国应决定其捕捞专属经济区内生物资源的能力。沿海国在没有能力捕捞全部可捕量的情形下，应通过协定或其他安排，并根据第 4 款所指的条款、条件、法律和规章，准许其他国家捕捞可捕量的剩余部分，特别顾及第 69 条和第 70 条的规定，尤其是关于其中所提到的发展中国家的部分。3. 沿海国在根据本条准许其他国家进入其专属经济区时，应考虑到所有有关因素，除其他外，包括：该区域的生物资源对有关沿海国的经济和其他国家利益的重要性，第 69 条和第 70 条的规定，该分区域或区域内的发展中国家捕捞一部分剩余量的要求，以及尽量减轻其国民惯常在专属经济区捕鱼或曾对研究和测定种群做过大量工作的国家经济失调现象的需要。4. 在专属经济区内捕鱼的其他国家的国民应遵守沿海国的法律和规章中所制定的养护措施和其他条款和条件。这种法律和规章应符合本公约，除其他外，并可涉及下列各项：(a) 发给渔民、渔船和捕捞装备以执照，包括交纳规费和其他形式的报酬，而就发展中的沿海国而言，这种报酬可包括有关渔业的资金、装备和技术方面的适当补偿；(b) 决定可捕鱼种和确定渔获量的限额，不论是关于特定种群或多种种群或一定期间的单船渔获量，或关于特定期间内任何国家国民的渔获量；(c) 规定渔汛和渔区，可使用渔具的种类、大小和数量以及渔船的种类、大小和数目；(d) 确定可捕鱼类和其他鱼种的年龄和大小；(e) 规定渔船应交的情报，包括渔获量和捕捞努力量统计和船只位置的报告；(f) 要求在沿海国授权和控制下进行特定渔业研究计划，并管理这种研究的进行，其中包括渔获物抽样、样品处理和相关科学资料的报告；(g) 由沿海国在这种船只上配置观察员或受训人员；(h) 这种船只在沿海国港口卸下渔获量的全部或任何部分；(i) 有关联合企业或其他合作安排的条款和条件；(j) 对人员训练和渔业技术转让的要求，包括提高沿海国从事渔业研究的能力；(k) 执行程序。5. 沿海国应将养护和管理的法律和规章妥为通知。（译者注）

③ 《MCA 公约》第 2 条第 2 款：预防性方法：渔业管理方面的预防性措施或原则建立的前提是，缺乏渔业方面相关的科学数据，并非不适用或拖延适用旨在保护目标物种、非目标物种、相关物种与相互依赖物种及其环境之管理措施的理由。（译者注）

的相互依存,以及任何一般认可的,国际性的最低标准,该标准包括分区域性、区域性以及全球性标准。

这些措施应当:

(1)为了维持及恢复与被捕捞鱼种相关,或依靠被捕捞鱼种生存的其他鱼种的数量,使这些鱼种的数量维持在一定的水平之上,避免其遭受繁殖方面的严重威胁,对捕捞鱼种所采取的措施,应当考虑捕捞行为对相关鱼种,或对依赖该鱼种生存的鱼种的影响。

(2)通过有资格的国际组织,进行经常性的信息交换,包括可获得的科学信息、捕捞量以及其他与共有种群的养护有关的相关信息的交换。

《公约》第 63 条第 1 款[①]所规定的设法达成协议义务,以及第 64 条第 1 款[②]所规定的合作的义务,是一种"勤勉义务",要求相关国家之间,按照《公约》第 300 条的规定,善意进行协商。协商必须是具有实际意义的,所有相关国家必须以合作制定必要管理措施,促进共有种群的养护和发展的目的,进行实质性努力。

分区域渔业委员会成员国对共有种群负有养护的义务,故而要求成员国采取有效措施,防止种群的过度捕捞,进而危及种群的可持续开发以及相邻成员国的利益。

按照前述意见,分区域渔业委员会成员国在其专属经济区中捕捞同时出现在其他成员国专属经济区的共有种群,必须就设定管理措施,以协调和保证这种种群的养护与发展问题,与其他成员国相互协商。这些管理措施的效力同样及于悬挂非成员国旗帜,但捕捞上述种群的船舶。

国家就养护和管理共有渔业资源问题进行合作,以及促进该资源最适度的利

---

① 《公约》第 63 条第 1 款:如果同一种群或有关联的鱼种的几个种群出现在两个或两个以上沿海国的专属经济区内,这些国家应直接或通过适当的分区域或区域组织,设法就必要措施达成协议,以便在不妨害本部分其他规定的情形下,协调并确保这些种群的养护和发展。(译者注)

② 《公约》第 64 条第 1 款:沿海国和其国民在区域内捕捞附件一所列的高度洄游鱼种的其他国家应直接或通过适当国际组织进行合作,以期确保在专属经济区以内和以外的整个区域内的这种鱼种的养护和促进最适度利用这种鱼种的目标。在没有适当的国际组织存在的区域内,沿海国和其国民在区域内捕捞这些鱼种的其他国家,应合作设立这种组织产参加其工作。(译者注)

用,是《公约》明确承认的原则。该原则体现在公约的多个条款,例如第 61 条^①、第 63 条^②和第 64 条。^③

为了有效起见,渔业的养护,必须覆盖整个种群的分布区间或迁徙路径。鱼类种群,特别是小型远洋鱼类与金枪鱼类,共同分布在分区域渔业委员会成员国的专属经济区以及其他邻接大西洋的国家之水域中。然而,由于受到管辖权范围的限制,在本案中,仲裁庭仅将考查范围与结论局限于分区域渔业委员会成员国专属经济区中的共有种群。

在相关的专属经济区行使《公约》所规定的权利,履行公约所规定的义务时,分区域渔业委员会的成员国以及公约的成员国应当对其他国家的权利和义务予以适当的注意。这一点源于《公约》第 56 条第 2 款^④,第 58 条第 3 款^⑤、第 192

---

① 《公约》第 61 条:1. 沿海国应决定其专属经济区内生物资源的可捕量。2. 沿海国参照其可得到的最可靠的科学证据,应通过正当的养护和管理措施,确保专属经济区内生物资源的维持不受过度开发的危害。在适当情形下,沿海国和各主管国际组织,不论是分区域、区域或全球性的,应为此目的进行合作。3. 这种措施的目的也应在包括沿海渔民社区的经济需要和发展中国家的特殊要求在内的各种有关的环境和经济因素的限制下,使捕捞鱼种的数量维持在或恢复到能够生产最高持续产量的水平,并考虑到捕捞方式、种群的相互依存以及任何一般建议的国际最低标准,不论是分区域、区域或全球性的。4. 沿海国在采取这种措施时,应考虑到与所捕捞鱼种有关联或依赖该鱼种而生存的鱼种所受的影响,以便使这些有关联或依赖的鱼种的数量维持在或恢复到其繁殖不会受严重威胁的水平以上。5. 在适当情形下,应通过各主管国际组织,不论是分区域、区域或全球性的,并在所有有关国家,包括其国民获准在专属经济区捕鱼的国家参加下,经常提供和交换可获得的科学情报、渔获量和渔捞努力量统计,以及其他有关养护鱼的种群的资料。(译者注)

② 《公约》第 63 条:1. 如果同一种群或有关联的鱼种的几个种群出现在两个或两个以上沿海国的专属经济区内,这些国家应直接或通过适当的分区域或区域组织,设法就必要措施达成协议,以便在不妨害本部分其他规定的情形下,协调并确保这些种群的养护和发展。2. 如果同一种群或有关联的鱼种的几个种群出现在专属经济区内而又出现在专属经济区外的邻接区域内,沿海国和在邻接区域内捕捞这种种群的国家,应直接或通过适当的分区域或区域组织,设法就必要措施达成协议,以养护在邻接区域内的这些种群。(译者注)

③ 《公约》第 64 条:1. 沿海国和其国民在区域内捕捞附件一所列的高度洄游鱼种的其他国家应直接或通过适当国际组织进行合作,以期确保在专属经济区以内和以外的整个区域内的这种鱼种的养护和促进最适度利用这种鱼种的目标。在没有适当的国际组织存在的区域内,沿海国和其国民在区域内捕捞这些鱼种的其他国家,应合作设立这种组织并参加其工作。2. 第 1 款的规定作为本部分其他规定的补充而适用。(译者注)

④ 《公约》第 56 条第 2 款:沿海国在专属经济区内根据本公约行使其权利和履行其义务时,应适当顾及其他国家的权利和义务,并应以符合本公约规定的方式行事。(译者注)

⑤ 《公约》第 58 条第 3 款:各国在专属经济区内根据本公约行使其权利和履行其义务时,应适当顾及沿海国的权利和义务,并应遵守沿海国按照本公约的规定和其他国际法规则所制定的与本部分不相抵触的法律和规章。(译者注)

条^①、第 193 条^②及序言第 4 段^③所包含的"保护与保持海洋环境"的基本原则的要求。生物资源以及海洋生物均为海洋环境的一部分;同时,按照"南部蓝鳍金枪鱼案"(Southern Bluefin Tuna Case)中的意见,"海洋生物资源的养护,是海洋环境的保护与养护中的一个因素。"

虽然,在本案中,仲裁庭的管辖权仅限于《MCA 公约》所适用的海域,但在鱼类种群既分布在分区域渔业委员会成员国的专属经济区内,又分布在专属经济区外的邻接区域内,沿海国和在邻接海域内捕捞这种种群的国家,必须按照《公约》第 63 条第 2 款^④的规定,就在专属经济区的邻接海域中,养护这种种群的必要措施设法达成协议。

对于金枪鱼类,按照《公约》第 64 条第 1 款^⑤的规定,分区域渔业委员会的成员国有权要求其国民在分区域渔业委员会成员国区域内捕捞金枪鱼的非成员国,"直接或通过适当国际组织进行合作,以期确保这种鱼种的养护和促进最适度利用这种鱼种的目标。"

赞成:主席 YANAI;副主席 HOFFMANN;法官 NELSON,CHANDRASEKHARA RAO,AKL,WOLFRUM,NDIAYE,JESUS,COT,LUCKY,PAWLAK,TÜRK,KATEKA,GAO,BOUGUETAIA,GOLITSYN,PAIK,KELLY,ATTARD,KULYK;

反对:法官 NDIAYE

咨询意见于 2015 年 4 月 2 日在汉堡自由汉萨城以英法双语写成,英法双语文件具有同等官方效力。文件共三份,一份置于法庭档案馆,另外两份分别交存于分区域渔业委员会以及联合国秘书长处。

(签字)　Shunji YANAI,

主席

---

①　《公约》第 192 条:各国有保护和保全海洋环境的义务。(译者注)

②　《公约》第 193 条:各国有依据其环境政策和按照其保护和保全海洋环境的职责开发其自然资源的主权权利。(译者注)

③　《公约》序言第 4 段:认识到有需要通过本公约,在妥为顾及所有国家主权的情形下,为海洋建立一种法律秩序,以便利国际交通和促进海洋的和平用途,海洋资源的公平而有效的利用,海洋生物资源的养护以及研究、保护和保全海洋环境。(译者注)

④　《公约》第 63 条第 2 款:如果同一种群或有关联的鱼种的几个种群出现在专属经济区内而又出现在专属经济区外的邻接区域内,沿海国和在邻接区域内捕捞这种种群的国家,应直接或通过适当的分区域或区域组织,设法就必要措施达成协议,以养护在邻接区域内的这些种群。(译者注)

⑤　《公约》第 64 条第 1 款:沿海国和其国民在区域内捕捞附件一所列的高度洄游鱼种的其他国家应直接或通过适当国际组织进行合作,以期确保在专属经济区以内和以外的整个区域内的这种鱼种的养护和促进最适度利用这种鱼种的目标。在没有适当的国际组织存在的区域内,沿海国和其国民在区域内捕捞这些鱼种的其他国家,应合作设立这种组织并参加其工作。(译者注)

（签字）Philippe GAUTIER

秘书长

WOLFRUM 法官依据《法庭规则》第 125 条第 2 款①的授权,对法庭的咨询意见附加了声明。

R. W.

COT 法官依据《法庭规则》第 125 条第 2 款的授权,对法庭的咨询意见附加了声明。

J. - P. C.

NDIAYE 法官依据《法庭规约》第 30 条第 3 款②的授权,对法庭的咨询意见附加了独立意见。

T. M. N.

LUCKY 法官依据《法庭规约》第 30 条第 3 款的授权,对法庭的咨询意见附加了独立意见。

A. A. L.

PAIK 法官依据《法庭规约》第 30 条第 3 款的授权,对法庭的咨询意见附加了独立意见。

J. - H. P.

---

① 《法庭规则》第 125 条第 2 款:任何法官可对判决附加独立意见或反对意见;法官可以在不阐明理由的情况下,以声明的形式记录下对判决的同意或者反对意见。此规定同样适用于法院所发布的命令。(译者注)

② 《法庭规约》第 30 条第 3 款:倘判决书全部或一部分无法代表法官的一致意见,任何法官均有权发表独立意见。(译者注)

第六章
中国书面意见[①]

国际海洋法法庭
（第 21 号案）

分区域渔业委员会（SRFC）咨询意见请求
（向法庭所提交之咨询意见请求）

中华人民共和国书面意见

2013 年 11 月 26 日

---

① 《中国咨询意见》英文版原文参见：https://www.itlos.org/fileadmin/itlos/documents/cases/case_no. 21/written_statements_round1/C21_8_China_orig_Eng. pdf(2015 年 5 月 31 日访问)。

第一节 导 言

1. 国际海洋法法庭(简称 ITLOS 或法庭)依据《联合国海洋法公约》(简称《公约》)成立,2013 年 3 月 28 日受理了分区域渔业委员会(简称 SRFC)请求法庭发表咨询意见的申请(简称申请),案号为第 21 号。[①] 其成员国包括佛得角、赞比亚、几内亚、几内亚比绍、毛里塔尼亚、塞内加尔、塞拉利昂。以上国家自 1996 年以来均为联合国缔约国,同时也是沿海国。

2. 该申请依据《联合国海洋法公约》附件六第 21 款、《法庭规约》第 138 条和《分区域渔业委员会成员国管辖下海域海洋资源准入与开发最低条件确定公约》(简称《MCA 公约》)提交。[②] 其中,《MCA 公约》第 33 条规定:

分区域渔业委员会部长会议可授权常任秘书长向国际海洋法法庭提出申请就特定法律问题请求发表咨询意见。[③]

基于该规定,分区域渔业委员会常任秘书长经部长会议授权,于 2013 年 3 月 27 日和 28 日会议期间向国际海洋法法庭递交了申请。

3. 申请提出的理由是,鉴于"传统国际法领域已发生重大变化,特别是当船只从事非法、未报告以及无管束的捕捞行为不仅发生在本国专属经济区,也发生在其他国家时,船旗国的义务发生了显著变化",分区域渔业委员会认为法庭如果能明确界定出"所属成员国之间的权利和义务,特别是新创设的权利和义务",[④]那么对于成员国而言,是"有帮助的"。该申请就以下四个问题请求给出咨询意见:

(1) 当非法、未报告以及无管束的捕鱼行为发生在第三国的专属经济区内时,船旗国应承担何种义务?

(2) 当船舶悬挂一国旗帜进行非法、未报告以及未管束的捕鱼行为时,船旗国应在何种范围内承担责任?

(3) 当船旗国或国际机构在国际协议的框架下,向船舶签发捕鱼许可证,船旗国或国际机构是否应对捕鱼船舶违反沿岸国法律的行为承担责任?

(4) 沿岸国在保证共有种群以及有共同利益的种群,特别是小型远洋鱼类及

---

① See: www.itlos.org.

② 附件第六即《国际海洋法法庭规约》,根据第 318 条的规定,该附件是公约的组成部分。同时,《国际海洋法法庭规则》第 138 条第 1 款规定,"如果与公约目的有关的国际协定特别规定可向法庭提交咨询意见申请,则法庭可对该法律问题给出咨询意见"。

③ At www.itlos.org. 在该网站列出的或分区域渔业委员会常任秘书长提交的其他条约中没有相类似的条款。因此,其他条约不能作为法庭是否具有咨询管辖权的依据。

④ 参看 the Technical Note prepared by the Permanent Secretariat of the SRFC (Technical Note), 6, at www.itlos.org. 该文件作为提交申请的背景资料,也可见该申请附件中部长会议决议序言。

金枪鱼类的可持续管理方面，享有何种权利，承担何种义务？

4. 国际海洋法法庭依据《国际海洋法法庭规则》第 133 条第 3 款之规定，①于 2013 年 5 月 24 日邀请"《公约》缔约国、分区域渔业委员会和其他组织就以上提交的咨询问题提交书面意见"，并要求于 2013 年 11 月 29 日前提交。

5. 中国政府接到法庭命令后，即提交了书面意见（本意见）。中国政府的基本观点是，鉴于法庭在海洋法领域的重要地位，法庭应对其自身具有咨询管辖权的理论基础给出合理的解释和理由。法庭下设的海底争端分庭已在《联合国海洋法公约》框架下被授予咨询管辖权。因此，如果法庭不能依据《联合国海洋法公约》在法庭组织法中取得相应的咨询管辖权，不能严格履行法庭解决争端的职能，难免有滥用权力之嫌，规避《公约》所建立的解释和适用《公约》相关争端解决机制，从而削弱《公约》的效力。

6. 书面意见首先将回顾已具有咨询管辖权的国际法庭，特别是常设国际法院（简称 PCIJ）和国际法院（简称 ICJ），以探究咨询管辖权建立的一般基础。国际海洋法法庭若要寻求整个法庭具有咨询管辖权，也应遵循这些惯例。这一观点的理论基础在于"海洋法法庭运行的一般程序和行使的职权应遵循国际法院和其他国际法庭规约"。② 在第三次联合国海洋法会议（UNCLOS III）上，有关各国讨论关于海洋法法庭解决争端条款时，对此达成的共识贯彻了谈判的始终。③ 会议主席对此做出了清晰的阐述，并被一直保留到会议结束。在呈交给《公约》缔约国会议讨论的《海洋法法庭规则》草案中，④国际海底管理局和国际海洋法法庭筹备委员会第四特别委员会，⑤对此做了特别说明：

为保持一致性，本委员会认为，国际海洋法法庭规则应尽可能遵循国际法院

---

① See：www. itlos. org.

② 第三次联合国海洋法会议，会议主席备忘录，A/CONF. 62/WP. 9（A/CONF. 62/WP. 9/Add. 1），31 March 1976，Official Records，vol. v，122，para 30.

③ Myron H. Nordquist，Shabtai Rosenne and Louis B. Sohn，United Nations Convention on the Law of the Sea 1982：A Commentary，vol. v（Martinus Nijhoff Publishers，1989），A. Ⅵ. 10，336 – 337.

④ 缔约国会议依次向国际海洋法法庭递交了修改规则草案：ITLOS，Report of the ITLOS for the period 1996—1997，SPLOS/27，23 April 1998，para 42.

⑤ 依据第三次联合国海洋法会议最终决议建立，负责准备有关国际海洋法法庭设立所需各项安排的报告：Preparatory Commission，Report of the Preparatory Commission under Paragraph 10 of Resolution I Containing Recommendations for Submission to the Meeting of States Parties to Be Convened in Accordance with Annex Ⅵ，Article 4，of the Convention Regarding Practical Arrangements for the Establishment of the International Tribunal for the Law of the Sea，LOS/PCN/152（Vol. I），28 April 1995，Vol. I，3. 筹备委员会设立了第四特别委员会以准备该报告。

惯例和适用规则。①

7. 其次,本意见将说明《公约》仅认可国际海洋法法庭下设海底争端分庭被授予咨询管辖权,从未对整个法庭具有此项管辖权给出正当理由或提供合法基础。此外,在《公约》不适用的情况下,为法庭咨询管辖权寻找固有管辖权原则的支持也未获成功。经上述分析,法庭因此不具备咨询管辖权,分区域渔业委员会的申请应当被驳回。最后,书面意见将简要论述通过修订《公约》授予整个法庭咨询管辖权的可能性。

8. 本意见接下来将探讨如果法庭具有咨询管辖权,该申请是否属于法庭的管辖范围。此外,将就该申请行使管辖权的正当性进行分析。因为国际海洋法法庭"作为法院,即使发表咨询意见,也应遵守法院行为基本规范"。② 最后,汇总结论,书面呈交法庭。

第二节　国际法庭咨询管辖权之基础

一、常设国际法院之咨询管辖权

9. 首次对国际法庭具有咨询管辖权做出规定的是《国际联盟盟约》(LON Covenant)第 14 条之规定。③ 其规定如下:

> 行政院应筹拟设立常设国际法院之计划并交联盟各会员国采用。
> 凡各方提出属于国际性质之争议,该法院有权审理并判决之。凡有争议或问题经行政院或大会有所咨询,该法院亦可发表意见。

这在当时是对国际司法程序的改革创新。④ 毫无疑问这是常设国际法院本质上具有咨询管辖权的合法基础。⑤

10. 常设国际法院从设立之初即作为司法机关被视为是国际联盟(LON)的

---

① Provisional Report of Special Commission 4, Addendum (Final draft Rules of the Tribunal), LOS/PCN/SCN. 4/WP. 16/Add/1. 19 Jan. 1994, para 2, in: Preparatory Commission, Report of the Preparatory Commission under Paragraph 10 of Resolution I Containing Recommendations for Submission to the Meeting of States Parties to be Convened in Accordance with Annex Ⅵ, Article4, of the Convention Regarding Practical Arrangements for the Establishment of the International Tribunal for the Law of the Sea, LOS/PCN/152(Vol. I), 28 April 1995, Vol. I, 26.

② PCIJ, Status of Eastern Carelia, Advisory Opinion, 23 July 1923, PCIJ Series B, No. 5, 29.

③ [1920] Australian Treaty Series, 1 (adopted 28 June 1919; entry into force 10 Jan. 1920).

④ LON, Documents concerning the Action Taken by the Council of the League of Nations under Article14 of the Covenant and the Adoption by the Assembly of the Statute of the Permanent Court (Geneva, 1921), 211, No. 48, available at www. icj-cij. org. Also see Manley O. Hudson, The Permanent Court of International Justice 1920—1945: A Treatise (New York, The MacMillan Co. , 1943), 484 – 485.

⑤ 《常设国际法院规约》第 1 条规定:"常设国际法院依国际联盟盟约第十四条得以成立"。

组成机构。① 其具有的咨询管辖权被规定在组织文件中,随后在《国际法院规约》(ICJ Statute)中被加以明确,该规约作为附件在 1945 年联合国国际组织会议上通过,成为《联合国宪章》(UN Charter)"组成部分"。② 实际上,常设国际法院和国际联盟之间的关系,就如同国际法院和联合国(UN)之间的关系。二者之间彼此牵连,后者除了规定有关法院的组织条款外,也界定了法院的咨询管辖权范围。

二、国际法院咨询管辖权

11.《联合国宪章》第 96 条规定:

(1) 大会或安全理事会对于任何法律问题得请国际法院发表咨询意见;

(2) 联合国其他机关及各种专门机关,对于其工作范围内之任何法律问题,得随时以大会之授权,请求国际法院发表咨询意见。

12. 第 96 条条文明确规定了请求国际法院发表咨询意见的机构仅限于联合国大会(GA)、安理会(SC)以及联合国其他机关和经授权的专门机关。该条款界定了法院咨询管辖权中属人管辖权的范围。其中第二款明确规定有权提出请求的实体,请求事项必须是其工作范围内的法律问题。该条款的特别规定界定了法院就特定请求发表咨询意见时对事管辖权的范围。

13.《国际法院规约》第 65 条也对此做出重要规定,其中第 1 款规定:

法院对于任何法律问题如经任何团体由联合国宪章授权而请求或依照联合国宪章而请求时,得发表咨询意见。

该条款确认了法院的咨询管辖权,并与《联合国宪章》第 96 条规定相呼应,即任何团体经授权后可向法庭请求其发表咨询意见。通过有关组织条款的相互对应规定,国际法院的管辖权形成了完整的逻辑链条,合法性得以保证。

三、结论

14. 因此,常设国际法院和国际法院形成的惯例是,一般组织中的机关或相关机构应通过组织条约明确规定其咨询管辖权。而这两个法院的职能都是作为一般国际组织中的司法机关。众所周知,某些区域司法机构为维护其所在法律体

---

① LON Official Journal, March 1920, 37; Advisory Committee of Jurists, Procès-verbaux of the Proceedings of the Committee, 16 June – 24 July 1920, with Annexes (The Hague, Van Langenhuysen Brothers, 1920), 704, at www.icj-cij.org.

② Art. 92, UN Charter. Cf habtai Rosenne, The Law and Practice of the International Court, 1920—2005, vol. i (4thedn., Leiden/Boston, Martinus Nijhoff, 2006), 60 – 62.

系的完整,经组织条约授权也具有咨询管辖权。① 从这个角度来看,请求咨询意见的途径和提交事项的范围均被扩大了。② 但这些司法机关咨询管辖权的成立和拓展都必须通过缔结、修订或补充相关组织条约来实现。这一事实通过常设国际法院和国际法院先前确立的惯例得以巩固。任何司法机关自行设立的任何咨询管辖权,都将无视以往惯例,因此必须小心谨慎,避免违反。

15. 下一节将论述在此惯例基础上制定的《公约》中有关海洋法法庭职权的条款,其条款经第三次联合国海洋法会议讨论通过。

第三节 国际海洋法法庭之咨询管辖权

16. 据称,国际海洋法法庭的咨询管辖权源自《海洋法法庭规约》第 21 条之规定,是"国际司法制度的重大变革",③也被视为"诉讼管辖的潜在替代方式"。④ 对此,中国政府将阐述四点基本意见。

17. 首先,《公约》第十五部分只明确规定了争端的解决,并且仅解决有关解释或适用《公约》的争端。因此,该部分规定不涉及法庭咨询管辖权,其只能在第十一部分特别规定中寻找法律来源。此外,有关海洋法法庭管辖权的规定除了第十一部分和第十五部分中第 187 条、191 条和 288 条之外,附件六第 21 条对此也有所规定。其中,第 21 条对属物管辖做了概括性规定,前三个条款则做了具体规定。但纵观这四个条款,只有第十一部分中第 191 条明确规定了海洋法法庭下设一个分庭的咨询管辖权。

18. 其次,在区分诉讼程序和咨询程序的过程中,国际法院曾经注意到:

设立咨询管辖权的目的不是,至少不是直接解决成员国之间的争端,而是为提出咨询请求的机关和机构提供法律意见。⑤

---

① Art. 47 (1), European Convention for the Protection of Human Rights and Fundamental Freedoms (ECHR), at www. ech. coe. int (Protocol No. 2, of 6 May 1963, to the Convention provided the court with advisory competence); Grand Chamber, European Court of Human Rights, Advisory Opinion on certain legal questions concerning the lists of candidates submitted with a view to the election of judges to the European Court of Human Rights, 12 Feb. 2008, para 37, available at hudoc. echr. coe. int. Also see Art. 64 (1), American Convention on Human Rights (at www. oas. org) and Art. 2 (2), Statute for the Inter-American Court of Human Rights (at www. corteidh. or. cr).

② Cf Art. 1(1), Protocol No. 16, of 2 Oct. 2013, to the ECHR, at www. echr. coe. int.

③ 国际海洋法法庭庭长在联合国大会第 55 届全体会议上的发言(A/60/PV. 55),Agenda Item 75, "Oceans and the Law of the Sea", 28 Nov. 2005,27.

④ 国际海洋法法庭庭长在联合国大会第 55 届全体会议上的发言(A/60/PV. 55),Agenda Item 75, "Oceans and the Law of the Sea", 28 Nov. 2005,27.

⑤ ICJ, Legality of the Threat or Use of Nuclear Weapons, Advisory Opinion, ICJ Reports 1996, 226, para 15.

这一点也体现在其他具有咨询管辖权国际司法机构的管辖惯例之中。

19. 再次,国际海洋法法庭并非解决《公约》解释或适用争端的唯一司法机构,第 287 条第 1 款明确规定了包括其在内的四家司法管辖机构。如此看来,根据第三次联合国海洋法会议讨论通过的结果,参与讨论的国家并未想授予国际海洋法法庭对《公约》相关条款的唯一解释权。这与其授予国际海洋法法庭下设的海底争端分庭具有唯一咨询管辖权的态度截然不同。

20. 最后,第 159 条第 10 款和第 191 条明确规定了海底争端分庭的咨询管辖权。显然在第三次联合国海洋法会议上谈判各国在认真回顾了国际法院的咨询诉讼实践后,认为该分庭应当具有类似的职权,因此在《公约》中规定了相关的两个条款。其必要性似乎源于《公约》对国际海底管理局大会和理事会特别职能的授权。根据《公约》第 137 条第 2 款的规定,国际海底管理局显然是区域全权负责机构。① 相反,《公约》再未成立其他管理机构负责整个海洋法领域。单就这一点,法庭也有必要在本案中进一步证明其在《公约》框架下对本案具有咨询管辖权。②

21. 根据上述分析,因此有必要对《公约》相关条款进行认真的研究。中国政府认为,在这一过程中,重点要解决整个海洋法法庭具有咨询管辖权的法律依据问题。纵观《公约》目前的相关条款,仍然欠缺相关法律依据。

一、国际海洋法法庭下设海底争端分庭之咨询管辖权

22. 在《公约》框架体系中,国际海洋法法庭的一个分庭已被明确授予了咨询管辖权,基于此,法庭已经实际具有了咨询管辖权。《公约》第 191 条规定:

> 海底争端分庭经大会或理事会请求,应对它们活动范围内发生的法律问题提出咨询意见。这种咨询意见应作为紧急事项提出。

当然,第 159 条第 10 款也暗含规定在特定条件下,国际海底管理局大会可向国际海洋法法庭寻求咨询意见的帮助。

23. 海底争端分庭之所以在《公约》授权管辖范围内具有独一无二的咨询管辖权有四点原因。除此之外,并无迹象表明,整个海洋法法庭具有类似的管辖权。

24. 第一,第 191 条被规定在第十一部分第 5 节中,该节标题为"争端的解决和咨询意见",显然第三次联合国海洋法会议谈判各国是经过深思熟虑后拟定的该节名称。在《1975 年非正式单独协商文本》中,拟成立的法庭被赋予与未来海

---

① 对"区域"内资源的一切权利属于全人类,由管理局代表全人类行使。这种资源不得让渡。但从"区域"内回收的矿物,只可按照本部分和管理局的规则、规章和程序予以让渡。

② Report of the Twenty-third Meeting of States Parties, SPLOS/263, 8 July 2013, para 21(法庭在决定是否行使管辖权时,很重要的一点是要全面考虑所有缔约国之间的利害关系).

底管理局理事会工作职责相关的咨询管辖权,后在 1979 年其更名为"国际海洋法法庭海底争端分庭"。① 在第三次联合国海洋法会议上的相关讨论中,海底争端分庭自始被赋予咨询管辖权。与此形成对比的是,整个海洋法法庭从未被赋予类似职权。② 这种完全不同的态度自然可以推定出整个海洋法法庭并未被授予咨询管辖权,实际上其也不具有此项职权。此外,二者管辖权的不同也体现在,在第三次联合国海洋法会议后续谈判中,各国在讨论《公约》未来框架和组织形式时,认为"条约中基于对海底争端分庭对管辖区域内争端解决具有的管辖权所达成的普遍共识,并不意味着国际海洋法法庭对其他争端当然具有同样的管辖权"。③ 显而易见,因其咨询管辖权未明确规定在谈判文本中,对各国便不具有约束力。

25. 第二,值得注意的是海底争端分庭的管辖权是在附件六第 14 条中加以规定的,"分庭的管辖权、权力和职务,应如第十一部分第五节所规定"。而附件六第 21 条虽然规定了海洋法法庭的管辖权,却并未包括海底争端分庭的管辖权。因为海底争端分庭的管辖权在第十一部分中已做出了明确规定。此外,该分庭的属人管辖权和适用法律被规定在附件六第四节而不是第二节中。因此,国际海洋法法庭如果想扩大其咨询管辖权至整个法庭,则应当在《公约》中找到明确的法律规定。

26. 第三,海底争端分庭的独有管辖权在附件六第 40 条中也有所体现。该条规定:

> (1) 本附件中与本节不相抵触的其他各节的规定,适用于分庭;
> (2) 分庭在执行其有关咨询意见的职务时,应在其认为可以适用的范围内,受本附件中关于法庭程序的规定的指导。

因此,海底争端分庭并不当然接受附件六中除第四节之外其他各节的约束,其行使管辖权时也可忽略该部分有关程序的相关规定。第 40 条第 2 款显然是对分庭咨询管辖权的特别规定,因为其规定该分庭可适用本附件中相关法庭程序规定,即第 40 条规定分庭行使的任意决定权并不包括咨询管辖权程序。如果附件六其他章节多少规定了一点有关海洋法法庭的咨询管辖权,那么第 40 条第 2 款也不会特别对海底争端分庭任意决定权作出单独规定。对此唯一解释的理由是,附件六其他各节有关"海洋法法庭程序"的规定,并不适用于咨询诉讼,因此分庭

---

① Satya N. Nandan, Michael W. Lodge, Shabtai Rosenne. United Nations Convention on the Law of the Sea 1982: A Commentary, vol. vi (Martinus Nijhoff Publishers, 2002), ss. 191.3 – 191.5, 642 – 643.

② Satya N. Nandan, Michael W. Lodge, Shabtai Rosenne. United Nations Convention on the Law of the Sea 1982: A Commentary, vol. vi (Martinus Nijhoff Publishers, 2002), ss. 191.7(b), 644.

③ UNCLOS III, Memorandum by the President of the Conference and document of A/CONF. 62/WP. 10, A/CONF. 62/WP. 10/Add. 1, 22 July 1977, Official Records, vol. viii, 70.

只能像过去一样临时启动该程序。该规定明确表明了第三次联合国海洋法会议谈判各国最初的立法意图,实际上,"海洋法法庭本身不具有咨询管辖权"。①

27. 第四,海底争端分庭独有的咨询管辖权基于第191条的规定实质上是一项义务,因此,其无权拒绝受理请求发布咨询意见的申请。这一强行性的规定与常设国际法院、国际法院和其他司法机构行使咨询管辖权所具有的任意性完全不同。

28. 因此,海底争端分庭的咨询管辖权是其独有的,自从在第三次联合国海洋法会议讨论过程中首次被提出就已经具有。此外,在《1994年海洋法法庭规则最终草案》中,筹备委员会中第四特别委员会在第六部分中规定了该分庭的咨询管辖权,题目为"咨询程序"。② 因此,意味着会议谈判各国并没有意图在最终通过的法案中把此项权力扩大至整个海洋法法庭。这是唯一可以对此作出解释的理由。简而言之,《公约》如果想要赋予整个海洋法法庭咨询管辖权的话,就不会仅规定其下设的一个分庭单独具有此项权力。

二、《公约》第288条第2款不是法庭具有咨询管辖权的法律依据

29.《公约》第288条第2款要解决的是根据《公约》第287条提交给法院或法庭任何有关《公约》解释或适用的争端问题,这一条款显然与海洋法法庭的咨询管辖权毫无关系。第288条被规定在第十五部分第二节中,这一节的题目是"导致有拘束力裁判的强制程序"。作为惯例,一般咨询管辖权并不具有强制约束力,③除非条约特别规定咨询意见具有约束力。④ 此外,提交咨询诉讼的法律问题也未必都是《公约》规定的"争端"问题。⑤

相反,如果在任何条约中都规定咨询诉讼程序,将是多此一举,因为该程序已被涵盖在争端解决的基本规则之中。此外,提交咨询的争端应当是法律问题。未经相关国家同意而对争端作出裁定将会引发争议,对此的进一步论述见以下第六章第二节⑥。必须指出的是,在1944年召开的非正式内部会议中,在讨论常设国

---

① Myron H. Nordquist, Shabtai Rosenne, Louis B. Sohn. United Nations Convention on the Sea 1982:A Commentary, vol. v (Martinus Nijhoff Publishers, 1989), A. VI. 204, 416.

② Preparatory Commission, supra note 10, 86 – 89.

③ ICJ, Interpretation of Peace Treaties, Advisory Opinion, ICJ Reports 1950, 65, 71 (法庭意见只具有咨询建议性质,并无强制约束力).

④ Art. XII, Statute of the Administrative Tribunal of the International Labour Organization. at www.ilo.org.

⑤ ICJ, Peace Treaties, supra note 29. Also see ICJ, Case Concerning the Northern Cameroon (Cameroon v. UK), Preliminary Objections, ICJ Reports 1963, 131, 133, para 4 (Separate Opinion of Judge Morelli); ICJ, Legality of the Threat or Use of Nuclear Weapons, ICJ, ICJ Reports 1996(事实上,若向法庭请求出具咨询意见的问题与某一特定争端并无关系,那么法庭将拒绝受理该请求).

⑥ 原文中所述的第六章第二节是指本书本章第六节"二、咨询程序中相关国家的同意"。(译者注)

际法院和战后新法庭的构建时,相关成员国也意识到了这一点。①

30. 这一点在《公约》相关条款中得到了进一步证实,其中第 191 条所在章节的标题为"争端的解决和咨询意见"与第 288 条所在章节的标题"导致有拘束力裁判的强制程序"截然不同。

31. 在第十五部分其他条款中也有同样的规定,例如第 280 条。该条款赋予了《公约》缔约国自由选择权,但该选择权仅限于解决有关《公约》条款解释或适用的争端。就第十五部分整体规定而言不能解释为默认了咨询管辖权的存在。

三、《公约》附件六不是法庭具有咨询管辖权的法律依据

(一)《公约》附件六第 21 条

32.《公约》附件六第 21 条被认为是法庭中对本案具有咨询管辖权的法律基础。② 其中有关"管辖权"的规定如下:

> 法庭的管辖权包括按照本公约向其提交的一切争端和申请,和将管辖权授予法庭的任何其他国际协定中具体规定的一切申请。

33. 这一条款规定了海洋法法庭有权管辖的三种类型案件。第一种,根据《公约》规定提交法庭受理的"一切争端";第二种,根据《公约》规定提交法庭受理的"一切申请";第三种,根据其他任何国际协定规定,法庭应受理的案件。这三类案件是海洋法法庭可受理的全部案件。

34. 第一类案件所指的"争端"解决,在《公约》框架下,毫无疑问是指海洋法法庭行使诉讼管辖权,这一特定用语的使用不能产生咨询管辖权。

35. 第二种类型,从其字面表述"一切申请"来看,似乎范围非常宽泛,包括申请或请求发表咨询意见,也符合第 21 条规定的根据《公约》规定提交的申请。但如果《公约》中没有其他相关的条款规定,仅就该表述本身不能得出《公约》已经默认整个海洋法法庭具有咨询管辖权的结论。实际上,"申请"本身已经界定了在《公约》第十五部分中的含义和适用范围。例如,第 292 条规定了迅速释放条款,第 294 条规定了前置程序条款。以上任何一个条款都无关整个海洋法法庭的咨询管辖权。

36. 关于第三类案件,回顾第 21 条的起草过程就已清楚地表明该条款要解

---

① Report of the Informal Inter-Allied Committee on the Future of the Permanent Court of International Justice, 10 Feb 1946, in 39 American Journal of International Law (1945), Supplement, 1, para 71.

② 国际海洋法法庭庭长在联合国大会第 55 次全体会议上的发言(A/60/PV. 55),Agenda Item 75, "Oceans and the Law of the Sea", 28 Nov. 2005,27.

决的是争端问题。① 在起草过程中,没有任何一个国家或起草委员会提出该条款要赋予整个海洋法法庭咨询管辖权。此外,第 21 条和《国际法院规约》第 36 条第 1 款的规定类似。②《国际法院规约》第 36 条第 1 款规定:

> 法院之管辖包括各当事国提交之一切案件,及联合国宪章或现行条约及协约中所特定之一切事件。

根据该规定,第 36 条第 1 款所指"一切特别事件"是指未来发生目前尚未界定的案件,包括"在仲裁条款中约定的因条约解释或适用而产生的争端"。③ 但不论是"案件"还是"事件",国际法庭的管辖权都从经当事方同意转为解决相关争端。④ 没有迹象表明,第 36 条第 1 款中所指的一切"事件"不是上述案件或更广义的"争端"。⑤ 因此,这三个术语在此法律语境下是可以相互替换的。同时,纵观《国际法院规约》的规定,其咨询管辖权已在第 65 条得以明确,因此第 36 条根本没有必要再加以赘述。《国际法院规约》的这种编排方式表明对"一切事件"的正确理解仅限于与争端相关的案件。

37. 综上,以上三种方式都不涵盖整个海洋法法庭的咨询管辖权,不能作为其具有此项管辖权的依据。

38. 因此,第 21 条在任何情况下,都只能限定在附件六第二节中加以解释。纵观该部分其他条款,毫无疑问也限定了第 21 条对海洋法法庭管辖权的规定仅限于解决争端的诉讼管辖。

(二)《公约》附件六其他条款限定第 21 条对争端的适用

1. 第 1 条第 4 款之限定

39. 附件六第 1 条第 4 款规定,"将争端提交法庭应遵守第十一和第十五部分的规定。"这是唯一在附件中被冠以一般规定的条款。但条款中所规定的海洋法法庭所管辖争端并不包括可行使咨询管辖权的"任何法律问题"。此外,根据这一条款规定,海洋法法庭所能解决的争端必须遵守第十一部分和第十五部分的规定。而这两部分并未授权海洋法法庭可启动咨询管辖程序。唯一被认可具有咨

---

① Myron H. Nordquist, Shabtai Rosenne, Louis B. Sohn. United Nations Convention on the Law of the Sea 1982: A Commentary, vol. ⅴ (Martinus Nijhoff Publishers, 1989), A. Ⅵ. 125 – 128, 378 – 380.

② Ibid., A. Ⅵ. 122, 378.

③ Shabtai Rosenne, The Law and Practice of the International Court,1920—2005, vol. ⅱ (4th edn., Leiden/Boston, Martinus Nijhoff, 2006), 641.

④ Shabtai Rosenne, The Law and Practice of the International Court,1920—2005, vol. ⅱ (4th edn., Leiden/Boston, Martinus Nijhoff, 2006), 641.

⑤ Christian Tomuschat, "Article 36", in Andreas Zimmermann, Christian Tomuschat, Karin Oellers-Frahm, and Christian Tams (eds.). The Statute of the International Court of Justice: A Commentary (2nd edn., Oxford, Oxford University Press, 2012), 660, mn 38.

询管辖权的机构是海底争端分庭,在第十一部分中有大量条款对其加以了规定。

40. 显然,第 1 条第 4 款清楚地界定了海洋法法庭的职能仅限定于第十一部分和第十五部分解决争端的范围内,再无其他。

2. 第 20 条之限定

41. 在附件六中,第 20 条被规定在第二节中,该节标题是"权限"。而第 20 条的标题是"向法庭申诉的机会"。这一节包括第 20 条至第 23 条四个条款。其中,第 20 条第 1 款规定海洋法法庭面向《公约》全体缔约国。其中第 20 条第 2 款规定:

对于第十一部分明文规定的任何案件,或按照案件当事所有各方接受的将管辖权授予法庭的任何其他协定提交的任何案件,法庭应对缔约国以外的实体开放。

因此,第 20 条规定了国际海洋法法庭的属人管辖范围。

42. 正如第 20 条标题显示,该条并非全面规定海洋法法庭的管辖权,而是被涵盖在第 21 条之内。第 20 条的关键词是申诉的对象,即规定向海洋法法庭提交申请的实体。此外,第 20 条第 2 款表述中的"案件当事所有各方",实际上限定了海洋法法庭可受理的争端管辖对象。很显然,诉讼案件的当事方是多方。"所有各方"的表述显然与咨询程序的性质不符。

3. 第 22 条之限定

43. 本条款中规定的"有关这种条约或《公约》的解释或适用的任何争端",其中所涉条约和《公约》既是现行有效的,也得与《公约》主题事项相关。因此,如果这一条款被视为是对附件六第 21 条规定的细化[①],则进一步证明附件六第二节对海洋法法庭职能的规定仅限于解决争端,本质上属于诉讼管辖。

4. 第 23 条之限定

44. 对于海洋法法庭管辖权具有的诉讼本质在附件六第二节第 23 条"可适用的法律"中得以进一步证实,这一条款规定"法庭应按照第 293 条裁判一切争端和申请"。第 293 条被规定在第十五部分第二节中,其条文如下,"根据本节具有管辖权的法院或法庭应适用本公约和其他与本公约不相抵触的国际法规则"。

45. 因此,法院或法庭的管辖权适用于第十五部分第二节第 293 条的规定。一个有趣的现象是,仅有附件六第 23 条是关于海洋法法庭强制诉讼管辖权的规定。如果整个海洋法法庭的管辖权不包括咨询程序规定,似乎《公约》对咨询程序的法律规定就会出现极大的空白。因为,《公约》中除了附件六第 40 条,再无其他条款对此有规定。

---

① Myron H. Nordquist, Shabtai Rosenne, Louis B. Sohn, United Nations Convention on the Law of the Sea 1982: A Commentary, vol. v (Martinus Nijhoff Publishers, 1989), A. VI. 129, 380.

5. 第 24 条之限定

46. 第 24 条规定出现在附件六第三节有关法庭诉讼程序一节中,规定了海洋法法庭诉讼制度。其中第一款规定:

> 争端可根据情况以将特别协定通知书记官长或以将申请书送达书记官长的方式提交法庭。两种方式均应载明争端事由和争端各方。

47. 该条款规定提交争端有两种方式,一是特别协定,二是书面申请。两种方式都要求明确争端事由和"争端各方"。就字面意思而言,其对诉讼程序的规定并未包含提交法律意见的咨询程序。对相关程序规则的规定仅见《公约》附件六第 40 条第 2 款,有关海底争端分庭咨询程序的条款。除此之外,在第 3 节中再无关于咨询程序规则的规定。

48. 有关整个海洋法法庭咨询管辖权欠缺程序规则规定的现象,也同样存在于附件六第 30 条的规定当中。

6. 第 30 条和相关条款之限定

49. 第 30 条规定了海洋法法庭出具的判决书模式。即使从广义上理解,"判决书"也不应包括咨询意见。同样,附件六第 39 条规定的"裁判",也无此意;但从其字面之意来看,应当包括海底争端分庭的判决或命令。

四、《公约》附件九不是法庭具有咨询管辖权的法律依据

50. 附件九标题是"国际组织的参加",其中第 7 条规定"争端的解决",解决的是有关本公约的解释或适用的争端。第 7 条第 2 款规定:

> 第十五部分比照适用于争端一方或多方是国际组织的本公约缔约各方间的任何争端。

51. 从上述条款看出,第十五部分目的和目标的设定也适用于有关国际组织间的争端。参照其中第 7 条的规定,附件九因此成为《公约》框架下争端解决体系中不可或缺的部分。[①] 但从第 7 条字面意思来看,并未涉及咨询管辖权。

52. 此外,我们注意到,附件九中只有第 7 条款规定了司法机构的介入。换句话说,除了争端解决,该部分未对包括海洋法法庭在内的司法机构其他任何职能做出规定。同样的情况也见第十五部分,该部分对咨询管辖权未作任何解释。

---

① Myron H. Nordquist, Shabtai Rosenne, Louis B. Sohn. United Nations Convention on the Law of the Sea 1982: A Commentary, vol. ⅴ (Martinus Nijhoff Publishers, 1989), A. Ⅸ. 10, 462.

五、结论

53.以上分析证明《公约》没有为整个海洋法法庭的咨询管辖权提供法律依据。结论如下：

54.一是,附件六作为《公约》不可或缺的一部分和《公约》第十一部分、第十五部分相关条款共同构成《公约》和其他条约解释或适用《公约》争端解决的法律体系。因此,附件六有关海洋法法庭组织制度和程序规定的条款,主要是为实施第十一部分和第十五部分相关规定而设计的。附件六第21条则是对这两部分有关管辖权规定的概括总结。但海洋法法庭依据附件六和第十一部分、第十五部分未能获得咨询管辖权。这一结论通过对第288条和附件九的相关规定分析可以得到进一步证实。

55.其次,附件六中相关条款的意思表示进一步限定了海洋法法庭管辖案件仅限于诉讼案件。

第四节　法院或法庭固有管辖权原则

56.即使海洋法法庭并未基于该原则而取得形式上的咨询管辖权,但因其与目前讨论的问题有关,也可能为整个法庭管辖权的最终获得提供《海洋法法庭规约》之外的理论支持。

57.在国际司法实践中,众所周知,在某些情况下,已存在法院或法庭固有管辖权原则的适用情形。在有关组织法中,固有管辖权作为法院或法庭的司法功能自然存在,无需特别规定。① 国际法院曾表述其固有管辖权内涵如下：

> 应该强调的是法院具有的固有管辖权可保证其采取必要行动,一方面确保已建立起来的管辖权不遭到破坏,另一方面使得一切争端解决有法可依,限制法庭管辖权的行使,维护其司法本质。在此原则基础上,法院作为各缔约国同意设立的司法机关,得以充分授权做出必要判决,保证其基本司法职能的实施。②

58.在上述案件中,国际法院详细阐述了法院管辖或受理其他问题的权力,"虽然这些问题不能被严格分类,但必须按照司法本质进行审查"。③ 特别是在案

---

① International Tribunal for the Former Yugoslavia (ICTY), Prosecutor v. Tihomir Blaškić, Judgement on the Request of the Republic of Croatia for Review of the Decision of Trial Chamber II of 18 July 1997, Case No. IT－95－14－AR 108 bis, Appeals Chamber, 29 Oct. 1997, para 25, n 27.

② ICJ, Nuclear Tests(Australia v. France), Judgment, ICJ Reports 1974, 253, para 23.

③ ICJ, Nuclear Tests(Australia v. France), Judgment, ICJ Reports 1974, 253, para 22.

件受理阶段,法院应尽力确定案件争端的真正所在。① 因此,固有管辖权是法院行使优先管辖权的辅助权力。

59. 因此,国际法院在实践中明确地设定了一种区别于优先管辖权的管辖权,并被联合国宪章及国际法院规约所认可。这种裁量管辖权被认为是"法院应当具备的或经相关法律确认的管辖权"。② 但咨询管辖权与之不同,其和诉讼管辖权一样都是法院的基本管辖权。咨询管辖权从本质上讲,并非国际法院诉讼管辖的必备要件,对于保证法院有序运行和司法特性而言也非必要。简而言之,它是与诉讼管辖权并行的权力。③

60. 国际法院提出的固有管辖权概念已经被其他国际司法机关所认可。因此,前南斯拉夫问题国际刑事法庭上诉庭在论及规约中并未强调藐视法庭的惩处权限时,写道:"然而,法院具有的固有管辖权源于法院的司法职能,从而确保其依规约顺利行使管辖权和实现基本司法职能。"④众所周知,国际司法实践已经证明固有管辖权原则大量存在于法院和法庭司法活动的各种程序权力之中。⑤

61. 从上述分析可以得知,国际法院或法庭所遵循的固有管辖权原则在国际司法实践中若想被确认,其前提是该管辖权本质上具有附属性,与程序权力相关,有助于法院或法庭基本管辖权的行使。然而,基本管辖权只能源于法院或法庭的组织法。其他同等权力的取得也必须来自于组织法授权的立法行为。基于判例法取得的管辖权不具有正当性。

62. 另外还需强调的一点是,当法院或法庭通过制定组织法程序条款来取得这一权力时,并不当然基于此获得咨询管辖权。通过这样的条款而取得的权力显然是受限制的,因为程序规则不等同于管辖权规定或实体法。就此而言,在实践中,国际法院或法庭若想通过立法增加新的职权,显然只能依赖于缔结组织条约的缔约国而非司法机构本身。

63. 在1994年提交缔约国会议审议的《海洋法法庭规则最终草案》中,筹备委员会第四特别委员会在第六部分"咨询程序"中根本未提及海洋法法庭的咨询管辖权。⑥ 整个第六部分只是明确规定了海底争端分庭。虽然《公约》附件六第16条规定海洋法法庭可以订立程序规则,但纵观整个《公约》条文,并无授权海洋

---

① ICJ, Nuclear Tests(Australia v. France), Judgment, ICJ Reports 1974, 253, para 29.

② ICJ, Northern Cameroon, supra note 31, 97, 103 (Separate Opinion of Judge Fitzmaurice).

③ ICJ, Legality of the Threat or Use of Nuclear Weapons, supra note 21, Dissenting Opinion of Judge Oda, para. 47.

④ ICTY, Prosecutor v. DuškoTadić. Judgement on Allegations of Contempt against Prior Counsel, Milan Vujin, Case No. IT - 94 - 1 - A - R77, 31 Jan. 2000, para 13.

⑤ Cf Chester Brown. The Inherent Powers of International Courts and Tribunals. 76 British Year Book of International Law, 2005(195):211 - 222.

⑥ Preparatory Commission, supra note 10, 86 - 89.

法法庭可扩大其管辖权的规定。因此,必须提醒注意的是,《海洋法法庭规则》第138 条的规定可以说是法庭行使固有管辖权原则的体现。[1]

第五节　未来之路:修订《公约》扩大咨询管辖权

64. 中国政府当然关注到对咨询管辖权需求的呼声。如果海洋法法庭确需扩大咨询管辖权,可以通过完善修订《公约》的相关条款来实现,但应遵守通过条约缔约方协商修订相关条款的基本规则。[2] 根据《公约》规定,有两种修订方式可以采纳。

65. 第一种方式源于《公约》第 312 条第 1 款之规定:

> 自本公约生效之日起十年期间届满后,缔约国可给联合国秘书长书面通知,对本公约提出不涉及'区域'内活动的具体修正案,并要求召开会议审议这种提出的修正案。秘书长应将这种通知分送所有缔约国。如果在分送通知之日起十二个月以内,有不少于半数的缔约国作出答复赞成这一要求,秘书长应召开会议。

根据上述规定,自 2004 年 9 月起,该条款已经生效,缔约国任何单独一方都可以提出修改动议。

66. 第二种方式见《公约》第 313 条,其中第 1 款规定:

> 缔约国可给联合国秘书长书面通知,提议将本公约的修正案不经召开会议,以本条规定的简化程序予以通过,但关于《区域》内活动的修正案除外。秘书长应将通知分送所有缔约国。

基于该规定,任何缔约方都可提交修正案而无需召开全体缔约方大会。

67. 以上两种方式在《公约》中均明文规定,提交方式简单易行。虽然到目前为止,尚未有任何修正案提交过,但从未来发展趋势来看,这两种方式比其他方式更有吸引力。

68. 作为提醒,本意见强调任何基于当前目的对《公约》的修订都应遵守《公约》各缔约国通过的管辖规则、适用法律和程序规定,同时符合海洋法法庭咨询程序的特别规定。例如,现行国际法院有关咨询程序那些行之有效的条款,首先限定适用于依《公约》设立的机构,其次适用于依与《公约》有关的其他条约设立的国际组织,且提交的问题限定为发生在这些机构或组织活动范围内的法律问题。也

---

[1] Cf P. Chandrase Khara Rao and Ph. Gautier (eds.), The Rules of the International Tribunal for the Law of the Sea: A Commentary (Leiden/Boston, Martinus Nijhoff Publishers, 2006), 375, 393.

[2] Art. 39, Vienna Convention on the Law of Treaties (1969).

就是说,提交的法律问题和最终咨询意见均不应影响《公约》或相关条约、协约的第三国。

第六节　与分区域渔业委员请求相关的
管辖权和司法正当性问题

一、管辖权问题

69. 即使假定海洋法法庭根据《公约》附件六第 21 条规定具有咨询管辖权,[①] 此次提交咨询的请求仍然超出了法庭的管辖范围。因为该申请均未满足附件六第 20 条第 2 款和第 21 条的规定。

70. 正如上文第三章第三节第二点所述,附件六第 20 条规定了海洋法法庭的属人管辖权。当不能满足属人管辖权的条件要求时,法庭将丧失诉讼管辖权或者咨询管辖权。在国际法院的实践中,法院认为属人管辖优于属地管辖。[②] 从目前的条文排序来看,第 20 条在先,第 21 条在后。自然而然,在确定海洋法法庭管辖权时第 20 条应当被优先考虑适用。作为规定海洋法法庭管辖权的两个重要条款,第 21 条和第 20 条是相互补充,相互限制的关系,被共同规定在附件六同一节当中。

71. 从第 20 条第 1 款的表述来看,并未规定海洋法法庭有权发表咨询意见。因此,可以肯定的是,只有第 20 条第 2 款与目前讨论的海洋法法庭咨询管辖权有关。根据该条款规定,如果该申请由《公约》缔约国提出,则海洋法法庭无管辖权。海洋法法庭受理的第 21 号案件正好符合该条件,申请方是《公约》七个缔约国,同时也是分区域渔业委员会和《MCA 公约》的成员国和缔约国。

72. 该申请提交的主体是分区域渔业委员会,但其在申请中提到,之所以提交该申请对于其成员国有特别的目的,正如其申请中所述,"明确界定出所属成员国之间的权利和义务,特别是新创设的权利和义务"。[③] 这种申请主体身份间的明显转变很容易引起困惑。即使分区域渔业委员会根据 1985 年制定、1993 年修订的组织条约具有法人资格,但在其提交申请所附的技术说明或者其他相关文件中,并未就其和成员国之间的法律资格界定和范围的分配和转让做出明确说明。因此,正如该申请中提出的问题更多关涉有关成员国的权利和义务而非分区域渔

---

① 海洋法法庭庭长在联合国大会第 55 次全体会议上的讲话(A/60/PV.55),Agenda Item 75,"Oceans and the Law of the Sea",28 Nov. 2005,27.

② ICJ, Legality of Use of Force(Serbia and Montenegro v. Belgium), Preliminary Objections, ICJ Reports 2004,279, para 46.

③ Technical Note,6.

业委员会,该申请似乎更适合由其成员国提交。即使如此,这种做法也完全忽视了常设国际法院和国际法院已形成的惯例和《公约》第191条的规定,只能由有关国际组织提出咨询意见申请以指导其行为。因此,根据附件六第20条第2款的规定,因欠缺主体资格,海洋法法庭对其请求无管辖权。

73. 此外,第20条第2款规定海洋法法庭受理非《公约》缔约国以外的实体提交的案件仅有两种类型。第一种,"第十一部分明文规定的任何案件";第二种,"按照案件当事所有各方接受的将管辖权授予法庭的任何其他协定提交的任何案件"。据此,可立即判断出法庭受理的第21号案件并不符合第一种类型,因为其并不在第十一部分条款规定的范围之内,应当归于第二种案件受理类型,但似乎该申请也不符合其条件。

74. 第二种类型中所指的达成一致必须关涉"案件",海洋法法庭对此的管辖权也应基于"案件当事所有各方接受"。① 但该提交的申请中并未提到实际案件的存在。虽然《MCA 公约》第33条确实规定了"事件"包括案件。然而根据《MCA 公约》第33条而非第34条"争议解决"条款规定,本案提交的问题并非诉讼案件,也未涉及案件"各当事方"。否则,应当依据第34条加以解决。即使第33条中使用的术语"特定法律事件"包括附件六第20条第2款中规定的案件,也没有证据表明海洋法法庭受理的案件当事方不是分区域渔业委员会,而是其他当事方。因此,根据附件六第20条第2款,尚不清楚,《MCA 公约》是否已被该申请"案件当事所有各方"所接受。此外,如果《MCA 公约》公约并未被当事方分区域渔业委员会接受,就目前案件提交的材料而言,该委员会也不能根据第20条第2款找到利于其主体资格被海洋法法庭认可的规定。据此,海洋法法庭就该组织提交的申请无管辖权。

75.《公约》附件六第21条和其之前的第20条第2款均对其他协定作出了规定,但后者特别对案件所有各方一致同意加以了规定。② 如果从字面意思来看,两个条款都表述为"其他协定",但区别在于第20条第2款表达的意思更窄,因为其限定协定应当被案件当事所有各方接受,因此其效力优于第21条。据此,不论怎样,将管辖权授予法庭的国际协定在适用以上两个条款时,应当优先适用第20条第2款之规定;否则仅依据第21条规定,法庭也不具有管辖权。

76. 根据附件六第21条的规定,很显然该申请不属于第三分节中论述的三种类型中的任何一种。既然该申请不符合第21条规定的争端或申请,那么它只能属于该条款项下的第三种类型,"任何其他国际协定中具体规定的一切申请"。

① Myron H. Nordquist, Shabtai Rosenne, Louis B. Sohn. United Nations Convention on the Law of the Sea 1982: A Commentary, vol. v(Martinus Nijhoff Publishers, 1989), A. VI. 115,375.

② Myron H. Nordquist, Shabtai Rosenne, Louis B. Sohn. United Nations Convention on the Law of the Sea 1982: A Commentary, vol. v(Martinus Nijhoff Publishers, 1989), A. VI. 124,378.

77. 对第 21 条规定的合理解释是,任何其他国际协定中具体规定的一切申请,必须有关该协定的解释或适用。就本案而言,即指《MCA 公约》。因此其在申请中提出的问题也应当属于《MCA 公约》调整的事项。即便如此,就该申请是否符合第 21 条"具体规定"的事项仍有两个问题尚待解决。

78. 问题一,对第 21 条条款的理解适用必须结合分区域渔业委员会在《MCA 公约》中所描述的职能,毕竟在本案中提交申请的是分区域渔业委员会,海洋法法庭作出的咨询建议自然有助于该委员会作为国际组织发挥其在分区域渔业委员会组织法《1985 年关于成立分区域渔业委员会的协定》中规定的职能作用。① 当然这些职能在该组织成员国随后签订的一系列条约中,包括《MCA 公约》,被进一步被提炼、补充和修订。因此,这些职能应当是咨询建议考虑的重点。然而纵览《公约》各条款,仅有第 19 条第 2 款、第 26 条第 5 款、第 29 条第 4 款、第 32 条第 2 款、第 33 条、第 34 条第款、第 37 条等少数条款对分区域渔业委员会及其机构的职能做出规定。咨询意见申请中提交的问题并未体现出其与这些条款的解释或应用密切相关,也就是说不满足第 21 条规定的"具体规定"事项条件。因此,申请中提交的问题是否有助于分区域渔业委员会执行《MCA 公约》还是未知数。

79. 问题二,对第 21 条条款适用的理解应当结合《MCA 公约》规定的任何实质事件,包括分区域渔业委员会的职能。从更广义上理解,该申请提出的问题并不当然属于《MCA 公约》"具体规定"的事项,已经超越了《MCA 公约》规定的权限范围,因此不能适用第 21 条规定的情形。这些问题也并非一般条款,而是直接涉及船旗国船只取得国际组织的渔业捕捞许可,从事非法、未报告以及无管束的捕鱼行为,对沿岸国造成损害时的权利、义务和责任。但是《MCA 公约》更多规定的不是第三国而是第三国船只的义务,例如第 4 条第 1 款、第 5 条、第 10 条、第 16 条、第 17 条第 1 款、第 18 条、第 27 条和第 28 条的规定。此外,请求中提出的第一个问题有关船旗国船只被认为在"第三国"所辖专属经济区内从事非法、未报告以及无管束的捕鱼行为。根据《MCA 公约》第 2 条规定的第三国,可能非《公约》成员国,因此也非分区域渔业委员会成员国。如果船旗国也是《MCA 公约》中的第三国,那么第一个问题的提出对于《MCA 公约》成员国和分区域渔业委员会本身而言毫无意义。此外,《公约》也并未涉及申请中第二个和第三个问题中的责任问题,更不用说"具体规定"了。再次,申请中的四个问题并未界定清楚地理范围和界限。如果从事非法、未报告以及无管束的捕鱼行为发生地在白令海峡,那么提出的问题和对此的回复都将是不可思议的。因为根据《MCA 公约》标题和第 1 条第 2 款的规定,《公约》仅适用于"成员国管辖海域",而该区域与分区域渔业委

① At www.itlos.org.《1985 年关于成立分区域渔业委员会协定》第 2 条规定:"委员会旨在协调各成员国在保护、养护和管理渔业资源和增强各自国家人民福利的长期政策,加强彼此间的合作。"1993 年的修订版也未对此加以修改。

员会和《MCA 公约》完全无关。以上论述表明申请中提出的问题可能一定程度上将超出《MCA 公约》管辖的范围,继而超出《MCA 公约》规定的分区域渔业委员会的职能范围。因此,也超出了海洋法法庭的管辖权限。①

80. 综上,该申请不符合《公约》附件六第 20 条第 2 款和第 21 条的规定。因此,在第 21 号案件受理过程当中,必须解释《MCA 公约》是否被视为以上两个条款中规定的国际协定。即使《MCA 公约》第 33 条就"特定法律事件"做出了一般规定,也必须确定该用语是否符合第 21 条的"具体规定"。否则海洋法法庭无权管辖申请中提出的全部问题。

81. 即使海洋法法庭对本案有咨询管辖权,中国政府仍然认为存在阻碍法庭就提交的申请行使管辖权的因素。这些因素事关海洋法法庭是否接受申请的正当性。

82. 在国际法院实践中,就存在法院拒绝行使咨询管辖权的情形。法院认为:

法院规约第 65 条是自由裁量条款。法院据此有权根据案件性质决定是否接受或拒绝申请。②

同时,法院也注意到,不论是其本身还是其前身,就咨询管辖权的行使而言,一直保持着其作为司法机关的一贯观点。③

83. 因此,为了保证其司法性和作为承担国际组织中司法职能的机构,法院或法庭根据案件的具体情形可以拒绝行使咨询管辖权。鉴于海洋法法庭下设的海底争端分庭并不具有任意决定权,目前较稳妥的做法是法庭暂不行使咨询管辖权。

84. 根据以上分析,结合本案提交的材料,接下来本意见将分析假设海洋法法庭具有咨询管辖权,仍然存在导致其就该申请无法行使咨询管辖权的两种情形。

二、咨询程序中相关国家的同意

85. 毋庸置疑,未经两个或以上当事国同意,法院无权就其之间发生的争端行使咨询管辖权。正如国际法院在实践中所认可的:

---

① ICJ, Legality of the Use by a State of Nuclear Weapons in Armed Conflict, Advisory Opinion, ICJ Reports 1996, 66, para 28（世界卫生组织并未被授权要求对其职权之外的事项发表解释意见）。

② ICJ, Peace Treaties, supra note 29, 72.

③ ICJ, Judgment No. 2867 of the Administrative Tribunal of the International Labour Organization upon a Complaint Filed against the International Fund for Agricultural Development, Advisory Opinion, 1 Feb. 2012, para 34, at www. icj-cij. org.

在某些情况下,缺少利害缔约国的同意而做出咨询意见不符合法院司法性质。否则就会出现未经当事国同意而争端被提交司法解决的情况。如果这样,法院依规约取得的自由裁量权必须提供足够的法律手段保证基本管辖同意原则。[①]

因此,可以十分肯定的是,在国际法中,相关缔约国的同意是法院或法庭行使管辖权的基本原则

86. 从本案过程来看,可以推测出该申请提出的问题事关当事国之间的争端。假设这些问题建立在某些特定事实之上,那么海洋法法庭行使管辖权就应征得当事国同意。既然本案中该申请是代表成员国而非分区域渔业委员会自身提出的,那么法庭也面临同样问题,应经当事国同意。

87. 另外一点需要考虑的是,为了避免违反《公约》第 300 条有关滥用职权的规定,海洋法法庭若要行使咨询管辖权,应当像国际法院依据《法院规约》第 65 条取得授权一样被赋予任意决定权。唯有如此,才能保证其在司法过程中遵守当事国同意的基本原则。这再一次说明,规定海洋法法庭行使咨询管辖权相关程序的必要性。

三、请求中的事由消失和事实不清问题

88. 对本问题的讨论建立在第 21 号案件目前已提交材料的基础上。与本请求相关的主要条约,也就是《MCA 公约》,涵盖了大量条约、国际标准和惯例法的规定,并反映了其发展变化。《MCA 公约》序言部分即宣称分区域渔业委员会成员国自愿遵守 1993 年公约生效后的"技术和法律修订条款"。[②]《MCA 公约》随即废除并取代了 1993 年公约。[③] 其序言也重申了分区域渔业委员会成员国在联合国粮食及农业组织(FAO)《负责任渔业行为守则》中的义务,执行《关于预防、制止与消除非法、未报告以及无管束捕捞的国际行动计划》(International Plan of Action)的意愿,国内法与《2009 粮农组织港口国措施,预防、制止和消除非法、未报告以及无管束捕捞协定》(Agreement on Port State Measures)相协调。[④] 实际上,《MCA 公约》中对 IUU 的界定在粮农组织渔业委员会 2001 年 3 月批准的《国际行动计划》中已经阐释清楚。[⑤]

---

① ICJ, Western Sahara, Advisory Opinion, ICJ Reports 1975, 12, para 33.

② Technical Note, 6. The reference was to the Convention on the Determination of the Conditions for Access and Exploitation of Marine Resources off the Coasts and the Member States of the SRFC, 14 July 1993.

③ Art. 41, MCA Convention.

④ See: www.fao.org.

⑤ International Plan of Action, para 2.

89. 根据上述分析,可见该申请提出的问题已经初步有答案可循了。如果确实如此,接下来要处理的就是诉由消失的问题了。

90. 此外,如果分区域渔业委员会能够进一步阐明提交申请的事实背景,说明问题提出的范畴将有助于案件的进展。这一点很重要,因为海洋法庭必须"依据足够的信息和证据对所提交的争端做出判断,提出符合司法精神的意见"。① 另外,该申请中尚有事实待查明,因此对于与此有利害关系的《公约》缔约国而言,要求其根据海洋法法庭 2013 年 5 月 24 日作出的命令提交书面呈文是否适当值得商榷。因该申请中事实不清必然影响法庭管辖的司法正当性。

第七节　结论和提交

91. 基于众多原因的考虑,《公约》的缔约国普遍倾向于扩大海洋法法庭的咨询权。本意见希望通过缔约国之间富有建设性和创造性的努力,建立稳固的基础授权海洋法庭按照预期的目标设定管辖权,免于承担超出其管辖范围的职责。同时很重要的一点是,国际法中法院或法庭非立法机关,② 其职能只能通过立法加以明确或基于固有管辖权原则而获得,特别是事关创设像海洋法庭咨询管辖权这样的实体管辖权,这种提醒是必要的。

92. 中国政府认为,鉴于非法、未报告以及无管束的捕鱼行为属于全球面临和需要解决的技术问题,在提起诉讼和启动可能的法律修正案程序的同时,分区域渔业委员会成员国应更有效地加强与其他国家、地区组织、国际组织,包括联合国粮食与农业组织间的合作。《国际行动计划》第 28 条到第 31 条对此有所规定。但是分区域渔业委员会成员国可以借助更多的法律规则建立有效体系制止非法、未报告以及无管束的捕鱼行为。

93.《公约》第七部分第二节第 116 条和第 117 条有关"公海生物资源的养护和管理"的规定,为近海捕捞国家间的合作提供了参考。此外,分区域渔业委员会成员国也可以从《港口国措施协议》有关条款中找到对其有帮助的规定。简而言之,分区域渔业委员会成员国必定可以在相关国际协定下,找到行之有效的方式来有效解决在其管辖海域内发生的 IUU 非法捕捞活动。

94. 本意见汇总以下结论并提交:

(1) 国际法院或法庭咨询管辖权及其相关权限的取得,建立在缔结组织条约的各成员国一致同意的基础上;

(2) 根据《公约》的规定,尚无相关条款为海洋法法庭具有咨询管辖权提供法

---

① ICJ, Western Sahara, supra note 61, para 46.

② ICJ, Legality of the Threat or Use of Nuclear Weapons, supra note 21, para 18(很显然,法院无立法权,现在没有,将来也不会有).

律依据；

（3）固有管辖权原则的适用受条件限制，即这种权限在本质上属于国际法院或法庭基本管辖权的附属权力，并与基本管辖权属于同种类型；

（4）海洋法法庭可以通过修订《公约》获得咨询管辖权；

（5）假定海洋法法庭具有咨询管辖权，该申请仍然超出其管辖范围；在本案中，仍然存在导致法庭拒绝行使管辖权的因素；

（6）对于请求中所涉问题的解决存在诸多加强国际合作的空间；

（7）分区域渔业委员会成员国也应当认识到借助相关国际条约，寻求有效解决措施；

（8）中国政府保留对第 21 号案件进一步解释的权利。

中华人民共和国

外交部条法司司长

黄惠康（签字）

2013 年 11 月 26 日

参考文献

一、著作

[1] Alexandre Kiss，Dinah Shelton. International Environmental Law（3rd edition)[M]. New York：Transnational Publishers，2004.

[2] Arie Trouwborst. Evolution and Status of the Precautionary Principle in International Law[M]. Dordrecht：Kluwer Law International，2002.

[3] Chester Brown. A Common Law of International Adjudication[M]. Oxford：Oxford University Press，2007.

[4] Ellen Hey. The Regime for the Exploitation of Transboundary Marine Fisheries Resources：The United Nations Law of the Sea Convention Cooperation Between States[M]. Leiden：Martinus Nijhoff Publishers，1989.

[5] Jose E. Alvarez. International Organizations as Law-makers[M]. Oxford：Oxford University Press，2006.

[6] Natalie Klein. Dispute Settlement in The UN Convention on the Law of Sea[M]. Cambridge：Cambridge University Press，2005.

[7] Patricia Birnie，Alan Boyle. International Law and the Environment(2nd edition)[M]. Oxford：Oxford University Press，2002.

[8] R. R Churchill & A. V Lowe. The Law of the Sea[M]. Manchester：Juris Publishing & Manchester University Press，1999.

[9] Satya N. Nandan. The Draft Agreement on the Convention and Management of Straddling Fish Stocks and Highly Migratory Fish Stock[M] In：Myron H. Nordquist and John Norton Moore(eds.). Entry into Force of The Law of the Sea Convention. Leiden：Martinus Nijhoff Publishers，1995.

[10] Simon Marr. The Precautionary Principle in the Law of the Sea：Modern Decision Making in International Law[M]. Leiden：Martinus Nijhoff Publishers，2003.

[11] Sumudu A. Atapattu. Emerging Principles of International Environmental Law[M]. New York：Transnational Publishers，2006.

[12]　William Burke. The New International Law of Fisheries：UNCLOS 1982 and Beyond[M]. Gloucestershire：Clarendon Press，1994.

[13]　Yoshifumi Tanaka. A Dual Approach to Ocean Governance：The Cases of Zonal and Integrated Management in International Law of the Sea[M]. Farnham：The Ashgate Publishing Limited，2008.

[14]　[德]马克斯·普郎克比较公法及国际法研究所.国际公法百科全书·争端的解决[M].陈致中,李斐南,译.广州:中山大学出版社,1988.

[15]　陈德恭.现代国际海洋法[M].北京:法律出版社,2009.

[16]　国家海洋局海洋发展战略研究所课题组.中国海洋发展报告[M].北京:海洋出版社,2007.

[17]　劳特派特.奥本海国际法[M].北京:商务印书馆,1972.

[18]　刘芳雄.国际法院咨询管辖权研究[M].杭州:浙江大学出版社,2008.

[19]　吕忠梅,高利红,余耀军.环境资源法[M].北京:科学出版社,2004.

[20]　尼科·斯赫雷弗.可持续发展在国际法的演进:起源、涵义及地位[M].汪习根,等,译.北京:社会科学文献出版社,2010.

[21]　农业部渔业局.中国渔业统计年鉴:2013[M].北京:中国农业出版社,2013.

[22]　吴慧.国际海洋法法庭研究[M].北京:海洋出版社,2002.

[23]　薛桂芳.国际渔业法律政策与中国的实践[M].青岛:中国海洋大学出版社,2008.

[24]　薛桂芳.《联合国海洋法公约》与国家实践[M].北京:海洋出版社,2011.

[25]　亚历山大·基斯.国际环境法[M].张若思,译.北京:法律出版社,2000.

[26]　叶兴平.和平解决国际争端(修订本)[M].北京:法律出版社,2008.

[27]　詹宁斯,瓦茨.奥本海国际法(第一卷·第二分册)[M].王铁崖,等,译.北京:中国大百科全书出版社,1998.

[28]　张海文.《联合国海洋法公约》释义集[M].北京:海洋出版社,2004.

[29]　赵理海.海洋法的新发展[M].北京:北京大学出版社,1984.

二、论文

[1]　David J. Agnew，John Pearce，et al. Estimating the Worldwide Extent of Illegal Fishing[J]. PLOS(Public Library of Science) Published，February 25，2009.

[2]　Alan Boyle. Dispute Settlement and The Law of the Sea Convention：Problems of Fragmentation and Jurisdiction. The International and Comparative Law Quarterly，1997.

[3] Alder J,Sumaila U R. Western Africa: A Fish Basket of Europe Past and Present[J]. The Journal of Environment & Development, 2004,13(2).

[4] AOUN. Committee on Fisheries. International Plan of Action to Prevent, Deter and Eliminate Illegal, Unreported and Unregulated Fishing[J]. Food & Agriculture Org,2001.

[5] Belhabib D, Koutob V, Sall A, et al. Fisheries Catch Misreporting and Its Implications: The Case of Senegal[J]. Fisheries Research, 2014.

[6] David Freestone, Ellen Hey. The Precautionary Principle and International Law: The Challenge of Implementation[J]. American Journal of International Law, 1996(1):210 - 212.

[7] High Seas Task Force. Consolidated List of Legal, Science, Economics and Trade, and Enforcement Issues for Initial Consideration by the High Seas Task Force[Z]. Paris: Organization for Cooperation and Development, 2004.

[8] International Plan of Action to Prevent, Deter and Eliminate Illegal, Unreported and Unregulated Fishing [Z]. Food and Agriculture Organization of the United Nations, Rome,2 March 2001.

[9] Kaczynski V M, Fluharty D L. European Policies in West Africa: Who Benefits From Fisheries Agreements? [J]. Marine Policy, 2002, 26(2).

[10] Ki-Jun You. Advisory Opinions of the International Tribunal for the Law of the Sea: Article 138 of The Rules of the Tribunal, Revisited[J]. Ocean Development and International, 2008,39(4).

[11] Metuzals K, Baird R, Pitcher T, et al. One Fish, Two Fish, IUU and No Fish: Unreported Fishing Worldwide[M]. In: Handbook of Marine Fisheries Conservation and Management. Oxford: Oxford University Press, 2010.

[12] MRAG. Estimation of the Cost of Illegal Fishing in West Africa Final Report[R]. London: West Africa Regional Fisheries Project, 2010.

[13] MRAG. Illegal, Unreported and Unregulated Fishing[R]. London: DFID, 2009.

[14] MRAG. Review of Impacts of Illegal, Unreported and Unregulated Fishing on Developing Countries[R].

[15] Myron H. Nordquist, Shabtai Rosenne, Louis B. Sohn. United Nations Convention on the Law of the Sea 1982: A Commentary, vol. v (Martinus Nijhoff Publishers, 1989), A. Ⅵ. 10, 336 - 337.

[16] Pitcher T J，Kalikoski D，Short K，et al. An Evaluation of Progress in Implement in Ecosystem-Based Management of Fisheries in 33 Countries [J]. Marine Policy，2009，33(2)：223－232.

[17] Shigeru Oda，Dispute Settlement Prospects in the Law of the Sea[J]. The International and Comparative Law Quarterly，1995.

[18] 蔡春平，朱晓南，林勇辉，等.欧盟 IUU 条例及其对我国水产品出口的影响分析[J].中国水产，2009(8).

[19] 陈滨生.谈充分利用国际法院的咨询管辖权[J].当代法学，2001(8).

[20] 褚晓琳.论海洋生物资源养护中的预警原则[D].厦门:厦门大学，2008.

[21] 符跃鑫，张振克，任则沛，等.西非海洋渔业资源非法捕捞现状和对策[J].世界地理研究，2014(12).

[22] 韩立新，宣行，刘东铖.对我国远洋渔船行政处罚问题研究[J].中国海商法年刊，2007.

[23] 江国青，杨慧芳.联合国改革背景下国际法院的管辖权问题[J].外交评论，2012(2).

[24] 鞠海龙.南海渔业资源衰减相关问题研究[J].东南亚研究，2012(6).

[25] 李令华.海洋边界划定中的渔业问题[J].海洋开发与管理，1996(1).

[26] 林志锋，张敏.《执行〈联合国海洋法公约〉有关养护和管理跨界鱼类和高度洄游鱼类种群规定的协定》对我国远洋渔业的影响[J].海洋渔业，2002(2).

[27] 刘丹.海洋生物资源国际保护研究[D].上海:复旦大学，2011.

[28] 刘芳雄.国际法院咨询管辖权初探[J].时代法学，2005(5).

[29] 刘扬.国际法院咨询管辖权的职能[J].国际关系学院学报，2001(3).

[30] 秦天宝.国际环境法基本原则初探[J].法学，2001(10).

[31] 邵增彬.非洲渔业简况[J].国外水产，1963(1).

[32] 王翰灵.跨界和高度洄游鱼类渔业争端的解决机制[J].中国国际法年刊，2008.

[33] 吴慧.法律方法解决国际海洋争端的实践分析[J].厦门大学法律评论(第五辑)，2003(2).

[34] 吴慧.国际司法机构的咨询管辖权研究[J].东南大学学报，2013，15(5).

[35] 曾令良.国际法院的咨询管辖权[J].法学评论，1998(1).

[36] 张丽娜，王崇敏.国际海洋法法庭咨询管辖权及其对中国的启示[J].学习与探索，2013(12).

[37] 张晓泉.IUU 捕捞问题之经济学透视[J].中国渔业经济，2009(4).

三、研究报告或国际组织文件

[1] ICCAT. Report of the 2008 Atlantic Bluefin Tuna stock assessment session [R]. ATL. BFT-Stock Assessment Session, Madrid, 2008:8.

[2] Interpretation of the Agreement of 25 March 1951 between WHO and Egypt, ICJ Reports 1980.

[3] ITLOS/Press 227, para. 3. Available at https://www. itlos. org/fileadmin/ itlos/documents/press_releases_english/PR_227_EN. pdf (2018 - 3 - 20).

[4] Preparatory Commission. Report of the Preparatory Commission under Paragraph 10 of Resolution I Containing Recommendations for Submission to the Meeting of States Parties to Be Convened in Accordance with Annex Ⅵ, Article 4, of the Convention Regarding Practical Arrangements for the Establishment of the International Tribunal for the Law of the Sea, LOS/ PCN/152(Vol. I), 28 April 1995, Vol. I, 3.

[5] Reparation for Injuries Suffered in the Service of the United Nations. Advisory Opinion, ICJ Reports 1949.

[6] Status of Eastern Carelia, Advisory Opinion, 1923, PCIJ Series B, No. 5.

[7] UN General Assembly Oceans and the Law of the Sea, Report of the Secretary-General (UN Doc A/56/58), 9 March 2001, Annex Ⅱ.

四、案例索引

[1] Advisory Opinion on Case No. 21, para. 52. Available at https://www. itlos. org/fileadmin/itlos/documents/cases/case_no. 21/advisory_opinion/ C21_AdvOp_02. 04. pdf (2018 - 3 - 1)

[2] Case No. 17, Responsibilities and Obligations of States Sponsoring Persons and Entities with Respect to Activities in the Area (Request for Advisory Opinion Submitted to the Seabed Disputes Chamber)

[3] Conditions of Admission of a State to Membership in the United Nations (Article 4 of the Charter), Advisory Opinion, 1948, ICJ Reports 1957 - 1948.

[4] ICJ Reports 1953.

[5] Interpretation of Peace Treaties with Bulgaria, Hungary and Romania, First Phase, Advisory Opinion, ICJ Reports 1950.

[6] Rao& Gautier(ed) The Rules of International Tribunal for the Law of the Sea: A Commentary(Martinus Nijhoff, The Hague, 2006) at pp. 393 - 394.

［7］ Responsibilities and Obligations of States Sponsoring Persons and Entities with Respect to Activities in the Area，ITLOS，Case No. 17.

［8］ Responsibility and Obligations of States in Respect to Activities in the Area，Advisory Opinion，1 February 2011，ITLOS Reports 2011.

五、法律法规和国际条约

［1］ 《1995 联合国鱼群协定》

［2］ 《1995 联合国渔业协定》

［3］ 《MCA 公约》(The Convention on the Determination of the Minimal for the Access and Exploitation of Marine Resources within the Maritime Areas under Jurisdiction of the Member States of the Sub-Regional Fisheries Commission)

［4］ 《国际法院规则》

［5］ 《国际海洋法法庭规约》

［6］ 《国际海洋法法庭规则》

［7］ 《联合国海洋法公约》

［8］ 《南太平洋公海渔业资源养护与管理公约》

［9］ 《南印度洋渔业协定》

［10］ 《中西部太平洋高度洄游鱼类种群养护与管理公约》